한 마디를 해도 중국인처럼!!

真

진짜 중국어 입말 패턴

WORKBOOK

真짜 회화 패턴&표현 REVIEW

STEP 1에서 학습한 真짜 중국어 입말 패턴과 주요 표현을 복습합니다. 먼저 한글 표현을 보고 중국어로 떠올린 후, 옆 페이지에서 정확한 표현을 확인하세요.

입말 패턴 1

1. 내가 볼 때…… / 내 생각에……
2. 상황이 그리 낙관적이지 않습니다.
3. 나는 그 남자에게 관심이 있다.
4. 말하기 곤란해요.
5. 그럼 시늉만 할게요.
6. 너는 진짜 의리도 없다.
7. 그에게 성의 표시를 하다.

입말 패턴 2

1. 넌 어떻게 생각해?
2. 어떻게 말해야 할지 모르겠어.
3. 솔직히 말할게.

입말 패턴 3

1. 내 예상에는……
2. 감정을 억제하다.
3. 잠깐만! (말을 끊을 때)
4. 집어치워! / 그만해!

옆 페이지를 확인하세요.

STEP 1

STEP 1의 **真**짜 중국어 입말 패턴과 주요 표현을 여러 번 소리내어 말해보고, 자유롭게 문장과 대화문을 만들어 연습해보세요.

입말 패턴 1

1. 我看······ Wǒ kàn······
2. 情况不太乐观。 Qíngkuàng bú tài lèguān.
3. 我对他有意思。 Wǒ duì tā yǒu yìsi.
4. 不好说。 Bù hǎo shuō.
5. 那我就意思意思。 Nà wǒ jiù yìsi yìsi.
6. 你真不够意思。 Nǐ zhēn bú gòu yìsi.
7. 给他意思意思。 Gěi tā yìsi yìsi.

입말 패턴 2

1. 你说呢? Nǐ shuō ne?
2. 不知道怎么说才好。 Bù zhīdào zěnme shuō cái hǎo.
3. 说白了。 Shuōbái le.

입말 패턴 3

1. 我估计······ Wǒ gūjì······
2. 控制感情。 Kòngzhì gǎnqíng.
3. 打断一下! Dǎduàn yíxià!
4. 打住! Dǎzhù!

입말 패턴 4

1. 잘 들어 봐……
2. 그는 내가 좋아하는 스타일이 아니야.
3. 나는 정말 이해가 안 돼.

입말 패턴 5

1. 그런데 말이야. / 너 그거 알아?
2. 그가 곧 귀국해.
3. 정말이야?

입말 패턴 6

1. ~할 수 있니? / ~괜찮겠니?
2. 너 때문에 내가 긴장된다. (상대방의 일로 인해)
3. 내 마음대로 할 수가 없어.
4. 내가 말해도 소용이 없어.

입말 패턴 7

1. ~거든?
2. 이렇게 할 필요 없다.
3. 그 인간 말도 꺼내지 마!
4. 말도 마!

옆 페이지를 확인하세요.

입말 패턴 4

1. 我跟你说…… / 我告诉你……   Wǒ gēn nǐ shuō…… / Wǒ gàosu nǐ……
2. 他不是我喜欢的类型。Tā bú shì wǒ xǐhuan de lèixíng.
3. 我就不明白。Wǒ jiù bù míngbai.

입말 패턴 5

1. 你知道吗?   Nǐ zhīdào ma?
2. 他快要回国了。Tā kuàiyào huíguó le.
3. 真的假的?   Zhēn de jiǎ de?

입말 패턴 6

1. ……行吗?   ……xíng ma?
2. 我替你紧张。Wǒ tì nǐ jǐnzhāng.
3. 我做不了主。Wǒ zuòbuliǎo zhǔ.
4. 我说了不算。Wǒ shuō le bú suàn.

입말 패턴 7

1. ……好不好?   ……hǎo bu hǎo?
2. 用不着这样做。Yòngbuzháo zhèyàng zuò.
3. 你甭提他了! Nǐ béng tí tā le!
4. 别提了! Bié tí le!

입말 패턴 8

1. 너는 말이야……

2. 기회를 소중히 여기다.

3. 너 정말 웃긴다!

4. 너한테 장난친 거야.

입말 패턴 9

1. 이건 얻기 힘든 좋은 기회잖아.

2. 너 이러지 마~!　(애교)

3. 호들갑 떨지 마!

4. 자주 있는 일이잖아!

입말 패턴 10

1. 내가 너 대신 처리하면 되잖아.

2. 기왕 왔으니 뭐라도 좀 마셔.

3. 지금 바로 갈게.

옆 페이지를 확인하세요.

입말 패턴 8

1. 你这个人呢…… / 你这个人吧……
   Nǐ zhège rén ne…… / Nǐ zhège rén ba……

2. 珍惜机会。 Zhēnxī jīhuì.

3. 你太逗了！ Nǐ tài dòu le!

4. 逗你玩的。 Dòu nǐ wán de.

입말 패턴 9

1. 这是难得的好机会嘛。 Zhè shì nándé de hǎo jīhuì ma.

2. 你别这样做嘛！ Nǐ bié zhèyàng zuò ma!

3. 别一惊一乍了！ Bié yì jīng yí zhà le!

4. 常见的是嘛！ Cháng jiàn de shì ma!

입말 패턴 10

1. 我替你处理呗。 Wǒ tì nǐ chǔlǐ bei.

2. 既然来了，你就喝点儿什么吧。 Jìrán lái le, nǐ jiù hē diǎnr shénme ba.

3. 我这就去。 Wǒ zhè jiù qù.

STEP 2에서 학습한 真짜 중국어 입말 패턴과 주요 표현을 복습합니다. 먼저 한글 표현을 보고 중국어로 떠올린 후, 다음 페이지에서 정확한 표현을 확인하세요.

입말 패턴 ^Upgrade 1

1. 그럼 나 먼저 집에 갈게.

2. 나 여자친구랑 싸웠어.

3. 쓸데없이 참견하지 마.

4. 사람들이 다 오면 그때 주문할게요.

5. 너는 오늘 온다고 말하지 않았니?

입말 패턴 ^Upgrade 2

1. 여기는 화장실이 어디 있어요?

2. 너 어서 그에게 사과해!

3. 속도 엄청 빠르네!

4. 너 설마 그 여자를 좋아하는 거 아니지?

입말 패턴 ^Upgrade 3

1. 너는 어떻게 다른 사람의 험담을 할 수가 있니?

2. 약속을 반드시 지킨다.

3. 오버하지 마. / 헛소리하지 마.

4. 너무 짜게 구는 거 아니야?

옆 페이지를 확인하세요.

STEP 2의 真짜 중국어 입말 패턴과 주요 표현을 여러 번 소리내어 말해보고, 자유롭게 문장과 대화문을 만들어 연습해보세요.

입말 패턴 ¹Upgrade 1

1. 那我就先回家了。Nà wǒ jiù xiān huíjiā le.
2. 我跟女朋友闹了别扭。Wǒ gēn nǚpéngyou nào le bièniǔ.
3. 别瞎掺和。Bié xiā chānhuo.
4. 人到齐了再点餐吧。Rén dàoqí le zài diǎn cān ba.
5. 你不是说好了今天过来吗？Nǐ bú shì shuōhǎo le jīntiān guò lái ma?

입말 패턴 Upgrade 2

1. 你们这儿洗手间在哪儿？Nǐmen zhèr xǐshǒujiān zài nǎr?
2. 你赶紧向他赔个不是！Nǐ gǎnjǐn xiàng tā péi ge bú shì!
3. 速度够快！Sùdù gòu kuài!
4. 你该不会喜欢她吧？Nǐ gāi bú huì xǐhuan tā ba?

입말 패턴 Upgrade 3

1. 你怎么能在别人背后说坏话呢？
   Nǐ zěnme néng zài biérén bèihòu shuō huàihuà ne?
2. 说话算数。Shuōhuà suànshù.
3. 别闹了。Bié nào le.
4. 你太抠了吧！Nǐ tài kōu le ba!

입말 패턴 4 ^{Upgrade}

1. 그는 정말 나쁜 놈이야.

2. 그를 멀리해.

3. 나를 살뜰히 챙겨준다.

4. 뭐든 자기만 생각해.

5. 그런데 말이야……

6. 그는 내 스타일이 아니야.

입말 패턴 5 ^{Upgrade}

1. 우리는 끝까지 노력해야 해.

2. 네 차례야.

3. 어떻게 된 일이냐면…… / 무슨 일이냐면……

4. 그냥 대충 먹자.

5. 돈은 부족하지 않아. / 돈 있어.

입말 패턴 6 ^{Upgrade}

1. 그때 되면 나에게 말해 줘.

2. 제일 먼저 나에게 말해 줘.

3. (답답한 듯)내가 너한테 뭐라고 해야 되겠니?

4. 너는 어떻게 이렇게 입고 왔니?

5. 그는 내 남자 친구도 아닌걸.

옆 페이지를 확인하세요.

입말 패턴 ^{Upgrade} 4

1. 他真是个坏人。 Tā zhēn shì ge huàirén.

2. 离他远点儿。 Lí tā yuǎn diǎnr.

3. 处处关心我。 Chùchù guānxīn wǒ.

4. 什么事都光想着自己。 Shénme shì dōu guāng xiǎngzhe zìjǐ.

5. 不过…… Búguò……

6. 他不是我的菜。 Tā bú shì wǒ de cài.

입말 패턴 ^{Upgrade} 5

1. 我们要努力到底。 Wǒmen yào nǔlì dàodǐ.

2. 轮到你了。 Lúndào nǐ le.

3. 是这样…… Shì zhèyàng……

4. 将就着吃。 / 凑合着吃。 Jiāngjiù zhe chī. / Còuhé zhe chī.

5. 不缺钱。 Bù quē qián.

입말 패턴 ^{Upgrade} 6

1. 到时候告诉我吧。 Dào shíhou gàosu wǒ ba.

2. 第一时间告诉我吧。 Dì yī shíjiān gàosu wǒ ba.

3. 我怎么说你好呢？ Wǒ zěnme shuō nǐ hǎo ne?

4. 你怎么穿成这样就来了呢？ Nǐ zěnme chuānchéng zhèyàng jiù lái le ne?

5. 他又不是我的男朋友。 Tā yòu bú shì wǒ de nánpéngyou.

입말 패턴 7 Upgrade

1. 너는 왜 이렇게 예의가 없니?

2. 그는 말하는 게 애 같아.

3. 할 말 있으면 그냥 해!

4. 말 돌리지 마!

5. 걔는 내 절친이야.

입말 패턴 8 Upgrade

1. 가격이 정말 너무 싸다.

2. 사고 싶은 거 뭐든지 사.

3. 우리 밖에서 한번 모이자. / 우리 얼굴 한번 보자.

4. 언제든지 연락해!

5. 약속 장소를 정하자.

입말 패턴 9 Upgrade

1. 너는 반드시 그 사람에게 정중히 사과해야 해.

2. 나는 도저히 방법이 없어.

3. 그가 들어오자마자 학생들은 나가 버렸다.

옆 페이지를 확인하세요.

입말 패턴 Upgrade 7

1. 你怎么这么不礼貌呢？ Nǐ zěnme zhème bù lǐmào ne?

2. 他说话跟孩子似的。 Tā shuō huà gēn háizi shì de.

3. 有话直说！ Yǒu huà zhí shuō!

4. 别兜圈子了！ Bié dōu quānzi le!

5. 她是我的闺蜜。 Tā shì wǒ de guīmì.

입말 패턴 Upgrade 8

1. 价格实在是太便宜了。 Jiàgé shízài shì tài piányi le.

2. 想买什么就买什么。 Xiǎng mǎi shénme jiù mǎi shénme.

3. 咱们出来聚一聚。 Zánmen chūlái jù yi jù.

4. 随时联系！ Suíshí liánxì!

5. 约个地方吧。 Yuē ge dìfang ba.

입말 패턴 Upgrade 9

1. 你必须得跟他赔礼道歉。 Nǐ bìxū děi gēn tā péilǐ dàoqiàn.

2. 我实在没办法。 Wǒ shízài méi bànfǎ.

3. 他一进来学生们都出去了。 Tā yī jìnlái xuéshēngmen dōu chūqù le.

입말 패턴 ^{Upgrade} 10

1. 그것의 이름은 '판다'입니다.

2. 그 사람은 너랑 무슨 관계야?

3. 너 이름이 뭐였더라?

4. 너를 위해서 하는 말이야.

5. 뭐야, 너!

입말 패턴 ^{Upgrade} 11

1. 나는 원래 가고 싶었는데, 못 갔어.

2. 난 또 너희 둘이 헤어진 줄 알았지.

3. 내가 너를 얼마나 찾았다고!

4. 모르는 척하지 마!

입말 패턴 ^{Upgrade} 12

1. 대학생이 열심히 공부를 해야지.

2. 가능성이 없을 것 같아요.

3. 이러다가 늦겠어!

4. 넌 지금도 충분히 예뻐.

옆 페이지를 확인하세요.

입말 패턴 ^{Upgrade} 10

1. 它的名字叫"熊猫"。 Tā de míngzi jiào "xióngmāo".

2. 他是你的什么人？ Tā shì nǐ de shénme rén?

3. 你叫什么来着？ Nǐ jiào shénme láizhe?

4. 我这是为你着想啊。 Wǒ zhè shì wèi nǐ zhuóxiǎng a.

5. 你看你！ Nǐ kàn nǐ!

입말 패턴 ^{Upgrade} 11

1. 我本来想去，但后来没去成。
   Wǒ běnlái xiǎng qù, dàn hòulái méi qùchéng.

2. 我还以为你们俩已经分手了呢。
   Wǒ hái yǐwéi nǐmen liǎng yǐjīng fēnshǒu le ne.

3. 我到处找你呢！ Wǒ dàochù zhǎo nǐ ne!

4. 别装不知道！ Bié zhuāng bù zhīdào!

입말 패턴 ^{Upgrade} 12

1. 大学生本来就应该好好学习。 Dàxuéshēng běnlái jiù yīnggāi hǎohǎo xuéxí.

2. 我觉得没有把握。 Wǒ juéde méi yǒu bǎwò.

3. 快来不及了！ Kuài láibují le!

4. 你已经够漂亮了。 Nǐ yǐjīng gòu piàoliang le.

입말 패턴 ^{Upgrade} 13

1. 걔는 내 말을 전혀 듣지 않아!

2. 화 풀어!

3. 무슨 근거로 날 때려? / 왜 때려?

4. 저는 급히 4시 비행기를 타야 해요.

5. 제 생각엔 좀 힘들 것 같아요.

입말 패턴 ^{Upgrade} 14

1. 좋게 생각해!

2. 고객과 3시에 만나기로 했어요.

3. 그 의사는 정말 잘 생겼어.

4. 입장을 바꿔 생각해!

5. 너라면 어떻게 할 것 같니?

입말 패턴 ^{Upgrade} 15

1. 그래도 내 생각에는…… / 나는 ~라고 생각해.

2. 너 왜 날 모르는 척하니?

3. 네 생각은 현실과 맞지 않아.

4. 나는 그녀에 대한 감정을 도저히 억제할 수가 없어.

5. 지금은 때가 아니야.

6. 그렇긴 하지!

옆 페이지를 확인하세요.

입말 패턴 ^{Upgrade} 13

1. 他根本不听我的话！ Tā gēnběn bù tīng wǒ de huà!

2. 消消气！ Xiāoxiāo qì!

3. 你凭什么打我？ Nǐ píng shénme dǎ wǒ?

4. 我要赶4点的飞机。 Wǒ yào gǎn sì diǎn de fēijī.

5. 我估计有点儿够呛吧。 Wǒ gūjì yǒudiǎnr gòu qiàng ba.

입말 패턴 ^{Upgrade} 14

1. 想开点儿！ Xiǎng kāi diǎnr!

2. 跟顾客约好了3点见。 Gēn gùkè yuēhǎo le sān diǎn jiàn.

3. 人家医生长得很帅。 Rénjiā yīshēng zhǎng de hěn shuài.

4. 换位思考！ Huàn wèi sīkǎo!

5. 换做是你，你会怎么做？ Huànzuò shì nǐ, nǐ huì zěnme zuò?

입말 패턴 ^{Upgrade} 15

1. 我还是觉得…… Wǒ háishi juéde……

2. 你为什么不理我呢？ Nǐ wèi shénme bù lǐ wǒ ne?

3. 你的想法不符合现实。 Nǐ de xiǎngfǎ bù fúhé xiànshí.

4. 我实在控制不了对她的感情。 Wǒ shízài kòngzhì buliǎo duì tā de gǎnqíng.

5. 现在太不是时候了。 Xiànzài tài bú shì shíhou le.

6. 那倒也是！ Nà dào yě shì!

입말 패턴 ^{Upgrade} 16

1. 나는 집에 가서 또 일을 해야 해.

2. 굳이 여기 있을 필요 있니?

3. 네가 정말 존경스럽다. / 너 진짜 대단하다.

4. 절대 마음 약해지지 마!

5. 나 기분이 별로야.

6. 그에게 죄송하다고 해.

입말 패턴 ^{Upgrade} 17

1. 먹을만한 게 하나도 없더라!

2. 나 바람 맞히지 마!

3. 너는 어쨌든 사장님께 말은 해야지.

4. 나는 너와 따로 대화하고 싶어.

5. 사실대로 말해!

6. 적당히 해! / 됐거든!

입말 패턴 ^{Upgrade} 18

1. 내 입장에서는 말이야……

2. 그는 좋은 사람일 수도 있어.

3. 우리 그녀에게 깜짝 선물을 해 주자!

4. 뭘 그렇게 오버해?

옆 페이지를 확인하세요.

입말 패턴 Upgrade 16

1. 我回家还得工作。 Wǒ huíjiā hái děi gōngzuò.

2. 何必在这儿呢？ Hébì zài zhèr ne?

3. 我真佩服你。 Wǒ zhēn pèifú nǐ.

4. 千万别心软！ Qiānwàn bié xīn ruǎn!

5. 我心里不是滋味儿。 Wǒ xīnli bú shì zīwèir.

6. 给他服个软。 Gěi tā fú ge ruǎn.

입말 패턴 Upgrade 17

1. 没什么好吃的！ Méi shénme hǎochī de!

2. 别放我鸽子了！ Bié fàng wǒ gēzi le!

3. 你总得跟老板说一声。 Nǐ zǒng děi gēn lǎobǎn shuō yì shēng.

4. 我想跟你单独谈一谈。 Wǒ xiǎng gēn nǐ dāndú tán yi tán.

5. 老实交代！ Lǎoshí jiāodài!

6. 少来吧你！ Shǎo lái ba nǐ!

입말 패턴 Upgrade 18

1. 对我来说…… Duì wǒ láishuō……

2. 他说不定是好人。 Tā shuōbudìng shì hǎorén.

3. 咱们给她准备个惊喜吧！ Zánmen gěi tā zhǔnbèi ge jīngxǐ ba!

4. 这么大动静干嘛呢？ Zhème dà dòngjìng gàn má ne?

입말 패턴 ^Upgrade 19

1. 그러니까 내 말은……

2. 네 생각은 어때?

3. 그만 강요해!

4. 제가 당신을 억울하게 했군요.

5. 나한테 다 생각이 있어.

6. 이 일은 나한테 맡겨.

입말 패턴 ^Upgrade 20

1. 어쨌든 넌 더 이상 내 친구가 아니야!

2. 내가 걔를 좀 아는데…… / 내가 그에 대해 이해한 바로는……

3. 정말 궁금해!

4. 길거리에 널렸어! / 너무 많아!

5. 어림없어. / 가망이 없어.

입말 패턴 ^Upgrade 21

1. 내가 널 도와주면 되는 거 아니야?

2. 내가 있는데 무슨 걱정이니?

3. 나 대신 좀 봐 줘.

4. 얼른 다녀올게.

5. 나 상하이 좀 다녀올게.

옆 페이지를 확인하세요.

입말 패턴 ^{Upgrade} 19

1. 我的意思是······ Wǒ de yìsi shì······

2. 你觉得呢? Nǐ juéde ne?

3. 别逼我了! Bié bī wǒ le!

4. 我委屈你了。 Wǒ wěiqū nǐ le.

5. 我心里有数。 Wǒ xīnli yǒu shù.

6. 这事交给我吧。 Zhè shì jiāogěi wǒ ba.

입말 패턴 ^{Upgrade} 20

1. 无论怎么样,你不再是我的朋友!
   Wúlùn zěnme yàng, nǐ bú zài shì wǒ de péngyou!

2. 以我对他的了解······ Yǐ wǒ duì tā de liǎojiě······

3. 我就纳了闷儿了! Wǒ jiù nà le mènr le!

4. 满大街都是! Mǎn dà jiē dōu shì!

5. 没戏。 Méixì.

입말 패턴 ^{Upgrade} 21

1. 我帮你不就得了吗? Wǒ bāng nǐ bú jiù dé le ma?

2. 有我在呢,怕什么呀? Yǒu wǒ zài ne, pà shénme ya?

3. 你帮我盯着点儿。 Nǐ bāng wǒ dīngzhe diǎnr.

4. 去去就回。 Qùqu jiù huí.

5. 我去一趟上海。 Wǒ qù yí tàng Shànghǎi.

STEP 2

입말 패턴 Upgrade 22

1. 어디서 이렇게 많은 돈이 생긴 거야?

2. 쓸데없는 소리 그만해!

3. 네가 모르면 누가 알아?

4. 네가 무슨 짓을 했는지 좀 봐!

5. 저는 할 말을 했을 뿐이에요.

6. 각오 단단히 해!

입말 패턴 Upgrade 23

1. 오늘 회의는 여기까지 합시다.

2. 이렇게 입으니 젊어 보여요.

3. 나는 오히려 네가 예쁘다고 생각해.

4. 완전히 반대야.

5. 사람들이 돌아볼 거야.

입말 패턴 Upgrade 24

1. 내가 얼마나 바쁜지 모르는 것도 아니면서!

2. 어떻게 나 몰래 그녀에게 고백을 할 수 있어?

3. 나는 그에게 첫눈에 반했다.

4. 내가 생각이 짧았어.

5. 됐어! 말 안 한 거로 하자!

옆 페이지를 확인하세요.

입말 패턴 ^{Upgrade} 22

1. 哪儿来的这么多钱？ Nǎr lái de zhème duō qián?

2. 废话少说！ Fèihuà shǎo shuō!

3. 你不知道谁知道呢？ Nǐ bù zhīdào shéi zhīdào ne?

4. 看看你干的好事！ Kànkan nǐ gàn de hǎo shì!

5. 我只是说了该说的话罢了。 Wǒ zhǐshì shuō le gāi shuō de huà bàle.

6. 做好心理准备！ Zuòhǎo xīn li zhǔnbèi!

입말 패턴 ^{Upgrade} 23

1. 今天的会议到此为止了。 Jīntiān de huìyì dào cǐ wéi zhǐ le.

2. 穿成这样显得很年轻。 Chuānchéng zhèyàng xiǎnde hěn niánqīng.

3. 我倒觉得你长得很漂亮。 Wǒ dào juéde nǐ zhǎng de hěn piàoliang.

4. 恰恰相反。 Qiàqià xiāngfǎn.

5. 回头率特别高。 Huítóulǜ tèbié gāo.

입말 패턴 ^{Upgrade} 24

1. 你又不是不知道我多忙！ Nǐ yòu bú shì bù zhīdào wǒ duō máng!

2. 你怎么能背着我跟她表白了呢？
   Nǐ zěnme néng bèizhe wǒ gēn tā biǎobái le ne?

3. 我对她一见钟情了。 Wǒ duì tā yíjiàn zhōngqíng le.

4. 我欠考虑了。 Wǒ qiàn kǎolǜ le.

5. 算了！当我没说吧！ Suàn le! Dàng wǒ méi shuō ba!

STEP 2

입말 패턴 ^{Upgrade} 25

1. 너는 가족들을 소중히 여기는 법을 배워야 해.

2. 쟤는 왜 저렇게 화를 내는 거야?

3. 밥 챙겨 먹어!

4. 길 조심해!

5. 역시 넌 날 잘 알아.

입말 패턴 ^{Upgrade} 26

1. 나 궁금한 게 있는데……

2. 어쩐지!

3. 내가 원해서 이러는 것 같아?

4. 저는 술을 잘 못 마셔요.

5. 엄마한테 뭐라 할 말이 없어.

6. 나도 잘 못해! / 나도 아직 부족한걸!

입말 패턴 ^{Upgrade} 27

1. 너 다시는 나한테 돈 이야기하지 마!

2. 내가 네 ATM이냐?

3. 내가 아무것도 모른다고 생각하지 마!

4. 네가 무슨 상관이야?

5. 사람이 정도껏 해야지!

옆 페이지를 확인하세요.

입말 패턴 ^{Upgrade} 25

1. 你要学会珍惜家人。 Nǐ yào xuéhuì zhēnxī jiārén.

2. 他干嘛那么凶啊？ Tā gàn má nàme xiōng a?

3. 记得吃饭！ Jìde chīfàn!

4. 路上小心！ Lùshang xiǎoxīn!

5. 还是你最懂我。 Háishì nǐ zuì dǒng wǒ.

입말 패턴 ^{Upgrade} 26

1. 我有点儿好奇…… Wǒ yǒudiǎnr hàoqí……

2. 怪不得呢！ Guàibude ne!

3. 你以为我愿意吗？ Nǐ yǐwéi wǒ yuànyì ma?

4. 我不太善于喝酒。 Wǒ bú tài shànyú hē jiǔ.

5. 我没法儿跟妈妈交代。 Wǒ méifǎr gēn māma jiāodài.

6. 我也差得还远呢！ Wǒ yě chà de hái yuǎn ne!

입말 패턴 ^{Upgrade} 27

1. 你别再跟我提钱！ Nǐ bié zài gēn wǒ tí qián!

2. 我是你的提款机吗？ Wǒ shì nǐ de tíkuǎnjī ma?

3. 你别以为我什么都不知道！ Nǐ bié yǐwéi wǒ shénme dōu bù zhīdào!

4. 你管得着吗？ Nǐ guǎndezháo ma?

5. 人做事得注意分寸！ Rén zuò shì děi zhùyì fēncun!

입말 패턴 ^{Upgrade} 28

1. 꾸물거리지 마.

2. 밥 먹고 출발해도 늦지 않아.

3. 너 진짜 못 말리겠다.

4. 도저히 못 참겠어!

5. (마음을) 진정해.

입말 패턴 ^{Upgrade} 29

1. 그들이 안 온다는 건 수업을 듣기 싫다는 뜻이야.

2. 설마 그 정도는 아니겠지.

3. 마음에 드셨으면 좋겠어요.

4. 여기서 일한지 (시일이) 좀 됐다.

5. 네가 내 옆에 있으면 내 마음이 편안해.

6. 열정이 모자라다.

7. 운에 맡기자!

입말 패턴 ^{Upgrade} 30

1. 그런데 너는 (오히려) 뭐냐?

2. 헤어지자고 하다.

3. 무례하지만 여쭤볼 게 있어요.

4. 너도 예외는 아니야.

옆 페이지를 확인하세요.

입말 패턴 ^{Upgrade} 28

1. 别磨磨蹭蹭的。 Bié mómó cèngcèng de.

2. 吃完了饭再出发也不迟。 Chīwán le fàn zài chūfā yě bù chí.

3. 真拿你没办法。 Zhēn ná nǐ méi bànfǎ.

4. 实在咽不下这口气！ Shízài yànbuxià zhè kǒuqì!

5. 平复情绪。 Píngfù qíngxù.

입말 패턴 ^{Upgrade} 29

1. 他们不来，这就等于他们不想听课。
   Tāmen bù lái, zhè jiù děngyú tāmen bù xiǎng tīngkè.

2. 不至于吧。 Bú zhìyú ba.

3. 我希望您不嫌弃。 Wǒ xīwàng nín bù xiánqì.

4. 在这里工作有一段时间了。 Zài zhèli gōngzuò yǒu yí duàn shíjiān le.

5. 你在我身边，我心里就踏实。 Nǐ zài wǒ shēnbiān, wǒ xīnli jiù tāshi.

6. 缺乏热情。 Quēfá rèqíng.

7. 碰碰运气！ Pèngpeng yùnqì!

입말 패턴 ^{Upgrade} 30

1. 你可倒好！ Nǐ kě dào hǎo!

2. 闹分手。 Nào fēnshǒu.

3. 我冒昧地问一句。 Wǒ màomèi de wèn yí jù.

4. 你也不例外。 Nǐ yě bú lìwài.

STEP 3

STEP 3에서 학습한 스킬 어법 표현과 真짜 회화체 표현을 복습합니다. 먼저 한글 표현을 보고 중국어로 떠올린 후, 다음 페이지에서 정확한 표현을 소리내어 말해보세요.

스킬 어법 1

1. 그는 최근에 별로 오지 않았어요.

2. 너는 어떻게 고수도 안 먹니?

3. (음식이) 다 나왔나요?

4. 우리 이제 먹자!

5. 따뜻할 때 먹어라. 식으면 맛이 없어.

스킬 어법 2

1. 잘 봐! / 똑똑히 봐!

2. 나처럼 먹으면 돼.

3. 누가 쫓아오니? / 아무도 안 뺏어 가!

4. 그래서 말인데……

5. 이 밥은 내가 살 테니까 그렇게 알아!

스킬 어법 3

1. 난 그냥 네가 남자 친구가 있는지 궁금해.

2. 딱 보면 알아!

3. 제가 손님을 데려올 수 있어요.

4. 가격이 말이 안 돼. / 가격이 합리적이지 않아.

5. 네 마음만 받을게.

옆 페이지를 확인하세요.

STEP 3

STEP 3의 스킬 어법 표현과真짜 회화체 표현을 여러 번 소리내어 말해보고, 자유롭게 문장과 대화문을 만들어 연습해보세요.

스킬 어법 1

1. 他最近不怎么过来。Tā zuìjìn bù zěnme guòlái.

2. 你怎么连香菜都不吃呢？Nǐ zěnme lián xiāngcài dōu bù chī ne?

3. 上齐了吗？Shàngqí le ma?

4. 开动吧！Kāidòng ba!

5. 趁热吃，凉了就不好吃了。Chèn rè chī, liáng le jiù bù hǎochī le.

스킬 어법 2

1. 看好了！Kànhǎo le!

2. 照着我吃就可以。Zhàozhe wǒ chī jiù kěyǐ.

3. 没人跟你抢！Méi rén gēn nǐ qiǎng!

4. 所以说呢……Suǒyǐ shuō ne……

5. 这顿饭我请，别跟我抢！Zhè dùn fàn wǒ qǐng, bié gēn wǒ qiǎng!

스킬 어법 3

1. 我就想知道你有没有男朋友。
   Wǒ jiù xiǎng zhīdào nǐ yǒu méiyǒu nánpéngyou.

2. 我一看就知道！Wǒ yí kàn jiù zhīdào!

3. 我可以给你拉些顾客来。Wǒ kěyǐ gěi nǐ lāxiē gùkè lái.

4. 价格不靠谱。Jiàgé bú kàopǔ.

5. 你的好意我心领了。Nǐ de hǎoyì wǒ xīnlǐng le.

STEP 3

스킬 어법 4

1. 한 번에 이렇게 많이 샀다.

2. 너는 좀 일찍 돌아왔어야 해!

3. 너 오늘 너무 예쁜 거 아니니?

4. 그만하면 됐어!

스킬 어법 5

1. 난 또 걔가 중국인인 줄 알았잖아.

2. 이런 상품은 5세 이상의 아동이 사용하기 적합하다.

3. 부모님이 원하는 게 꼭 좋은 것이 아닐 수도 있다.

4. 무슨 고민이라도 있니?

5. 엄청 고민이야! / 무척 고민인걸!

6. 꼭 그렇다고 볼 수는 없지!

스킬 어법 6

1. 어제 세 시간 동안 이야기를 했다.

2. 나와서 나랑 산책 좀 하자.

3. 나는 그 인간에게 말하기 귀찮아.

4. 참고만 해.

5. 나는 할 말 다 했어.

6. 네가 알아서 해.

옆 페이지를 확인하세요.

스킬 어법 4

1. 我一次性买了这么多。 Wǒ yícìxìng mǎi le zhème duō.

2. 你应该早点儿回来才对啊！ Nǐ yīnggāi zǎo diǎnr huílái cái duì a!

3. 你今天太漂亮了吧！ Nǐ jīntiān tài piàoliang le ba!

4. 差不多就得了！ Chàbuduō jiù dé le!

스킬 어법 5

1. 我还以为他是中国人呢。 Wǒ hái yǐwéi tā shì Zhōngguórén ne.

2. 这种产品适合5岁孩子使用。 Zhè zhǒng chǎnpǐn shìhé wǔ suì háizi shǐyòng.

3. 父母愿意的不一定是好的。 Fùmǔ yuànyì de bù yídìng shì hǎo de.

4. 有什么烦心事吗？ Yǒu shénme fánxīnshì ma?

5. 好纠结啊！ Hǎo jiūjié a!

6. 那倒不一定！ Nà dào bù yídìng!

스킬 어법 6

1. 昨天聊了3个小时天。 Zuótiān liáo le sān ge xiǎoshí tiān.

2. 出来跟我散散步。 Chūlái gēn wǒ sànsànbù.

3. 我懒得跟他说。 Wǒ lǎnde gēn tā shuō.

4. 仅供参考。 Jǐn gōng cānkǎo.

5. 我该说的都说了。 Wǒ gāi shuō de dōu shuō le.

6. 你自己看着办吧。 Nǐ zìjǐ kànzhe bàn ba.

STEP 3

옆 페이지를 확인하세요.

스킬 어법 7

1. 그가 갑자기 나를 한차례 밀었다.

2. 나는 딱 한 번 봤다.

3. 가기 전에 나에게 알려줘.

4. 한 잔 하자!

5. 멍하니 뭐 하고 있니? / 뭘 그렇게 멍하게 있니?

6. 다른 곳으로 가서 말해도 될까요?

스킬 어법 8

1. 이 책 다 보고 너에게 연락할게.

2. 내가 정말 너한테 졌다.

3. 딱 이번뿐이야. 다음에는 안 돼.

스킬 어법 9

1. 아이는 울다가 울다가 잠이 들었다.

2. 아직 너무 이르다.

3. 나는 절대 그를 말로 이길 수 없다.

4. 그냥 오지, 무슨 돈까지 쓰니?

5. 주머니 사정이 빠듯하다. (돈이 없다, 경제적 여유가 없다)

STEP 3

스킬 어법 7

1. 他突然就推了我一把。 Tā tūrán jiù tuī le wǒ yì bǎ.

2. 我只看了一眼。 Wǒ zhǐ kàn le yì yǎn.

3. 走之前跟我说一声。 Zǒu zhīqián gēn wǒ shuō yì shēng.

4. 走一个！ Zǒu yí ge!

5. 你愣着干嘛呀？ Nǐ lèngzhe gàn má ya?

6. 能借一步说话吗？ Néng jiè yí bù shuōhuà ma?

스킬 어법 8

1. 看完了这本书再给你联系吧。 Kànwán le zhè běn shū zài gěi nǐ liánxì ba.

2. 我真服了你了。 Wǒ zhēn fú le nǐ le.

3. 仅此一次，下不为例。 Jǐn cǐ yí cì, xià bù wéi lì.

스킬 어법 9

1. 孩子哭着哭着就睡着了。 Háizi kūzhe kūzhe jiù shuìzháo le.

2. 还早着呢。 Hái zǎozhe ne.

3. 我根本就说不过他。 Wǒ gēnběn jiù shuōbuguò tā.

4. 来就来呗！还破费什么呀？ Lái jiù lái bei! Hái pòfèi shénme ya!

5. 手头有点儿紧。 Shǒutóu yǒudiǎnr jǐn.

스킬 어법 10

1. 그는 공부하는 데 있어서 항상 나를 도와줘.

2. 그는 내 앞에서 꼭 아이와 같다.

3. 그는 걸핏하면 나한테 돈을 빌려.

4. 그를 많이 본받아라!

5. 무슨 바람이 불어서 왔니?

6. 넌 역시 나의 제일 좋은 친구야!

스킬 어법 11

1. 내 경험으로 봤을 때……

2. 어법을 위주로 학습하다.

3. 그는 평소에 나한테 무척 잘해준다.

4. 그의 말 한마디는 나에게 정말 중요해.

5. 내가 널 가만두지 않을 거야!

6. 내가 한참을 참고 말 못 한 게 있어.

7. 눈에 거슬리다.

옆 페이지를 확인하세요.

스킬 어법 10

1. 他经常在学习上帮助我。 Tā jīngcháng zài xuéxí shàng bāngzhù wǒ.

2. 他在我的面前跟个孩子似的。 Tā zài wǒ de miànqián gēn ge háizi shìde.

3. 他动不动就向我借钱。 Tā dòng bu dòng jiù xiàng wǒ jiè qián.

4. 你多向他学习吧！ Nǐ duō xiàng tā xuéxí ba!

5. 什么风把你吹来的呀? Shénme fēng bǎ nǐ chuīlái de ya?

6. 你不愧是我的好闺蜜！ Nǐ bú kuì shì wǒ de hǎo guīmì!

스킬 어법 11

1. 以我的经验来看…… Yǐ wǒ de jīngyàn láikàn……

2. 以语法为主学习。 Yǐ yǔfǎ wéi zhǔ xuéxí.

3. 他平时对我特别好。 Tā píngshí duì wǒ tèbié hǎo.

4. 他的一句话对我很重要。 Tā de yí jù huà duì wǒ hěn zhòngyào.

5. 我就跟你没完！ Wǒ jiù gēn nǐ méi wán!

6. 我有些话憋了很久。 Wǒ yǒuxiē huà biē le hěn jiǔ.

7. 不(太)顺眼。 Bú (tài) shùnyǎn.

스킬 어법 12

1. 이곳을 네 집처럼 생각해라.

2. 이 책을 책상 위에 놓아라.

3. 내 휴대전화는 그가 고장 냈다. (내 휴대전화가 그에 의하여 고장이 났다.)

4. 너 걔 좀 나오라고 해.

5. 내가 직접 보고 확실히 물어봐야겠어.

6. 누가 그래?

7. 넌 도대체 날 뭘로 보는 거야?

8. 하늘에 맹세코!

스킬 어법 13

1. 어제 네 행동은 나를 정말 실망시켰어.

2. 사람을 감동하게 하는 스토리

3. 오래 기다리게 했네요.

4. 그런 건 아니야.

5. 내가 너한테 신세를 졌다.

6. 도움이라니! / 도움이라고 말할 정도는 아니야!

옆 페이지를 확인하세요.

스킬 어법 12

1. 你把这里当成自己的家。 Nǐ bǎ zhèli dāngchéng zìjǐ de jiā.

2. 你把这本书放在桌子上。 Nǐ bǎ zhè běn shū fàngzài zhuōzi shàng.

3. 我的手机被他弄坏了。 Wǒ de shǒujī bèi tā nònghuài le.

4. 你把他约出来。 Nǐ bǎ tā yuē chūlái.

5. 我要当面问清楚。 Wǒ yào dāngmiàn wèn qīngchu.

6. 谁说的？ Shuí shuō de?

7. 你到底把我当(成)什么了？ Nǐ dàodǐ bǎ wǒ dāng(chéng) shénme le?

8. 对天发誓！ Duì tiān fāshì!

스킬 어법 13

1. 你昨天的行动太让人失望了。 Nǐ zuótiān de xíngdòng tài ràng rén shīwàng le.

2. 令人感动的故事 lìng rén gǎndòng de gùshi

3. 让你久等了。 Ràng nǐ jiǔděng le.

4. 那倒不是。 Nà dào bú shì.

5. 我欠了你一个人情。 Wǒ qiàn le nǐ yí ge rénqíng.

6. 帮助那倒谈不上！ Bāngzhù nà dào tánbushàng!

STEP 3

스킬 어법 14

1. 너랑 상의해야 할 일이 하나 있어.

2. 널 도와준 보람이 있네!

3. 약속 지켜!

4. 그때 돼서 후회하지 마!

스킬 어법 15

1. 결과는 네가 말한 것만큼 심각하지 않아!

2. 너 나한테 뭐 숨기는 거 있지?

3. (소문이) 쫙 퍼졌다.

4. 난 걔랑 대화가 잘 통해.

스킬 어법 16

1. 나는 3년 전에 그를 알게 되었다.

2. 우리 둘은 순수한 우정이야.

3. 잘 생긴 게 밥 먹여주냐?

4. 왜 너희들까지 덩달아 호들갑이야?

5. 자기 입장을 밝히다.

옆 페이지를 확인하세요.

스킬 어법 14

1. 我有一件事要跟你商量。 Wǒ yǒu yí jiàn shì yào gēn nǐ shāngliàng.

2. 我没白帮你！ Wǒ méi bái bāng nǐ!

3. 你说的！ Nǐ shuō de!

4. 到时候，别后悔！ Dào shíhou, bié hòuhuǐ!

스킬 어법 15

1. 结果没有你说的那么严重。 Jiéguǒ méi yǒu nǐ shuō de nàme yánzhòng.

2. 你是不是有件事瞒着我呀？ Nǐ shì bu shì yǒu jiàn shì mánzhe wǒ ya?

3. 传得沸沸扬扬。 Chuán de fèifèi yángyáng.

4. 我跟他很投缘。 Wǒ gēn tā hěn tóuyuán.

스킬 어법 16

1. 我是三年前认识的他。 Wǒ shì sān nián qián rènshi de tā.

2. 我们俩是纯粹的友谊。 Wǒmen liǎng shì chúncuì de yǒuyì.

3. 长得帅能当饭吃吗？ Zhǎng de shuài néng dāng fàn chī ma?

4. 你们跟着起什么哄啊？ Nǐmen gēnzhe qǐ shénme hòng a?

5. 声明自己的立场。 Shēngmíng zìjǐ de lìchǎng.

스킬 어법 17

1. 너는 오기만 하면 돼!

2. 그가 잘생겼든 아니든 나는 그가 좋다.

3. 여기서 시간 낭비하지 마.

4. 네 할 일이나 해.

5. 충고 하나 할게요.

6. 썸을 타다.

스킬 어법 18

1. 네가 확실히 말하지 않으면 널 도울 수 없어.

2. 내가 여기저기 찾아봤지만 찾지 못했다.

3. 나는 더 이상은 못 봐주겠다.

4. 사실대로 말할게.

5. 설마 그럴 리가? / 그럴 리 없지?

6. 너는 정말 모르는 거니? 모르는 척하는 거니?

7. 이건 뻔하지 않니?

옆 페이지를 확인하세요.

STEP 3

스킬 어법 17

1. 只要你过来就可以。 Zhǐyào nǐ guòlái jiù kěyǐ.

2. 无论他长得帅不帅，我都喜欢他。
   Wúlùn tā zhǎng de shuài bu shuài, wǒ dōu xǐhuan tā.

3. 别在这儿耗着。 Bié zài zhèr hàozhe.

4. 该干嘛干嘛去。 Gāi gàn má gàn má qù.

5. 奉劝一句。 Fèngquàn yí jù.

6. 关系有点儿暧昧。 Guānxì yǒudiǎnr àimèi.

스킬 어법 18

1. 你若不说清楚，我就不能帮助你。
   Nǐ ruò bù shuō qīngchu, wǒ jiù bù néng bāngzhù nǐ.

2. 我找遍了但没找到。 Wǒ zhǎobiàn le dàn méi zhǎodào.

3. 我实在看不下去了。 Wǒ shízài kàn bú xiàqù le.

4. 实话实说吧。 Shí huà shí shuō ba.

5. 不会吧？ Bú huì ba?

6. 你是真不懂还是假不懂？ Nǐ shì zhēn bù dǒng háishi jiǎ bù dǒng?

7. 这不是明摆着吗？ Zhè bú shì míngbǎizhe ma?

스킬 어법 19

1. 너는 책상 위에 물건을 정리해라.

2. 밖에 갑자기 비가 내리기 시작했다.

3. 정신 차려!

4. 용기를 내어 그에게 고백하다.

5. 왜 이렇게 눈치가 없니?

6. 그 사람 편들면서 말하지 마.

스킬 어법 20

1. 나는 열쇠가 없어서 들어갈 수 없어.

2. 집이 너무 비싸서 구매할 수 없다.

3. 내 차는 너무 작아서 다섯 명은 탈 수가 없다.

4. 계속 연기해 봐, 어디!

5. 언제까지 속일 거니?

6. 우물쭈물하지 말고!

7. 우리 허심탄회하게 이야기해 보자.

8. 기뻐해도 시원찮을 판에! / 기뻐해도 모자란걸!

9. 약속! / 약속한 거야!

10. 소식 한번 빠르네!

11. 비밀로 해 줘.

12. 나 입 엄청 무거워!

옆 페이지를 확인하세요.

스킬 어법 19

1. 你把桌子上的东西收拾起来。 Nǐ bǎ zhuōzi shàng de dōngxi shōushi qǐlái.

2. 外边突然下起雨来了。 Wàibiān tūrán xiàqǐ yǔ lái le.

3. 打起精神来！ Dǎqǐ jīngshén lái!

4. 鼓起勇气来跟他表白。 Gǔqǐ yǒngqì lái gēn tā biǎobái.

5. 你怎么这么没有眼力见儿？ Nǐ zěnme zhème méiyǒu yǎnlìjiànr?

6. 你别向着他说话。 Nǐ bié xiàngzhe tā shuō huà.

스킬 어법 20

1. 我没带钥匙，所以进不去。 Wǒ méi dài yàoshi, suǒyǐ jìnbuqù.

2. 房子太贵了，我买不起。 Fángzi tài guì le, wǒ mǎibuqǐ.

3. 我的车太小，五个人坐不下。 Wǒ de chē tài xiǎo, wǔ ge rén zuòbuxià.

4. 演，继续演！ Yǎn, jìxù yǎn!

5. 你想要瞒到什么时候啊？ Nǐ xiǎng yào mándào shénme shíhou a?

6. 别支支吾吾了！ Bié zhīzhī wúwú le!

7. 咱们坐下来敞开心扉谈谈吧。 Zánmen zuò xiàlái chǎngkāi xīnfēi tántan ba.

8. 高兴还来不及呢！ Gāoxìng hái láibují ne!

9. 一言为定！ Yì yán wéi dìng!

10. 消息够灵通！ Xiāoxi gòu língtōng!

11. 替我保密。 Tì wǒ bǎomì.

12. 我的嘴最严！ Wǒ de zuǐ zuì yán!

한 마디를 해도 중국인처럼!!

真 진짜 중국어 입말 패턴

시사중국어사

진짜 중국어 입말 패턴

| 초판발행 | 2018년 10월 10일 |
| 1 판 3 쇄 | 2019년 3월 1일 |

저자	문광일
책임 편집	가석빈, 최미진, 高霞, 박소영, 하다능
펴낸이	엄태상
디자인	진지화
콘텐츠 제작	김선웅, 최재웅
마케팅	이승욱, 오원택, 전한나, 왕성석
온라인 마케팅	김마선, 김제이, 유근혜
경영기획	마정인, 조성근, 박현숙, 김예원, 전태준, 오희연
물류	유종선, 정종진, 고영두, 최진희, 윤덕현

펴낸곳	시사중국어사(시사북스)
주소	서울시 종로구 자하문로 300 시사빌딩
주문 및 교재 문의	1588-1582
팩스	(02)3671-0500
홈페이지	http://www.sisabooks.com
이메일	book_chinese@sisadream.com
등록일자	1988년 2월 13일
등록번호	제1 - 657호

ISBN 979-11-5720-117-4 13720

"모든 레벨의 한국식 중국어 없애기 프로젝트!!"
真짜 회화 쓰리 스텝

베이징에서 오랜 기간 중국어 강의를 하는 동안 저는 다양한 한국 학생들을 만났습니다. 학생들 가운데 비교적 오랜 시간(현지생활 5년 이상) 중국어 학습을 한 이들도 많았기 때문에 늘 긴장되는 마음으로 열심히 강의를 준비합니다. 하지만 학생들을 대면하는 순간, 긴장이 싹 사라지는 때가 종종 있습니다. 5년 이상 중국어 학습을 한 학생들이 누가 들어도 한국식의 중국어 회화를 구사하고 있기 때문입니다. 단번에 한국인이라고 바로 짐작할 수 있을 만큼 어색한 표현들 말이죠! **한국어식의 중국어를 고쳐야 하는 이유는 문법상 오류는 없을지라도 현지인들은 그렇게 말하지 않기 때문입니다.**

문제진단 1 무려 3~5년을 중국어만 공부했다!

문제진단 2 중국어로 말하고 있지만, 누가 들어도 한국인이다!

이 문제에 대하여 저는 한 명의 교육자로서 심도 있게 고민하기 시작했습니다. 왜 이런 현상이 일어나는 것일까요? 결론은, 이들이 모두 책에서 배웠던 표현과 어법을 조합하여 너무나도 정확한 성조(발음)로 말하고 있다는 것이었습니다. 그리고 또 하나, 어려운 용어를 구사해야 고급 회화라고 오해하고 있었습니다. 사실 일상회화는 어려운 용어보다는 쉽고 간결한 회화체를 적재적소에 쓰는 것이 더욱 중요합니다.

원인파악 1 책만 보며 너무나 착실하고 모범적으로 공부했다!

원인파악 2 어려운 단어를 구사하는 것이 고급 수준을 증명한다고 생각한다!

저는 한국인이 주로 사용하는 고질적인 표현 방법부터 접근하는 새로운 강의 방식을 떠올렸습니다. 이름하여 **'비교충격요법'**입니다. 완벽한 중국어 표현을 배우기 위해 한국인이 사용하는 어색한 표현을 먼저 제시한 후, 중국인이 표현하는 진짜 표현법을 답안처럼 제시하면 학생들은 처음에는 웃다가 곧 표정이 어두워집니다. 자신들의 중국어 회화 수준을 직시하고 심각성을 깨닫게 되는 순간이기 때문이죠.

해결방안 1 한국인이 쓰는 중국어 표현과 현지인이 쓰는 진짜 중국어 표현을 대놓고 비교하라!

해결방안 2 진짜 회화 패턴을 모방하자!

이 책을 보고 계신 학습자분들은 真짜 회화 쓰리 스텝 과정과 비교충격 코너를 통해 더욱 빠르고 정확하게 회화 수준을 끌어올릴 수 있을 것입니다. 수록된 모든 대화 속에서 회화 패턴과 어휘 패턴을 발견하는 데 집중하시고, 동시에 습관처럼 튀어나오는 어색한 표현들을 스스로 인식하셔서 진짜 회화 실력을 향상시켜 나가길 바랍니다.

저자 **문광일**

이 책의 구성과 활용

STEP 1 입말 패턴 10

중국인이 무의식적으로 사용하는, 알고 보면 너무 쉬운 10개의 패턴으로 첫 멘트와
마지막 멘트부터 흉내 내기!

아직도 단어만 열심히 암기하고, 문장만 죽어라 외우면 된다고 생각하나요? 아무리 쉬운
단어를 구사해도 중국인이 습관처럼 사용하는 입말 패턴을 흉내 낸다면, 여러분의 중국어
회화 수준은 순식간에 향상될 거예요!

본문에 삽입된 QR코드를 스마트폰으로 찍어서 저자 직강 영상을 확인하세요.
시사중국어사 홈페이지와 유튜브 채널에서도 시청할 수 있습니다.

STEP 2 입말 패턴 Upgrade 30

대화가 본론으로 들어가면서 사용하는 30개의 패턴으로 현지인처럼 말하기의 비법 찾기!

한참을 고민하고 중국어를 내뱉으면 왜 그리도 "너는 어느 나라 사람이냐? (你是哪国人?)"
라고 물어보는지, 답답하기만 하죠? 이제 중국인이 늘 사용하는 빈도 높은 真짜 패턴을 익혀
보세요. 30개의 간결하고 쉬운 대화 스킬 패턴이 "너는 (중국) 어느 지역 사람이냐? (你是哪
儿人?)"라는 질문을 받게 할 거예요!

STEP 3 스킬 어법 20

닥치는 대로 어법을 외우는 건 시간 낭비!! 중국인의 대화에
반드시 등장하는 20개의 어법으로 真짜 회화 끝장내기!

어법 공부는 회화 학습에 방해가 된다고 생각하는 학습자가 많
습니다. 하지만 회화에 꼭 필요하고 자주 사용하는 어법을 익히
면 오히려 회화 실력 향상에 무한한 도움이 됩니다. 스킬 어법
20개로 보다 정확하고 자연스러운 중국어를 구사하세요!

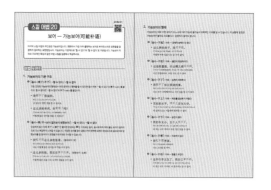

패턴을 담은 회화 & 충격요법
패턴을 담은 진짜 회화 & 진짜 회화체 집중 분석

STEP 1·2·3에서 펼쳐지는 세 청춘의 좌충우돌 일상과
아찔한 연애 스토리로 진짜 회화 패턴을 재미있게 익히기!

'충격요법'에 나오는 잘못된 표현은 어법상, 의미상 틀린 표
현이 아닐 수도 있습니다. 하지만 그 상황에 딱 알맞은 표현
은 따로 있다는 거~!! 꼭 기억하세요~!!

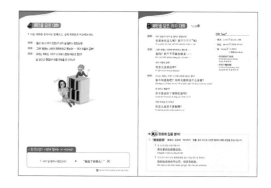

부록 복습 워크북

STEP 1 · 2 · 3의 입말 패턴과 패턴을 담은 진짜
회화에서 나왔던 표현들을 기억하고 활용할 수
있도록 간단 복습하기!

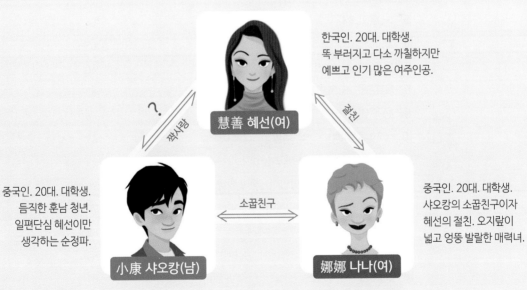

패턴을 담은 진짜 회화 story 주인공 3人

✓ 중국 베이징에 유학 중이며 현지 기업에서 인턴십을 하고 있는 **혜선**

✓ 혜선이에게 첫눈에 반해 혜선이를 위해서라면 뭐든지 하는 **샤오캉**

✓ 혜선이와 샤오캉의 절친이자 두 사람의 큐피드 역할을 톡톡히 하는 **나나**

慧善 혜선(여)

한국인. 20대. 대학생.
똑 부러지고 다소 까칠하지만
예쁘고 인기 많은 여주인공.

小康 샤오캉(남)

중국인. 20대. 대학생.
듬직한 훈남 청년.
일편단심 혜선이만
생각하는 순정파.

娜娜 나나(여)

중국인. 20대. 대학생.
샤오캉의 소꿉친구이자
혜선의 절친. 오지랖이
넓고 엉뚱 발랄한 매력녀.

짝사랑

절친

소꿉친구

그외 등장 인물 : 혜선의 회사 사람들(사장, 부장), 샤오캉의 친구들

5

차례

STEP 3 스킬 어법 20개로 회화를 완벽하게!

STEP
1

중국인이 무의식적으로 사용하는
입말 패턴 TOP 10
입을 떼는 바로 그 순간부터!
중국인의 평가는 시작된다!!

입말 패턴 1

我看 wǒ kàn 내가 볼 때/내 생각에

자기 생각이나 의견을 말할 때 가장 쉽고 간단하게 사용하는 습관적인 표현입니다. 흔히 잘 알고 있는 **我觉得**보다 더 자주 사용하며, 상대방의 생각이나 의견을 물을 때에는 **你看**으로 말합니다.

패턴 활용

활용 1

내가 볼 때, 어제 너의 행동은 지나쳤어.

我看，昨天你的行动太过分了。

Wǒ kàn, zuótiān nǐ de xíngdòng tài guòfèn le.

활용 2

내가 볼 때, 너희 회사의 미래는 그리 밝지 않은 것 같아.

我看，你们公司的未来不太乐观。

Wǒ kàn, nǐmen gōngsī de wèilái bú tài lèguān.

활용 3

내가 볼 때, 네가 이렇게 하면 여친 학업에 영향을 줄 거야.

我看，你这样做会影响女友的学习。

Wǒ kàn, nǐ zhèyàng zuò huì yǐngxiǎng nǚyǒu de xuéxí.

어휘 feel⁺

- **行动** xíngdòng 명 행동 동 행동하다

- **过分** guòfèn 동 지나치다

- **未来** wèilái 명 미래, 장래

- **乐观** lèguān 형 낙관적이다

  긍정적인 상황을 형용할 때 사용한다.

  • 我看，情况不太乐观。
  Wǒ kàn, qíngkuàng bú tài lèguān.
  상황이 그리 낙관적이지 않은 듯하다.

- **影响** yǐngxiǎng 명 영향
  동 영향을 주다

  동사일 때, 뒤에 영향을 받는 대상이 온다.
  명사로 쓰일 때는 对…有影响 '~에 영향이 있다'로 쓰인다.

  • 别影响我。
  Bié yǐngxiǎng wǒ.
  나에게 영향을 주지 마.

  • 你的话对他有影响。
  Nǐ de huà duì tā yǒu yǐngxiǎng.
  너의 말은 그에게 영향을 준다.

▲ 패턴을 담은 대화

■ 다음 대화를 중국어로 말해보고, 실제 회화문과 비교해보세요.

小康 나 혜선이한테 관심 있는데, 네 생각에 내가 고백하면 성공할까?

娜娜 내가 볼 때, 결과를 뭐라 말하기 어려울 것 같은데……

★ 충격요법!! 이렇게 말하는 거 아닌가요?

1. 나는 그녀에게 관심이 있다. ➡ "我对她有关心。" ✕

2. 말하기 어렵다(곤란하다). ➡ "很难说。" ✕

▶ 다음 페이지의 진짜 회화체 분석에서 확인하세요.

어휘 feel⁺

- 意思　yìsi 명 관심, 호감

- 表白　biǎobái 동 고백하다, 표명하다

小康 나 혜선이한테 관심 있는데, 네 생각에 내가 고백하면 성공할까?

我对慧善有意思★，你觉得我跟她表白会不会成功?

Wǒ duì Huìshàn yǒu yìsi, nǐ juéde wǒ gēn tā biǎobái huì bu huì chénggōng?

娜娜 내가 볼 때, 결과를 뭐라 말하기 어려울 것 같은데……

我看，这个结果不好说★……

Wǒ kàn, zhège jiéguǒ bù hǎo shuō……

★ 真짜 회화체 집중 분석!

1. **"我对她有意思"** 意思를 흔히 '의미'의 뜻으로만 사용하는 경우가 많습니다. 하지만 여기서는 '관심'이라는 뜻이며, 이 밖에도 **'누군가에게 성의 표시를 하다'에서 '성의', 혹은 '의리'**라는 뜻으로도 자주 사용합니다.

▎그럼, (술) 마시는 시늉만 할게!

那我就意思意思吧!

Nà wǒ jiù yìsi yìsi ba!

▎너 진짜 의리 있다. 고마워!

你真够意思，谢谢! (↔ 真不够意思 의리 없다)

Nǐ zhēn gòu yìsi, xièxie!

2. **"不好说"** '말하기 어렵다'라는 의미입니다. **不好**는 '~하기 쉽지 않다', '~하기 곤란하다'라는 뜻으로 뒤에 오는 说 대신 다양한 동사를 넣어 쓸 수 있습니다. 不를 삭제하면 '~하기 좋다'라는 의미로 활용됩니다.

▎이 일은 설명하기 쉽다.

这件事好解释。 (↔ 不好解释 설명하기 힘들다)

Zhè jiàn shì hǎo jiěshì.

▎이렇게 가면 더 가기 좋다.

这样走，更好走。

Zhèyàng zǒu, gèng hǎo zǒu.

입말 패턴 2

你说 nǐ shuō 네가 생각하기에 / 네가 볼 때

상대방에게 의견을 물을 때, 앞에서 배운 **你看**과 더불어 자주 사용하는 습관적인 표현입니다. 글자 그대로 해석해서 '너 말해 봐'라는 직접적인 표현도 되지만, '네가 생각하기에 어때?'라는 의미를 나타냅니다. 특히, 회의 자리에서 상대의 의견을 물을 때 **你说呢?** '당신 생각은 어때요?'라고 사용합니다.

패턴 활용

활용 1

네가 생각하기에 가장 이상적인 삶은 무엇이니?

你说，最理想的生活是什么？

Nǐ shuō, zuì lǐxiǎng de shēnghuó shì shénme?

활용 2

네가 볼 때, 내가 걔한테 어떻게 말해야 좋을까?

你说，我跟她怎么说才好呢？

Nǐ shuō, wǒ gēn tā zěnme shuō cái hǎo ne?

활용 3

이게 바로 우리 회사의 가장 치명적인 문제야. 네 생각은 어때?

这是我们公司最致命的问题，你说呢？

Zhè shì wǒmen gōngsī zuì zhìmìng de wèntí, nǐ shuō ne?

어휘 feel⁺

- 理想 lǐxiǎng 형 이상적이다

- 怎么 + V + 才好 zěnme + V + cái hǎo
  무언가를 어떻게 해야 할지 모를 때 사용한다. 주로 문장 앞에 不知道를 붙인다. 유사 표현으로 [동사+什么+才好] '무엇을 ~해야 좋을지'가 있다.

  • 我不知道怎么做才好。
  Wǒ bù zhīdào zěnme zuò cái hǎo.
  나는 어떻게 해야 할지 모르겠다.

  • 我不知道写什么才好。
  Wǒ bù zhīdào xiě shénme cái hǎo.
  나는 무엇을 써야 할지 모르겠다.

- 致命 zhìmìng 형 치명적이다

  • 致命的错误
  zhìmìng de cuòwù
  치명적인 실수

  • 致命的诱惑
  zhìmìng de yòuhuò
  치명적인 유혹

■ 다음 대화를 중국어로 말해보고, 실제 회화문과 비교해보세요.

小康　내일이 혜선이 생일이라고 들었는데, 네가 보기에 내가 혜선이한테 어떤 선물을 주는 게 좋을까?

娜娜　솔직히 말할게. 내가 볼 때 말이야. 네가 무엇을 주든 싫어할 것 같아.

★ 충격요법!! 이렇게 말하는 거 아닌가요?

　1. 솔직히 말할게.　　　　　➡　　　"说真心话吧。"　✕

▶ 다음 페이지의 진짜 회화체 분석에서 확인하세요.

小康   내일이 혜선이 생일이라고 들었는데,

听说，明天慧善过生日，
Tīngshuō, míngtiān Huìshàn guò shēngrì,

네가 보기에 내가 혜선이한테 어떤 선물을 주는 게 좋을까?

你说，我送慧善什么礼物好呢？
nǐ shuō, wǒ sòng Huìshàn shénme lǐwù hǎo ne?

娜娜   솔직히 말할게. 내가 볼 때 말야. 네가 무엇을 주든 싫어할 것 같아.

说白了★，我看，无论你送她什么，
Shuōbái le, wǒ kàn, wúlùn nǐ sòng tā shénme,

她都不会喜欢。
tā dōu bú huì xǐhuan.

어휘 feel⁺

- 听说   tīngshuō [동] 듣자 하니

- 过生日   guò shēngrì 생일을 보내다

- 无论   wúlùn [접] ~하든 말든, ~을 막론하고

  ➡ STEP3 스킬어법17 참고

★ **真짜 회화체 집중 분석!**

1. **"说白了"**   중국인들 대화 속에서 자주 등장하는 '솔직히 말이야', '툭 까놓고 말인데'라는 의미의 표현입니다. 유사한 의미의 **说实话** shuō shíhuà '사실대로 말하면', **不瞒你说** bù mán nǐ shuō '속이지 않고 말하자면', **坦白地说** tǎnbái de shuō '솔직히 말해서'와 같은 표현도 빈번하게 사용합니다.

   | 솔직히 말하면, 나 네 여동생에게 관심 있어.

   说白了，我对你妹妹有意思。
   Shuōbái le, wǒ duì nǐ mèimei yǒu yìsi.

입말 패턴 3

我估计 wǒ gūjì 내 예상에는 / 내 추측에는

어떤 상황이나 결과를 1인칭이 예측하거나 추측할 때 가장 많이 사용하는 표현입니다. '내 추측에는', '내 예측으로는', '내 생각에는' 등으로 해석합니다. 计 jì '계산하다'라는 단어에서 알 수 있듯이, 주로 시간·날짜·수량 등을 예상할 때 사용한다는 점도 참고하세요.

패턴 활용

활용 1

내 예상에 그는 점심 12시 전에 도착할 것 같아.

我估计他在中午12点之前能到。

Wǒ gūjì tā zài zhōngwǔ shí'èr diǎn zhīqián néng dào.

활용 2

내 생각에 그녀는 나와 결혼하고 싶어하지 않는 것 같아.

我估计她不想跟我结婚。

Wǒ gūjì tā bù xiǎng gēn wǒ jiéhūn.

활용 3

내 추측에 그 사람은 아마도 자신의 감정을 억제할 수 없을 거야.

我估计他不能控制自己的情绪。

Wǒ gūjì tā bù néng kòngzhì zìjǐ de qíngxù.

어휘 feel+

- 估计 gūjì 동 추측하다, 예상하다

- 之前 zhīqián 명 ~의 전, ~의 앞

- 控制 kòngzhì 동 억제하다

  뒤에 기분, 행동, 감정을 나타내는 목적어를 동반한다.

  • 控制感情
    kòngzhì gǎnqíng
    감정을 컨트롤하다

  • 控制行动
    kòngzhì xíngdòng
    행동을 제어하다

- 情绪 qíngxù 명 감정, 기분

16

🔊 패턴을 담은 대화

■ 다음 대화를 중국어로 말해보고, 실제 회화문과 비교해보세요.

小康 보름치 용돈으로 산 혜선이 생일 선물이야. 어때? 정말 예쁘지?

娜娜 잠깐만! 이 선물은 너무 비싼 걸! 내 예상에는 혜선이가 안 받을 것 같아.

★충격요법!! 이렇게 말하는 거 아닌가요?

1. (말을 끊으며) 잠깐만! ➡ "等一下!" ✕

▶ 다음 페이지의 진짜 회화체 분석에서 확인하세요.

패턴을 담은 真짜 대화

小康 보름치 용돈으로 산 혜선이 생일 선물이야.

掏出半个月的零花钱买了慧善的生日礼物，
Tāochū bàn ge yuè de línghuāqián mǎi le Huìshàn de shēngrì lǐwù,

어때? 정말 예쁘지?

看看怎么样？漂亮吧？
Kànkan zěnmeyàng? Piàoliang ba?

娜娜 잠깐만! 이 선물은 너무 비싼 걸!

打断一下★! 你这个礼物太贵重了!
Dǎduàn yíxià! Nǐ zhège lǐwù tài guìzhòng le!

내 예상에는 혜선이가 안 받을 것 같아.

我估计慧善不会接受的。
Wǒ gūjì Huìshàn bú huì jiēshòu de.

어휘 feel⁺

- 掏出 tāochū [동] 꺼내다

- 零花钱 línghuāqián [명] 용돈

- 打断 dǎduàn [동] 끊다, 자르다

- 贵重 guìzhòng [형] 귀중하다

- 接受 jiēshòu [동] 받다, 받아들이다

★ 真짜 회화체 집중 분석!

1. **"打断一下"** 상대의 말을 자르거나 말하는 도중에 끼어들 때 사용합니다. 앞에 **不好意思** bù hǎo yìsi를 붙여 말하면 윗사람에게도 사용할 수 있습니다. 이 외에도 **打住** dǎzhù, **我说两句** wǒ shuō liǎng jù 등의 비슷한 표현이 있으며, **打住**는 상대방과 더 이상 대화를 하고 싶지 않은 경우, 예를 들어 "시끄러워! 그만 말해!" 라고 할 때 사용하고, 만약 더 강한 어투로 "닥쳐!"라고 말하고 싶다면 **"闭嘴！** bìzuǐ!"라고 표현합니다.

강의 영상 보기

T 1-07

입말 패턴 4

我跟你说 wǒ gēn nǐ shuō 잘 들어 봐

상대방에게 중요한 사항을 이야기할 때 주로 사용하는 표현입니다. **我告诉你** wǒ gàosu nǐ '너한테 알려줄게' 도 같은 표현입니다. 이런 표현들을 말머리에 사용하면 일단 상대방은 어떤 이야기인지 귀를 기울이게 되겠죠.

패턴 활용

활용 1

잘 들어. 너 절대 그 사람과 협력하지 마.

我跟你说，你千万别跟他合作。

Wǒ gēn nǐ shuō, nǐ qiānwàn bié gēn tā hézuò.

활용 2

잘 들어. 그 인간은 사기꾼이야.

我跟你说，他是个大骗子。

Wǒ gēn nǐ shuō, tā shì ge dàpiànzi.

활용 3

잘 들어. 그 남자는 결코 내가 좋아하는 스타일이 아니야.

我告诉你，他并不是我喜欢的类型。

Wǒ gàosu nǐ, tā bìng bú shì wǒ xǐhuan de lèixíng.

어휘 feel⁺

- 干万 qiānwàn 부 제발, 절대로

- 合作 hézuò 동 협력하다

- 骗子 piànzi 명 사기꾼

- 并 bìng 부 결코 접 그리고

  일반적으로 '결코'라는 부사로 쓰일 때는 뒤에 부정형이 오고, '그리고'라는 접속사로 쓰일 때는 주로 동사와 동사를 연결할 때 사용한다.

  • 并不喜欢
  bìng bù xǐhuan
  결코 좋아하지 않다

  • 商量并决定
  shāngliang bìng juédìng
  상의하고 결정하다

- 类型 lèixíng 명 유형, 스타일

패턴을 담은 대화

■ 다음 대화를 중국어로 말해보고, 실제 회화문과 비교해보세요.

小康 난 진짜 모르겠어. 어떻게 하면 혜선이의 마음을 얻을 수 있을까?

娜娜 잘 들어. 한 사람의 마음을 얻으려면 역시 계획이 필요해.

★ 충격요법!! 이렇게 말하는 거 아닌가요?

1. 난 진짜 모르겠다. ➡ "我真的不知道。" ✕

▶ 다음 페이지의 진짜 회화체 분석에서 확인하세요.

小康   난 진짜 모르겠어. 어떻게 하면 혜선이의 마음을 얻을 수 있을까?

我就不明白★，怎样才能得到慧善的心？

Wǒ jiù bù míngbai, zěnyàng cái néng dédào Huìshàn de xīn?

娜娜   잘 들어. 한 사람의 마음을 얻으려면 역시 계획이 필요해.

我跟你说，要得到一个人的心也需要计划。

Wǒ gēn nǐ shuō, yào dédào yí ge rén de xīn yě xūyào jìhuà.

어휘 feel⁺

- 明白 míngbai 동 이해하다, 알다

- 计划 jìhuà 명 계획 동 계획하다

★真짜 회화체 집중 분석!

1. "我就不明白"   어처구니없는 상황 혹은 이해할 수 없는 상황에 마주했을 때, 중국인들이 혼잣말로 자주 하는 표현입니다. 유사한 표현으로는 我搞 gǎo 不明白 혹은 弄 nòng 不明白 가 있습니다.

┃ 그가 왜 이러는지 정말 이해를 못 하겠어.

我真搞不明白他为什么这样。

Wǒ zhēn gǎo bù míngbai tā wèi shénme zhèyàng.

입말 패턴 5

你知道吗? ní zhīdào ma? 그런데 말이야/그거 알아?

상대방이 자신의 말에 귀를 기울이기 원할 때 주로 사용합니다. 뭔가 중요한 사항을 전달할 때 사용하는 하나의 말버릇이기도 합니다.

패턴 활용

활용 1

그런데 말이야. 듣기로는 걔네 회사가 곧 문을 닫는대.

你知道吗? 听说他们公司快要不行了。

Nǐ zhīdào ma? Tīngshuō tāmen gōngsī kuàiyào bù xíng le.

활용 2

그런데 말이야. 네가 이렇게 하면 좋은 결과는 나올 수 없어.

你知道吗? 你这么做不会有好结果的。

Nǐ zhīdào ma? Nǐ zhème zuò bú huì yǒu hǎo jiéguǒ de.

활용 3

그런데 말이야. 이런 걸 '윈윈'이라고 하는 거야.

你知道吗? 这叫做 "双赢"。

Nǐ zhīdào ma? Zhè jiàozuò "shuāngyíng".

어휘 feel⁺

- 快要…了 kuàiyào…le 곧 ~한다

  빠른 시일 내에 곧 일어날 상황을 말할 때 사용한다. 유사 표현으로 快…了, 就…了, 就要…了가 있다. 단, 앞에 시간사가 있을 때에는 주로 就要…了, 就…了를 사용한다.

  • 他快要回国了。
    Tā kuàiyào huíguó le.
    그는 곧 귀국해요.

  • 我下个星期就结婚了。
    Wǒ xià ge xīngqī jiù jiéhūn le.
    나는 다음 주에 곧 결혼해.

- 叫做 jiàozuò ~라고 부르다

패턴을 담은 대화

■ 다음 대화를 중국어로 말해보고, 실제 회화문과 비교해보세요.

娜娜　그런데 말이야. 혜선이 걔 어제 남친이랑 헤어졌대.

小康　정말이야?

★충격요법!! 이렇게 말하는 거 아닌가요?

| 1. 정말이야? | ➡ | "真的吗?" ✕ |

▶ 다음 페이지의 진짜 회화체 분석에서 확인하세요.

娜娜 그런데 말이야. 혜선이 걔 어제 남친이랑 헤어졌대.

你知道吗? 慧善她昨天跟男友掰了。

Nǐ zhīdào ma? Huìshàn tā zuótiān gēn nányǒu bāi le.

小康 정말이야?

真的假的★?

Zhēn de jiǎ de?

어휘 feel⁺

- 掰 bāi [동] 쪼개다, 절교하다

- 假 jiǎ [형] 거짓의, 가짜의

★真짜 회화체 집중 분석!

1. **"真的假的?"** "真的吗?"라는 표현을 중국인들이 아예 쓰지 않는 것은 아니지만 우리가 쓰면 한국인 티가 팍팍 나는 표현입니다. 중국인들의 대화를 유심히 들어보면 **"真的假的?"**를 더 많이 사용합니다. 더욱 단호하게 사실 여부를 묻고 싶다면 **"确定吗?"** '확실해?'를 사용하세요.

입말 패턴 6

……行吗? ……xíng ma? ~할 수 있니?

이 표현은 문자 그대로 '가능하니?'라는 가능성을 묻는 표현이지만, 상황에 따라 약간 짜증 섞인 어투, 간곡한 설득이나 권유의 어투 등을 나타냅니다.

패턴 활용

활용 1

다들 조용히 좀 할 수 없겠니? (짜증 섞인 말투)

大家小点儿声，行吗?

Dàjiā xiǎo diǎnr shēng, xíng ma?

활용 2

내일 나 대신 걔한테 말해줄 수 있니? (가능 여부)

你明天替我跟他说，行吗?

Nǐ míngtiān tì wǒ gēn tā shuō, xíng ma?

활용 3

사장님 입장을 좀 이해해줄 수 없겠습니까? (설득·권유)

你多体谅一下老板的立场，行吗?

Nǐ duō tǐliàng yíxià lǎobǎn de lìchǎng, xíng ma?

어휘 feel⁺

- 替 tì 개 ~대신하여

  뒤에 구체적인 행위가 오기도 하며, 심리 동사가 올 때는 '~때문에'로 해석한다.

  • 我来替你解决吧。
  Wǒ lái tì nǐ jiějué ba.
  내가 너 대신 해결할게.

  • 我替你紧张。
  Wǒ tì nǐ jǐnzhāng.
  나는 너 때문에 긴장된다.

- 体谅 tǐliàng 동 이해하다

- 老板 lǎobǎn 명 주인(사장), 기업주

- 立场 lìchǎng 명 입장

패턴을 담은 대화

■ 다음 대화를 중국어로 말해보고, 실제 회화문과 비교해보세요.

售货员 죄송해요. 언니, 정말 제 마음대로 할 수가 없어요.

慧善 주위 친구들한테 홍보 많이 할게요. 좀 더 깎아주세요. 네?

★ 충격요법!! 이렇게 말하는 거 아닌가요?

1. 내 마음대로 할 수 없다.   ➡   "我不能随便做。" ✗

▶ 다음 페이지의 진짜 회화체 분석에서 확인하세요.

售货员　죄송해요. 언니, 정말 제 마음대로 할 수가 없어요.

对不住啊，姐，我真的做不了主★啊。

Duìbuzhù a, jiě, wǒ zhēn de zuòbuliǎo zhǔ a.

慧善　주위 친구들한테 홍보 많이 할게요. 좀 더 깎아주세요. 네?

我多给周围朋友推荐，再降一点儿，行吗？

Wǒ duō gěi zhōuwéi péngyou tuījiàn, zài jiàng yìdiǎnr, xíng ma?

어휘 feel⁺

- 对不住　duìbuzhù [동] 미안하다, 죄송하다

- 做主　zuòzhǔ [동] 결정권을 갖다

- 周围　zhōuwéi [명] 주위

- 推荐　tuījiàn [동] 추천하다

- 降　jiàng [동] 낮추다, 떨어뜨리다

★ 真짜 회화체 집중 분석!

1. **"做不了主"**　이 표현은 회화 실력을 단숨에 끌어올릴 수 있는 기가 막힌 토종 표현입니다. [동사 + 不了] '~할 수 없다'라는 정도보어의 어법을 동원해서 做不了는 '할 수 없다', '될 수 없다'라는 뜻이고, 그 뒤에 '주인'이라는 의미를 붙여, '주인이 될 수 없다(어떤 일을 하는 데 결정권이 없다)'가 됩니다. 이 표현은 회화 실력을 단숨에 끌어올릴 수 있는 표현입니다. 아래와 같은 유사 표현도 익혀두세요.

> 내가 말해도 소용없다.
>
> 我说了不算。(↔ 我说了算 내 말대로 한다, 내 말이 곧 법이다)
>
> Wǒ shuō le bú suàn.

입말 패턴 7

······好不好? ······hǎo bu hǎo? ~거든?

대화 중 상대방의 말에 기분이 살짝 상했을 때나 상대방이 얄미워질 때 '~했거든?'이라고 톡 쏘아붙이게 되죠. 바로 이런 때 사용하는 표현입니다. 원래 해석은 '좋아, 안 좋아?', '그래, 안 그래?'이지만, '됐거든~?'이라는 토라진 어감으로 쓰입니다.

패턴 활용

활용 1

나는 그 애 같은 스타일 별로거든?

我不太喜欢他这种类型好不好?

Wǒ bú tài xǐhuan tā zhè zhǒng lèixíng hǎo bu hǎo?

활용 2

내가 걔한테 이미 여러 번 말했거든?

我已经跟他说了N次好不好?

Wǒ yǐjīng gēn tā shuō le ēn cì hǎo bu hǎo?

활용 3

네 도움 필요 없어. 나도 혼자 할 수 있거든?

用不着你帮忙，我自己也可以好不好?

Yòngbuzháo nǐ bāngmáng, wǒ zìjǐ yě kěyǐ hǎo bu hǎo?

어휘 feel⁺

- N次 ēn cì 여러 번(신조어)

- 用不着 yòngbuzháo 필요 없다

  뒤에 주로 명사나 동사가 온다. (=不用)

  • 用不着这样做。
    Yòngbuzháo zhèyàng zuò.
    이렇게 할 필요 없어.

  • 用不着你亲自做。
    Yòngbuzháo nǐ qīnzì zuò.
    네가 직접 할 필요 없어.

패턴을 담은 대화

■ 다음 대화를 중국어로 말해보고, 실제 회화문과 비교해보세요.

娜娜 잘 들어 봐. 너 그 남자랑 사귀는 거 별로 안 어울렸어.

慧善 그 인간 말도 꺼내지 마! 나 진작에 그 애랑 끝났거든?

★ 충격요법!! 이렇게 말하는 거 아닌가요?

1. 그 인간 말도 꺼내지 마!   ➡   "别说他了！"   ✗

▶ 다음 페이지의 진짜 회화체 분석에서 확인하세요.

패턴을 담은 真짜 대화

娜娜 잘 들어 봐. 너 그 남자랑 사귀는 거 별로 안 어울렸어.

我跟你说，你跟他在一起不太合适。

Wǒ gēn nǐ shuō, nǐ gēn tā zài yìqǐ bú tài héshì.

慧善 그 인간 말도 꺼내지 마! 나 진작에 그 애랑 끝났거든?

你甭提他了★! 我已经跟他分手了好不好？

Nǐ béng tí tā le! Wǒ yǐjīng gēn tā fēnshǒu le hǎo bu hǎo?

어휘 feel⁺

- 甭 béng 부 ~하지 마라, ~할 필요가 없다

- 提 tí 동 언급하다, 말을 꺼내다

- 分手 fēnshǒu 동 헤어지다, 이별하다

★ 真짜 회화체 집중 분석!

1. **"你甭提他了"** 甭은 '~할 필요가 없다', '~하지 마라'라는 뜻으로 **不用**, **别**와 같은 의미를 나타냅니다. 그러므로 **"不用提他了"**, **"别提他了"**라고 표현하기도 합니다. 여기서 提는 '말하다', '거론하다'라는 의미 이며, '들다', '쥐다'의 의미로도 자주 사용하는 단어입니다.

> 내가 너 대신 가방 들어줄게.
>
> 我来帮你提包吧。
>
> Wǒ lái bāng nǐ tí bāo ba.

입말 패턴 8

你这个人呢 nǐ zhège rén ne 너는 말이야

약간은 엄숙한 듯, 진지한 듯, 상대방의 특징이나 성격을 묘사·설명할 때 주로 사용하는 표현입니다. 제삼자를 평가 혹은 질책할 때 "他这(那)个人呢" '이(저) 사람은 말이죠'라고 말문을 열기도 하고, '나는 말이죠'라고 할 때에도 "我这个人呢"라고 시작합니다. 끝에 呢 대신 吧를 쓰기도 합니다.

패턴 활용

활용 1

너는 말이야. 다른 사람을 존중하지 않아.
你这个人呢，太不尊重别人。
Nǐ zhège rén ne, tài bù zūnzhòng biérén.

활용 2

나는 말이야. 모든 사람과의 관계를 소중히 여기는 사람이야.
我这个人呢，特别珍惜跟所有人的关系。
Wǒ zhège rén ne, tèbié zhēnxī gēn suǒyǒu rén de guānxì.

활용 3

그 사람은 성격이 좀 괴팍해요.
他那个人呢，脾气有点儿暴。
Tā nàge rén ne, píqì yǒudiǎnr bào.

어휘 feel⁺

- 尊重　zūnzhòng [통] 존중하다, 중시하다

- 珍惜　zhēnxī [통] 소중히 여기다

  • 珍惜时间
  zhēnxī shíjiān
  시간을 소중히 여기다

  • 珍惜机会
  zhēnxī jīhuì
  기회를 소중히 여기다

  사람 앞에 쓰여 '~에게 잘해주다'라는 의미를 나타내기도 한다.

  • 男朋友很珍惜我。
  Nánpéngyou hěn zhēnxī wǒ.
  남자친구가 나를 너무 아껴준다.

- 脾气　píqì [명] 성격

- 暴　bào [형] 괴팍하다, 흉악하다

 패턴을 담은 대화

■ 다음 대화를 중국어로 말해보고, 실제 회화문과 비교해보세요.

男同学　내 여자친구가 되어 줘. 내가 잘해줄게.

慧善　너 말이야. 정말 웃긴다! 넌 내 스타일이 아니야!

★ 충격요법!! 이렇게 말하는 거 아닌가요?

1. 너 진짜 웃긴다!　　➡　　"你真有意思！"　✕

▶ 다음 페이지의 진짜 회화체 분석에서 확인하세요.

어휘 feel⁺

- 逗　dòu [형] 우습다, 재미있다　[동] 놀리다

男同学　내 여자친구가 되어 줘. 내가 잘해줄게.

你做我的女朋友吧。我会对你好的。

Nǐ zuò wǒ de nǚpéngyou ba. Wǒ huì duì nǐ hǎo de.

慧善　너 말이야. 정말 웃긴다! 넌 내 스타일이 아니야!

你这个人吧，太逗了★! 你不是我喜欢的类型!

Nǐ zhège rén ba, tài dòu le! Nǐ bú shì wǒ xǐhuan de lèixíng!

★ 真짜 회화체 집중 분석!

1. "**逗**"　꼭 활용해 보기를 강력히 추천하는 표현입니다. 상대방의 행동이나 말에 **대꾸할 가치가 없다**고 생각하거나, 마땅히 할 말이 없다면 바로 이 표현을 사용하세요. "你太逗了" '너 너무 웃겨!'의 속뜻은 '그만 좀 하지?'입니다. 逗가 들어가는 아래 표현도 매우 자주 사용하는 표현입니다.

┃ 그만해! / 그만 웃겨!

别逗了!

Bié dòu le!

┃ 장난친 거야!

逗你玩的!

Dòu nǐ wán de!

강의 영상 보기

입말 패턴 9

·····嘛! ·····ma! ~잖아!

너무나 당연하고 의심의 여지가 없는 상황을 강조하고 싶을 때 사용하는 어기조사로 진짜 회화의 핵심 단어입니다. 때로는 '~해라', '~하지 마라'의 문장의 끝에서 애교 섞인 말투를 나타내기도 하죠. 이런 형태의 어기조사를 잘 활용해야 빠른 시간 안에 중국어의 고수가 될 수 있습니다!

패턴 활용

활용 1

그 여자는 네가 정말 사랑하는 여자잖아!

她是你深爱的女人嘛!

Tā shì nǐ shēn'ài de nǚrén ma!

활용 2

이건 얻기 힘든 좋은 기회잖아!

这是难得的好机会嘛!

Zhè shì nándé de hǎo jīhuì ma!

활용 3

이게 그의 유일한 장점이잖아!

这是他唯一的优点嘛!

Zhè shì tā wéiyī de yōudiǎn ma!

활용 4

이러지 마~! (애교)

你别这样做嘛!

Nǐ bié zhèyàng zuò ma!

어휘 feel⁺

- 深爱 shēn'ài 동 매우 사랑하다

- 难得 nándé 형 얻기 힘들다

  기회, 인재 등과 같은 것을 '얻기 힘들다' 라는 뜻이며, 횟수, 출현, 발생 등이 '드물다'라는 의미도 있다.

  • 老板难得请一顿饭。
    Lǎobǎn nándé qǐng yí dùn fàn.
    사장님이 간만에 밥을 쏘시네요.

- 唯一 wéiyī 형 유일한

- 优点 yōudiǎn 명 장점, 우수한 점

패턴을 담은 대화

■ 다음 대화를 중국어로 말해보고, 실제 회화문과 비교해보세요.

娜娜　맙소사! 우리 집 변기가 막혔어! 어떡하지!

慧善　호들갑 떨지 마. 자주 있는 일이잖아! 관리사무소에 연락해.

★ 충격요법!! 이렇게 말하는 거 아닌가요?

1. 호들갑 떨지 마! ➜ "别这么大的反应!" ✕

▶ 다음 페이지의 진짜 회화체 분석에서 확인하세요.

娜娜　맙소사! 우리 집 변기가 막혔어! 어떡하지?

我的天啊！我们家马桶堵了，这可怎么办啊？

Wǒ de tiān a! Wǒmen jiā mǎtǒng dǔ le, zhè kě zěnme bàn a?

慧善　호들갑 떨지 마. 자주 있는 일이잖아!

别一惊一乍的了★，常见的事嘛！

Bié yì jīng yí zhà de le, chángjiàn de shì ma!

관리사무소에 연락해.

联系物业吧。

Liánxì wùyè ba.

어휘 feel⁺

- 马桶　mǎtǒng 명 변기

- 堵　dǔ 동 막다, 막히다

- 可　kě 부 그러나

  술어 앞에 쓰여 강조를 나타낸다.

  - 我可不喜欢。
    Wǒ kě bù xǐhuan.
    나는 정말 싫어한다.

  - 他长得可帅了。
    Tā zhǎng de kě shuài le.
    그는 정말 잘생겼다.

- 惊　jīng 동 놀라다

- 乍　zhà 동 (머리카락이) 곤두서다

- 联系　liánxì 동 연락하다

- 物业　wùyè 명 (아파트)관리사무소

★真짜 회화체 집중 분석!

1. **"别一惊一乍的了"**　"(별일도 아닌데) 왜 이리 호들갑이야"라는 표현을 중국어로 표현하기는 쉽지 않습니다. 그래서 대부분의 학습자들이 이런 표현을 거의 사용하지 않습니다. 간혹 "别大惊小怪的!"라고 말하기도 하지만, '작은 일에 크게 놀라다'라는 성어 大惊小怪보다는 一惊一乍가 우리가 표현하고자 하는 의미에 더 적절합니다.

> 이런 일로 너무 호들갑 떨지 마! (너무 놀랄 것 없다)
>
> 这么点儿事，别一惊一乍的了!
> Zhème diǎnr shì, bié yì jīng yí zhà de le!

입말 패턴 10

······呗! ······bei! ~하면 되잖아!/~해 버려!

중국인이 가장 많이 사용하는 무의식적인 입말 습관 중 하나입니다. 주로 상대방에게 시원스럽게 해결책을 제시하거나 강한 추측을 나타낼 때 사용합니다. 呗는 많은 학습자들이 꼭 흉내 내고 싶어 하는 표현인 만큼 상황에 맞게 적절히 사용해야 합니다.

패턴 활용

활용 1

울지 마! 내가 처리해주면 되잖아!

不哭了啊！我来替你处理呗！

Bù kū le a! Wǒ lái tì nǐ chǔlǐ bei!

활용 2

네가 가서 그 사람한테 직접 말하면 되잖아!

你去跟他当面谈呗！

Nǐ qù gēn tā dāngmiàn tán bei!

활용 3

이왕 승낙했으니, 빨리 결혼해 버려!

既然答应了，你就快点儿结婚呗！

Jìrán dāying le, nǐ jiù kuàidiǎnr jiéhūn bei!

활용 4

A 이렇게 좋은 물건을 걔는 왜 안 사는 거야?

这么好的东西，他为什么不买啊？

Zhème hǎo de dōngxi, tā wèi shénme bù mǎi a?

B 돈이 없는가 보지!

没有钱呗！

Méiyǒu qián bei!

어휘 feel⁺

- 处理　chǔlǐ [동] 처리하다, 해결하다

- 当面　dāngmiàn [부] 대면하여

- 既然　jìrán [접] 기왕 ~하니

　뒷 절에서 就와 호응하여 사용한다.

　• 既然来了，你就喝点儿吧！
　　Jìrán lái le, nǐ jiù hē diǎnr ba!
　　기왕 왔으니, 좀 마셔!

　• 情况既然这样，我就不管了。
　　Qíngkuàng jìrán zhèyàng, wǒ jiù bù guǎn le.
　　상황이 기왕 이렇게 된 이상, 난 이제 상관하지 않을 거야.

- 答应　dāying [동] 승낙하다, 동의하다

패턴을 담은 대화

■ 다음 대화를 중국어로 말해보고, 실제 회화문과 비교해보세요.

司机   아가씨, 아니면 친구분을 다시 재촉해 봐요.

慧善   지금 바로 온대요. 제가 돈을 좀 더 드릴게요!

★ 충격요법!! 이렇게 말하는 거 아닌가요?

1. 지금 바로 온대요.   ➡   "他说现在马上过来。" ✕

▶ 다음 페이지의 진짜 회화체 분석에서 확인하세요.

司机   아가씨, 아니면 친구분을 다시 재촉해 봐요.

姑娘，要不，你再催你朋友一下吧。

Gūniang, yàobù, nǐ zài cuī nǐ péngyou yíxià ba.

慧善   지금 바로 온대요. 제가 돈을 좀 더 드릴게요!

他说这就过来★，我给您加点儿钱呗！

Tā shuō zhè jiù guòlái, wǒ zài gěi nín jiā diǎnr qián bei!

어휘 feel⁺

- 要不 yàobù 접 아니면, 그렇지 않으면

   다른 생각이나 의견을 가볍게 건의하거나 추천할 때 사용한다.

   • 要不，我们出去吃？
     Yàobù, wǒmen chūqù chī?
     아니면 우리 나가서 먹을까?

   • 要不，你来做吧！
     Yàobù, nǐ lái zuò ba!
     아니면 네가 해 봐!

- 催 cuī 동 재촉하다

- 加 jiā 동 보태다, 더하다

★ 真짜 회화체 집중 분석!

1. **"这就过来"** 현지인들이 쓰는 말에 세심하게 관심을 두지 않으면 사용하기 힘든, 숨어있는 표현입니다. 특히 '지금 바로'를 나타내는 **这就**는 진짜 네이티브의 표현이죠.

   ┃ 내가 지금 바로 갈게.

   我这就去。
   Wǒ zhè jiù qù.

   ┃ 사장님, 제가 지금 바로 가서 처리하겠습니다.

   老板，我这就去处理。
   Lǎobǎn, wǒ zhè jiù qù chǔlǐ.

STEP

2

원어민 feel~ 충만한

입말 패턴 TOP 30

비법은 멋진 단어가 아니라 진짜 회화체!
이젠 你是哪儿人?(어느 지역 사람이야?)이라고
묻는다!

입말 패턴 1

那我就 nà wǒ jiù 그럼 난

[那 + 주어 + 就]는 중국인이 구사하는 현지 회화 속에서 가장 많이 출현하는 습관적인 표현입니다. 일단 고민하지 말고, 어떤 동작을 취하기 전에 그냥 툭! 던지세요!

패턴 활용

활용 1

A 난 정리할 자료가 좀 있어.

我还有一些资料得整理。

Wǒ hái yǒu yìxiē zīliào děi zhěnglǐ.

B 그럼 나 먼저 집에 갈게.

那我就先回家了。

Nà wǒ jiù xiān huíjiā le.

활용 2

A 그가 나와 싸운 이후로 나한테 연락을 안 해.

他跟我闹了以后一直没跟我联系。

Tā gēn wǒ nào le yǐhòu yìzhí méi gēn wǒ liánxì.

B 그럼 네가 먼저 그에게 연락해 봐.

那你就先跟他联系呗。

Nà nǐ jiù xiān gēn tā liánxì bei.

활용 3

A 걔 하는 일 보면 답답하다고 생각되지 않니?

看他做的事，你是不是觉得他很笨?

Kàn tā zuò de shì, nǐ shì bu shì juéde tā hěn bèn?

B 그럼 우리 쓸데없이 걔 하는 일에 참견하지 말자.

那咱就别瞎掺和*他的事了。

Nà zán jiù bié xiā chānhuo tā de shì le.

어휘 feel⁺

- **得** děi [조동] ~해야 한다

- **闹** nào [형] 떠들썩하다 [동] 소란을 피우다

　• 我跟女朋友闹了别扭。
　Wǒ gēn nǚpéngyou nào le bièniu.
　나는 여친과 다투었다.

　• 朋友之间闹误会了怎么办?
　Péngyou zhījiān nào wùhuì le zěnme bàn?
　친구 사이에 오해가 생기면 어떻게 하지?

- **笨** bèn [형] 서투르다, 어리석다

- **咱** zán [대] 우리 (咱们의 줄임말)

- **瞎** xiā [형] 쓸데없다

- **掺和** chānhuo [동] 참견하다

표현 tip*

- 쓸데없이 참견하지 마!

　别瞎掺和!(=别管!)

　Bié xiā chānhuo!

🗣 패턴을 담은 대화

■ 다음 대화를 중국어로 말해보고, 실제 회화문과 비교해보세요.

服务员   안녕하세요! 지금 주문하시겠어요? 저희 식당은 마라샹궈가 유명해요.

慧善   사람들 다 오면 그때 주문할게요. 우선 물 두 잔만 주세요.

小康   (실망하며) 우리 둘만 먹자고 하지 않았어?

慧善   왜? 싫어? 그럼 너 먼저 가 봐.

★충격요법!! 이렇게 말하는 거 아닌가요?

1. 사람들 다 오면 주문할게요.   ➜   "人们都来以后点菜吧。" ✕

▶ 다음 페이지의 진짜 회화체 분석에서 확인하세요.

服务员	안녕하세요! 지금 주문하시겠어요?

你们好！现在要点餐吗？

Nǐmen hǎo! Xiànzài yào diǎncān ma?

저희 식당은 마라샹궈가 유명해요.

麻辣香锅是本店的招牌菜。

Málà xiāngguō shì běn diàn de zhāopáicài.

慧善	사람들 다 오면 그때 주문할게요. 우선 물 두 잔만 주세요.

人到齐了再点吧★。先拿两杯水。

Rén dàoqí le zài diǎn ba. Xiān ná liǎng bēi shuǐ.

小康	우리 둘만 먹자고 하지 않았어?

不是说好了就咱俩吃吗？

Bú shì shuōhǎo le jiù zán liǎ chī ma?

慧善	왜? 싫어? 그럼 너 먼저 가 봐.

怎么了？不愿意吗？那你就先走吧。

Zěnme le? Bú yuànyì ma? Nà nǐ jiù xiān zǒu ba.

어휘 feel⁺

- **麻辣香锅** málà xiāngguō 마라샹궈
  고구마, 버섯, 고기, 야채 등을 향신료와 함
  께 기름에 볶아 만든 중국 쓰촨 요리

- **招牌菜** zhāopáicài 명 대표 요리

- **说好** shuōhǎo 이야기를 끝내다
  어떤 일에 대해 상의를 끝냈거나 입을 맞췄
  거나 약속했음을 의미한다. 여기서 好는 결
  과보어이다.

  • 他都说好了今天来我家。
  　Tā dōu shuōhǎo le jīntiān lái wǒ jiā.
  　그는 오늘 우리 집에 온다고 했다.

  ➡ STEP3 스킬어법18 참고

★ 真짜 회화체 집중 분석!

1. "人到齐了再点吧" 이 표현 속의 특별한 어법은 바로 齐입니다. 齐는 결과보어로서 동사 뒤에 쓰여
수량·개수 등이 빠짐없음을 나타냅니다.

▎우리가 시킨 음식이 다 (빠짐없이) 나왔나요?

我们点的菜上齐了吗？

Wǒmen diǎn de cài shàngqí le ma?

▎사장님이 말씀하신 물건들을 다 (빠짐없이) 준비했어요?

老板说的东西都备齐了吗？

Lǎobǎn shuō de dōngxi dōu bèiqí le ma?

입말 패턴 2 ^{Upgrade}

你们这儿 nǐmen zhèr 여기는/이곳은

모든 장소에 가서 쉽게 던질 수 있는 표현입니다. 예를 들면, "여기 몇 시에 문 닫아요?"라는 질문을 "这里几点关门?"이라고 하지 말고, "你们这儿几点关门?"이라고 물으면, 상대방 역시 같은 표현으로 "我们这儿晚上12点关门"이라고 대답할 거예요.

패턴 활용

활용 1

A 여기는 화장실이 어디에요?

你们这儿洗手间在哪儿?

Nǐmen zhèr xǐshǒujiān zài nǎr?

B 복도 끝에서 옆으로 돌아가세요.

走廊尽头拐弯儿*。

Zǒuláng jìntóu guǎiwānr.

활용 2

A 여기 종업원들은 저에게(고객에게) 무례해요.

你们这儿的服务员对我太凶了。

Nǐmen zhèr de fúwùyuán duì wǒ tài xiōng le.

B 제가 대신 사과드릴게요.

我替他们向您赔个不是。

Wǒ tì tāmen xiàng nín péi ge búshì.

활용 3

A 여기는 요즘 할인 행사 같은 게 없나요?

你们这儿最近有没有什么优惠活动?

Nǐmen zhèr zuìjìn yǒu méi yǒu shénme yōuhuì huódòng?

B 저희 가게는 학생 할인이 있어요.

我们这儿有学生优惠。

Wǒmen zhèr yǒu xuésheng yōuhuì.

어휘 feel⁺

- 走廊 zǒuláng 명 복도

- 尽头 jìntóu 명 끝

- 凶 xiōng 형 흉악하다

- 赔个不是 péi ge búshì 사과하다
  매우 정중한 사과를 나타낸다.
  (= 赔礼道歉)

  • 你赶紧向他赔礼道歉。
  Nǐ gǎnjǐn xiàng tā péilǐ dàoqiàn.
  당장 그분에게 사과하세요.

- 优惠活动 yōuhuì huódòng
  명 할인행사, 이벤트

표현 tip*

- 앞에서 커브를 돌아요.
  前面要拐弯儿。
  Qiánmiàn yào guǎiwānr.

■ 다음 대화를 중국어로 말해보고, 실제 회화문과 비교해보세요.

慧善 여긴 왜 물티슈가 없지?

小康 종업원! 여기 물티슈 있나요?

娜娜 우와! 속도 엄청 빠르네!

　　　　(일부러 큰소리로) 설마 너 혜선이 좋아하니?

저기요!

★ 충격요법!! 이렇게 말하는 거 아닌가요?

1. 너 설마 걔 좋아하니?　　➡　　"你难道喜欢她吗?"　✕

▶ 다음 페이지의 진짜 회화체 분석에서 확인하세요.

慧善 여긴 왜 물티슈가 없지?

这儿怎么没有湿巾呢?

Zhèr zěnme méi yǒu shījīn ne?

小康 종업원! 여기 물티슈 있나요?

服务员! 你们这儿有湿巾吗?

Fúwùyuán! Nǐmen zhèr yǒu shījīn ma?

娜娜 우와! 속도 엄청 빠르네! 설마 너 혜선이 좋아하니?

哎哟! 速度够快啊! 你该不会喜欢她吧★?

Āiyōu! Sùdù gòu kuài a! Nǐ gāi bú huì xǐhuan tā ba?

어휘 feel⁺

- 湿巾 shījīn 명 물티슈

- 够 gòu 부 제법, 꽤

  형용사 앞에 쓰여 강조를 나타낸다.

  • 他长得够帅!
    Tā zhǎng de gòu shuài!
    걔는 충분히 잘생겼다!

  동사 앞에 쓰이면 '충분히 ~할 수 있다'의
  의미를 나타낸다.

  • 五百块钱够用一个月。
    Wǔbǎi kuài qián gòu yòng yí ge yuè.
    500위안으로 한 달은 충분히 쓴다.

- 该 gāi 조동 ~해야 한다 대 이, 그, 저

★ 真짜 회화체 집중 분석!

1. "该不会……吧" '설마 ~은 아니지?'라는 반드시 알아야 할 표현입니다. 보통 '설마'라는 단어로 难道 nándào를 떠올리지만, 실제 대화에서는 아래 예문과 같이 자주 사용합니다.

┃ 설마 안 오는 건 아니지?

该不会不来吧?
Gāi bú huì bù lái ba?

┃ 너 설마 벌써 사장님께 말씀드린 건 아니지?

你该不会已经跟老板说了吧?
Nǐ gāi bú huì yǐjīng gēn lǎobǎn shuō le ba?

입말 패턴 3

你怎么能 nǐ zěnme néng 너는 어떻게 ~할 수 있어?

상대방의 행동이나 말에 대해 이해할 수 없음을 표현할 때 습관처럼 사용하는 패턴입니다. 주어는 他, 她, 我 등으로 대체하여 사용할 수 있습니다.

패턴 활용

활용 1

A 너는 어떻게 내 물건을 함부로 쓸 수 있니?

你怎么能擅自用我的东西呢?

Nǐ zěnme néng shànzì yòng wǒ de dōngxi ne?

B 친구 사이에 니 꺼 내 꺼가 어디 있냐?

朋友之间哪儿有你的我的呀?

Péngyou zhījiān nǎr yǒu nǐ de wǒ de ya?

활용 2

A 너는 어떻게 다른 사람의 험담을 할 수 있니?

你怎么能在别人背后说坏话呢?

Nǐ zěnme néng zài biérén bèihòu shuō huàihuà ne?

B 알았어. 이젠 안 할게. 걔한테 말하지 마!

好，我以后不说了。你不能告诉他!

Hǎo, wǒ yǐhòu bù shuō le. Nǐ bù néng gàosu tā!

활용 3

A 걔는 어떻게 이럴 수 있지? 약속을 안 지켜!

他怎么能这样呢? 说话不算数*!

Tā zěnme néng zhèyàng ne? Shuōhuà bú suànshù!

B 걔가 바로 그런 인간이야!

他就是那样的人!

Tā jiù shì nàyàng de rén!

어휘 feel⁺

- 擅自 shànzì 부 제멋대로

- 哪儿 nǎr 대 어디(장소)

  장소로서의 '어디'라는 뜻 외에 반어 표현으로 쓰여 강한 부정을 나타내기도 한다.

  • 我哪儿有钱?
  Wǒ nǎr yǒu qián?
  내가 무슨 돈이 있겠니? (돈이 없다)

- 背后 bèihòu 명 뒤

- 说坏话 shuō huàihuà
  (남에 대해) 험담하다

표현 tip*

- 약속을 지키다
  说话算数
  shuōhuà suànshù

패턴을 담은 대화

■ 다음 대화를 중국어로 말해보고, 실제 회화문과 비교해보세요.

娜娜 너 예전에 장학금 받으면 한턱낸다고 말했었잖아.
　　　어쩜 약속을 안 지킬 수 있니?

小康 오버하지 마! 혜선이 선물 사줘야 하거든?

娜娜 너 말이야, 너무 짜게 구는 거 아냐?

★ 충격요법!! 이렇게 말하는 거 아닌가요?

1. 오버하지 마!　　　　　➡　　　"别太过分!"　✕

2. 너무 짜게 군다!　　　　➡　　　"你太小气!"　✕

▶ 다음 페이지의 진짜 회화체 분석에서 확인하세요.

娜娜　너 예전에 장학금 받으면 한턱낸다고 말했었잖아.

你之前都说好了，拿到奖学金就请我吃饭，

Nǐ zhīqián dōu shuōhǎo le, nádào jiǎngxuéjīn jiù qǐng wǒ chīfàn,

어쩜 약속을 안 지킬 수 있니?

你怎么能说话不算数呢?

nǐ zěnme néng shuōhuà bú suànshù ne?

小康　오버하지 마! 혜선이 선물 사줘야 하거든?

别闹了★! 我得给慧善买个礼物，好不好?

Bié nào le! Wǒ děi gěi Huìshàn mǎi ge lǐwù, hǎo bu hǎo?

娜娜　너 말이야, 너무 짜게 구는 거 아냐?

你这个人呢，太抠了吧★!

Nǐ zhège rén ne, tài kōu le ba!

어휘 feel⁺

- **奖学金** jiǎngxuéjīn [명] 장학금

- **抠** kōu [형] 인색하다

★ 真짜 회화체 집중 분석!

1. "别闹了" 상대방이 과하게 반응하거나 쓸데없는 말과 행동을 할 경우, 혹은 아이가 소란스럽게 놀 경우, 눈살을 찌푸리며 쓸 수 있는 적절한 표현입니다. 아래 유사한 표현들도 기억하세요.

┃ (어린아이에게) 말썽 좀 그만 피워!

别捣乱!

Bié dǎoluàn!

┃ 너 괜히 사고 치지 마라!

你别胡闹!

Nǐ bié húnào!

2. "太抠了吧!" 상대방이 짠돌이임을 표현할 때 사용하는 단골 표현입니다. 抠门儿 kōuménr도 같은 표현이에요. 이 문장에서 또 하나의 포인트는 바로 …了吧입니다. 보통 你太抠了까지만 말해도 되지만 뒤에 **吧**를 붙여서 '~한 거 아니니?'라고 말합니다.

┃ 너 오늘 옷 너무 예쁘게 입은 거 아니니?

你今天穿得太漂亮了吧?

Nǐ jīntiān chuān de tài piàoliang le ba?

┃ 문제가 너무 많은 거 아니니?

问题太多了吧?

Wèntí tài duō le ba?

강의 영상 보기

입말 패턴 Upgrade 4

你真是个 nǐ zhēn shì ge 년 정말 ~이다

누군가에 대해 평가할 때 사용합니다. 예를 들어, '그는 좋은 사람이다'라는 문장을 그냥 "他是好人"이라고 말하지 않고, "他真是个好人"이라고 강조의 느낌을 추가하여 말합니다. '그는 선생님이다'를 말할 때도 습관처럼 个를 추가해서 "他是个老师"라고 합니다.

패턴 활용

활용 1

A 내 생각에 걔는 정말 나쁜 놈이야. 앞으로 멀리 해!
我觉得，他真是个坏蛋，以后离他远点儿!
Wǒ juéde, tā zhēn shì ge huàidàn, yǐhòu lí tā yuǎn diǎnr!

B 알았어, 네 말대로 할게.
知道了，听你的。
Zhīdào le, tīng nǐ de.

활용 2

A 네 남친은 어떤 사람이야?
你觉得，你男朋友是什么样的人?
Nǐ juéde, nǐ nánpéngyou shì shénmeyàng de rén?

B 걔는 정말 자상한 사람이야. 무엇이든 다 챙겨줘.
他真是个体贴的人，处处关心我*。
Tā zhēn shì ge tǐtiē de rén, chùchù guānxīn wǒ.

활용 3

A 넌 정말 이기적인 사람이야, 모든 일에 너만 생각하잖아.
你真是个自私的人，什么事都光想着自己。
Nǐ zhēn shì ge zìsī de rén, shénme shì dōu guāng xiǎngzhe zìjǐ.

B 네 눈에는 내가 그런 사람이니?
在你的眼里，我是那样的人吗?
Zài nǐ de yǎnli, wǒ shì nàyàng de rén ma?

어휘 feel⁺

- 坏蛋 huàidàn 명 나쁜 놈, 몹쓸 놈
- 离 lí 개 ~로 부터
- 体贴 tǐtiē 형 자상하다
- 处处 chùchù 명 모든 방면에, 곳곳에
- 自私 zìsī 형 이기적이다
- 光想着 guāng xiǎngzhe 오직 ~만 생각한다

불만의 어감으로 '~밖에 몰라!', '~만 생각해!'라고 말할 때 주로 사용한다.

- 我儿子光想着玩儿。
  Wǒ érzi guāng xiǎngzhe wánr.
  내 아들은 놀기만 해.

- 你怎么光想着钱呢?
  Nǐ zěnme guāng xiǎngzhe qián ne?
  너는 어떻게 돈만 생각하니?

표현 tip*

- 나를 살뜰히 챙겨준다.
  处处关心我。(= 很关心我)
  Chùchù guānxīn wǒ.

패턴을 담은 대화

■ 다음 대화를 중국어로 말해보고, 실제 회화문과 비교해보세요.

慧善 샤오캉이 홍콩 여행을 다녀오면서 우리 선물을 샀대.

娜娜 샤오캉은 정말 의리가 있는 애야!

그런데 말이야, 설마 걔가 너 좋아하는 게 아닐까?

慧善 무슨 소리야! 걔는 내 스타일이 아니야!

★ 충격요법!! 이렇게 말하는 거 아닌가요?

1. 그런데 말이야. ➜ "我问你。" ✕

2. 걔는 내 스타일이 아니야! ➜ "他不是我喜欢的样子！" ✕

▶ 다음 페이지의 진짜 회화체 분석에서 확인하세요.

慧善　샤오캉이 홍콩 여행을 다녀오면서 우리 선물을 샀대.

小康说，去香港旅游给我们买了礼物。

Xiǎo Kāng shuō, qù Xiānggǎng lǚyóu gěi wǒmen mǎi le lǐwù.

娜娜　샤오캉은 정말 의리가 있는 애야!

小康他真是个仗义的人！

Xiǎo Kāng tā zhēn shì ge zhàngyì de rén!

그런데 말이야, 설마 걔가 너 좋아하는 게 아닐까?

不过★，他该不会喜欢你吧?

Búguò, tā gāi bú huì xǐhuan nǐ ba?

慧善　무슨 소리야! 걔는 내 스타일이 아니야!

别闹了！他不是我的菜★！

Bié nào le! Tā bú shì wǒ de cài!

어휘 feel⁺

- **仗义**　zhàngyì 혱 의리 있다

　•你真仗义！
　Nǐ zhēn zhàngyì!
　너 정말 의리 있다!

- **不过**　búguò 젭 그런데, 하지만

★真짜 회화체 집중 분석!

1. **"不过"**　但是와 같이 '그러나', '그런데', '하지만' 등의 전환관계를 나타내는 어휘로, 但是보다는 어감이 약한 편이지만, '그런데 말이야'처럼 화제를 바꿀 때 자주 사용합니다.

　┃ 그런데 말이야, 오늘 뭐 사줄 거야?

　不过，你今天请我吃什么呀？
　Búguò, nǐ jīntiān qǐng wǒ chī shénme ya?

　┃ 그런데 말이야, 너 나한테 무슨 할 말 있니?

　不过，你有什么话要跟我说吗？
　Búguò, nǐ yǒu shénme huà yào gēn wǒ shuō ma?

2. **"他不是我的菜"**　젊은 세대에서 많이 쓰는 표현입니다. 이성을 표현할 때 본인이 좋아하는 스타일이 아니라는 의미를 강조합니다. '스타일'을 뜻하는 **类型**도 자주 쓰입니다.

　┃ 걔는 완전 내가 좋아하는 스타일이야.

　他完全是我喜欢的类型。
　Tā wánquán shì wǒ xǐhuan de lèixíng.

입말 패턴 **5** Upgrade

一点儿都不 yìdiǎnr dōu bù 조금도 ~하지 않다

뒤에 동사나 형용사를 붙여 어떤 상황을 강하게 부인하는 대표적인 표현입니다. 중급 단계에서 비교적 쉬우면서도 문장을 맛깔스럽게 하는 표현이죠. 조금 더 간단한 고급 표현은 [**毫不** háobù + 동사]입니다.

패턴 활용

활용 1

A 너는 도대체 왜 남친이랑 헤어지려는 거야?

你到底为什么要跟他分手呢?

Nǐ dàodǐ wèi shénme yào gēn tā fēnshǒu ne?

B 왜냐하면, 걔는 나를 전혀 아껴주지 않아!

是这样*, 他一点儿都不珍惜我!

Shì zhèyàng, tā yìdiǎnr dōu bù zhēnxī wǒ!

활용 2

A 곧 있으면 네 차례야. 긴장되지?

就快轮到你了, 是不是很紧张?

Jiùkuài lúndào nǐ le, shì bu shì hěn jǐnzhāng?

B 이상해! 전혀 긴장이 안 되는 걸.

真奇怪! 我一点儿都不紧张。

Zhēn qíguài! Wǒ yìdiǎnr dōu bù jǐnzhāng.

활용 3

A 그는 도대체 왜 참여하지 않는 거야?

他到底为什么不参加呀?

Tā dàodǐ wèi shénme bù cānjiā ya?

B 네가 직접 말하면 조금도 망설이지 않고 참여할 거야.

如果你亲自说, 他会毫不犹豫地参加。

Rúguǒ nǐ qīnzì shuō, tā huì háo bù yóuyù de cānjiā.

어휘 feel⁺

- **到底** dàodǐ 부 도대체 동 끝까지 ~하다
  - 我们得努力到底。
  Wǒmen děi nǔlì dàodǐ.
  우리는 끝까지 노력해야 해.

- **轮到…了** lúndào…le ~차례이다

  轮은 '차례대로 돌다'라는 뜻이며, 轮到 뒤에 대상 혹은 행위를 붙여 '누구의 혹은 무엇의 차례가 되다'를 나타낸다. 该…了도 같은 표현이다.

  - 轮到我看了。(= 该我看了。)
  Lúndào wǒ kàn le. (Gāi wǒ kàn le.)
  내가 볼 차례야.

- **亲自** qīnzì 부 직접

- **毫** háo 부 전혀, 조금도

  뒤에 不, 无 등과 같은 부정형이 온다.

- **犹豫** yóuyù 동 망설이다

표현 tip*

- 왜냐하면(무슨 일이냐면)
  是这样
  shì zhèyàng

54

패턴을 담은 대화

■ 다음 대화를 중국어로 말해보고, 실제 회화문과 비교해보세요.

慧善 정말 맛이 없긴 하다. 그냥 대충 먹자!

小康 아니야! 다른 거 시켜 먹자! 돈이 없는 거니? 내가 사줄게!

慧善 뭐라는 거야? 나 돈 있거든?

★ 충격요법!! 이렇게 말하는 거 아닌가요?

1. 그냥 대충 먹자. ➡ "随便吃吧。" ✗

2. 돈이 있다. (돈이 부족하지 않다.) ➡ "有很多钱。" ✗

▶ 다음 페이지의 진짜 회화체 분석에서 확인하세요.

慧善 정말 맛이 없긴 하다. 그냥 대충 먹자!

确实有点儿不好吃，但将就将就★吧!

Quèshí yǒudiǎnr bù hǎochī, dàn jiāngjiu jiāngjiu ba!

小康 아니야! 다른 거 시켜 먹자! 돈이 없는 거니?

不行! 我们再点别的! 你是不是没钱?

Bù xíng! Wǒmen zài diǎn biéde! Nǐ shì bu shì méi qián?

내가 사줄게!

我请你吧!

Wǒ qǐng nǐ ba!

慧善 뭐라는 거야? 나 돈 있거든?

说什么呢? 我一点儿都不缺钱★, 好不好?

Shuō shénme ne? Wǒ yìdiǎnr dōu bù quē qián, hǎo bu hǎo?

어휘 feel⁺

- **确实** quèshí [부] 정말로, 확실히

  真的와 같이 '정말', '진짜'로 해석하지만, 좀 더 객관적인 시각에서 확신할 때 确实를 사용한다.

  • 这个确实是我的。
  Zhège quèshí shì wǒ de.
  이것은 확실히 제 것이에요.

  • 她长得确实很漂亮。
  Tā zhǎng de quèshí hěn piàoliang.
  그 여자는 정말 예뻐요.

- **将就** jiāngjiu [동] 아쉬운 대로 그냥 하다

- **缺** quē [형] 모자라다

★ 真짜 회화체 집중 분석!

1. **"将就将就"** '그냥 아쉬운 대로 대충 하자'라는 뜻입니다. 중국생활을 오래 한 사람도 귀 기울여 듣지 않으면 그냥 지나치기 쉬운 표현입니다. 하지만 가장 현지 회화다운 유용한 표현이죠. 같은 의미의 凑合 còuhe 도 활용해 보세요.

   ▎ 그냥 우리 대충 먹자!

   那咱就将就将就吧!
   Nà zán jiù jiāngjiu jiāngjiu ba!

   那咱就凑合着吃吧!
   Nà zán jiù còuhe zhe chī ba!

   那咱就将就着吃吧!
   Nà zán jiù jiāngjiu zhe chī ba!

2. **"不缺钱"** 缺는 '돈이 있다', '돈이 없다'라고 할 때 쓰는 동사 표현입니다. 有/没有를 사용하기도 하지만, '충분히 있다', '모자라지 않다'라는 의미를 더 명확하게 표현할 때에는 **不缺钱**, 혹은 **不差** chà **钱**이라고 말합니다.

입말 패턴 **6** Upgrade

到时候 dào shíhou 그때가 되어서 / 그때가 되면

이 표현 역시 중국인들이 많이 사용하는 진짜 회화 패턴입니다. 주절주절 길게 말하지 않아도 되는 표현이죠. '네가 돈을 많이 버는 날이 되면'이라는 표현을 길게 번역할 필요 없이 깔끔하게 '그때가 되어서'로 간결하게 말할 수 있습니다.

패턴 활용

활용 1

A 결과 나오면 꼭 알려줘! 부탁이야!
结果出来，你就告诉我吧！拜托了！
Jiéguǒ chūlái, nǐ jiù gàosu wǒ ba! Bàituō le!

B 걱정하지 마! 그때(결과가 나오는 날) 제일 먼저 알려줄게!
放心吧！到时候，我会第一时间*告诉你的！
Fàngxīn ba! Dào shíhou, wǒ huì dì yī shíjiān gàosu nǐ de!

활용 2

A 나 다음 주에 결혼해. 그때(결혼하는 날) 부모님 모시고 함께 와.
我下周就结婚了。到时候，你陪父母一起参加。
Wǒ xiàzhōu jiù jiéhūn le. Dào shíhou, nǐ péi fùmǔ yìqǐ cānjiā.

B 축하해!
恭喜恭喜啊！
Gōngxǐ gōngxǐ a!

활용 3

A 자기야! 월급 오르면 나 핸드백 하나 사줘. 응?
亲爱的！涨工资了，你给我买一款包包，行吗？
Qīn'ài de! Zhǎng gōngzī le, nǐ gěi wǒ mǎi yì kuǎn bāobāo, xíng ma?

B 그때(월급이 오르는 날) 돼서 다시 이야기하자.
到时候再说吧。
Dào shíhou zài shuō ba.

어휘 feel⁺

- 拜托 bàituō 동 부탁하다
- 放心 fàngxīn 동 안심하다
- 第一时间 dì yī shíjiān 명 가장 이른 시간
- 陪 péi 동 모시다, 데리다
  '~와 함께 동행하다'의 의미이며, 특히 상대가 윗사람일 때 자주 사용한다.
  • 谁要陪我一起去看电影呢？
  Shéi yào péi wǒ yìqǐ qù kàn diànyǐng ne?
  나랑 같이 영화 보러 갈 사람?
- 亲爱的 qīn'ài de 자기, 사랑하는 사람
- 涨 zhǎng 동 (물가·가격 등이) 오르다
- 款 kuǎn 양 종류, 타입, 스타일
- 包包 bāobāo 명 가방, 백

표현 tip*

- 제일 먼저 말해 줄게.
  第一时间告诉你。
  Dì yī shíjiān gàosu nǐ.

🗣 패턴을 담은 대화

■ 다음 대화를 중국어로 말해보고, 실제 회화문과 비교해보세요.

小赵   (답답해하며) 내가 너한테 뭐라고 욕을 해야 되냐?

       어떻게 이렇게 입고 왔어? 너무 대충 입은 거 아니야?

小康   괜찮아! 내가 오늘 주인공도 아닌데 뭘!

小赵   (사장님이 혼내는) 그때 돼서 내 탓하지 마라! 알겠어?

★ 충격요법!! 이렇게 말하는 거 아닌가요?

1. 내가 너한테 뭐라고 욕을 해야 되니? ➡ "我应该怎么骂你？" ✕

2. 내가 주인공도 아닌데 뭘! ➡ "我不是主人公！" ✕

▶ 다음 페이지의 진짜 회화체 분석에서 확인하세요.

패턴을 담은 真짜 대화

小赵 내가 너한테 뭐라고 욕을 해야 되냐?

我怎么说你好呢★?

Wǒ zěnme shuō nǐ hǎo ne?

어떻게 이렇게 입고 왔어?

你怎么穿成这样就来了呢?

Nǐ zěnme chuānchéng zhèyàng jiù lái le ne?

너무 대충 입은 거 아니야?

你的衣服太将就了吧?

Nǐ de yīfu tài jiāngjiu le ba?

小康 괜찮아! 내가 오늘 주인공도 아닌데 뭘!

没事儿! 我又不是今天的主人公★!

Méi shìr! Wǒ yòu bú shì jīntiān de zhǔréngōng!

小赵 그때 돼서 내 탓하지 마라! 알겠어?

到时候, 你可别怪我! 知道吗?

Dào shíhou, nǐ kě bié guài wǒ! Zhīdào ma?

어휘 feel⁺

- 成 chéng 통 이루다, 완성하다

  [동사 + 成 + 결과]의 형태로 쓰여 换成A
  (A로 바꾸다), 改成A(A로 고치다), 当成
  A(A로 여기다) 등으로 사용한다.

  • 你怎么写成这样呢?
    Nǐ zěnme xiěchéng zhèyàng ne?
    너는 어떻게 이렇게 썼니?

  • 请把这个换成钱。
    Qǐng bǎ zhège huànchéng qián.
    이것을 돈으로 바꿔주세요.

  ➡ STEP3 스킬어법18 참고

- 主人公 zhǔréngōng 명 주인공

- 怪 guài 통 탓하다

★ 真짜 회화체 집중 분석!

1. **"我怎么说你好呢"** 상대방의 행동이나 말 등을 **나무라거나 꾸짖을 때** 답답해하며 '어떤 말을 해야 네가 제대로 알아들을지 모르겠다'라는 표현입니다. 특히, 여기서 **说**는 '말하다'라는 의미보다는 '**야단치다**', '**책망하다**', '**질책하다**'의 의미입니다. 이 정도의 표현을 구사하면 중국인의 눈빛이 확 달라지겠죠?

2. **"又不是"** 그대로 번역하면 '또 ~이 아니다'이지만, 사실 이 표현은 우리말에도 자주 쓰이는 '~도 아니잖아'라는 말과 완벽하게 일치하는 표현입니다.

   ▎네가 내 남친도 아닌데, 내가 왜 너에게 말을 해?

   你又不是我的男朋友, 我为什么告诉你呀?

   Nǐ yòu bú shì wǒ de nánpéngyou, wǒ wèi shénme gàosu nǐ ya?

   ▎그걸 왜 물어봐? 네 일도 아니잖아.

   问它干嘛呀? 又不是你的事。

   Wèn tā gàn má ya? Yòu bú shì nǐ de shì.

怎么这么 zěnme zhème 어떻게 이렇게

굉장히 다양한 상황에서 사용할 수 있는 기본적인 표현입니다. 질책할 때, 의외일 때, 칭찬할 때 등의 상황에서
회화를 풍성하게 만들어줍니다.

패턴 활용

어휘 feel⁺

- 礼貌 lǐmào 형 예의 바르다
- 赚 zhuàn 동 (돈을) 벌다
- 员工 yuángōng 명 직원
- 奖金 jiǎngjīn 명 보너스
- 跟…似的 gēn…shìde ~와 같다

跟…一样과 함께 비유할 때 자주 사용하
는 표현이다.

• 他说话跟孩子似的。
Tā shuōhuà gēn háizi shìde.
개는 말하는 게 꼭 애 같아.

• 你别跟个孩子似的!
Nǐ bié gēn ge háizi shìde!
애처럼 굴지 마!

표현 tip*

- (말 돌리지 말고) 할 말 있으면 해!
有话直说!
Yǒu huà zhí shuō!

활용 1

A 왜 그래? 할 말 있으면 그냥 해!
怎么了? 有话直说*吧!
Zěnme le? Yǒu huà zhí shuō ba!

B 넌 왜 이렇게 예의가 없니? (질책)
你这个人呢, 怎么这么不礼貌呢?
Nǐ zhège rén ne, zěnme zhème bù lǐmào ne?

활용 2

A 개는 이번 달에 어떻게 이렇게 많이 벌었대? (의외)
他这个月赚的钱怎么这么多呢?
Tā zhège yuè zhuàn de qián zěnme zhème duō ne?

B 회사에서 직원들에게 보너스를 지급했대.
听说, 公司给每个员工发了奖金。
Tīngshuō, gōngsī gěi měige yuángōng fā le jiǎngjīn.

활용 3

A 너 오늘 어쩜 이렇게 예쁘니? 연예인 같아! (칭찬)
你今天怎么这么漂亮, 跟明星似的!
Nǐ jīntiān zěnme zhème piàoliang, gēn míngxīng shìde!

B 진짜?
真的假的?
Zhēn de jiǎ de?

패턴을 담은 대화

■ 다음 대화를 중국어로 말해보고, 실제 회화문과 비교해보세요.

小康 그게…… 뭐라고 말을 꺼내야 할지 모르겠네.

   우리는 좋은 친구지?

娜娜 오늘 왜 이렇게 이상해? 말 돌리지 말고, 할 말 있으면 해 봐!

小康 너 혜선이 베프(Best friend)잖아. 나 어떻게 생각하냐고 살짝 물어봐 줘.

★ 충격요법!! 이렇게 말하는 거 아닌가요?

   1. 말 돌리지 마!   ➔   "你别说别的!" ✕

▶ 다음 페이지의 진짜 회화체 분석에서 확인하세요.

小康   그게…… 뭐라고 말을 꺼내야 할지 모르겠네.

那个…… 我不知道跟你怎么开口才好呢。
Nàge…… Wǒ bù zhīdào gēn nǐ zěnme kāikǒu cái hǎo ne.

우리는 좋은 친구지?

咱们俩是好朋友吧?
Zánmen liǎ shì hǎo péngyǒu ba?

娜娜   오늘 왜 이렇게 이상해?

你今天怎么这么奇怪啊?
Nǐ jīntiān zěnme zhème qíguài a?

말 돌리지 말고, 할 말 있으면 해 봐!

别兜圈子了★! 有话直说吧!
Bié dōu quānzi le! Yǒu huà zhí shuō ba!

小康   너 혜선이 베프잖아.

你是慧善的闺蜜嘛。
Nǐ shì Huìshàn de guīmì ma.

나 어떻게 생각하냐고 살짝 물어봐 줘.

你帮我问一下她对我怎么想的。
Nǐ bāng wǒ wèn yíxià tā duì wǒ zěnme xiǎng de.

어휘 feel⁺

- 开口   kāikǒu 동 말을 꺼내다

- 闺蜜   guīmì 명 매우 친한 친구

 여자끼리 친한 사이에서 부르는 호칭으로 종종 남자와 여자 사이에서도 사용하지만, 남자끼리는 (好)哥们儿이라고 한다.

 • 他是我的好哥们儿。
 Tā shì wǒ de hǎo gēmenr.
 그 녀석은 내 절친이야.

- 嘛   ma ~잖아(어기조사)

 당연한 사실을 말할 때나 명령의 어조로 말할 때 붙는 어기조사이다.

 • 这是我的嘛! 赶紧给我!
 Zhè shì wǒ de ma! Gǎnjǐn gěi wǒ!
 이건 내 거잖아! 얼른 내놔!

 • 别说嘛!
 Bié shuō ma!
 말하지 마!

➡ STEP1 입말패턴9 참고

★真짜 회화체 집중 분석!

1. **"别兜圈子了"**   兜는 '맴돌다', 圈子는 '테두리'라는 뜻으로 兜圈子는 '돌려서 말하다', '말을 에두르다'라는 뜻입니다. 상대방이 뜸을 들이고 말을 빨리 하지 않을 때 别……了와 함께 사용합니다. 别绕 rào 圈子了라고도 하며, 좀 더 고급 표현으로는 别拐弯抹角 guǎiwān mòjiǎo 了가 있습니다. 이 표현들 뒤에는 보통 有话直说吧가 이어집니다.

 ▎ 말 돌리지 말고, 나 시간 없어. 빨리 말해.

 别兜圈子了, 我没有时间, 有话直说吧。
 Bié dōu quānzi le, wǒ méi yǒu shíjiān, yǒu huà zhí shuō ba.

입말 패턴 ^{Upgrade} 8

实在是 shízài shì 정말로 ~이다

'정말로', '진짜'라는 표현으로 真的보다 좀 더 객관적인 확신을 나타내는 确实를 배웠죠. 이번에는 确实보다 조금 더 강조의 감정을 넣어서 사용하는 实在를 살펴봅시다. 이때 实在는 '확실히', '정말로'라는 뜻의 부사입니다. 뒤에 이어서 太……了나 很이 함께 쓰이기도 합니다.

패턴 활용

활용 1

A 와! 가격이 정말 싸다!
  哇塞！这价格实在是太便宜了！
  Wāsài! Zhè jiàgé shízài shì tài piányi le!

B 사고 싶은 거 뭐든지 사. 내가 사줄게!
  你想买什么就买什么*，钱我付！
  Nǐ xiǎng mǎi shénme jiù mǎi shénme, qián wǒ fù!

활용 2

A 나나에게 물어봐. 걔는 정말 대단해!
  去问娜娜吧，她实在是太厉害了！
  Qù wèn Nàna ba, tā shízài shì tài lìhai le!

B 알겠어! 지금 바로 가서 물어봐야지!
  知道了，我这就去问她！
  Zhīdào le, wǒ zhè jiù qù wèn tā!

활용 3

A 나는 아직도 배우고 있어.
  我还在学呢。
  Wǒ hái zài xué ne.

B 너 정말 대단하다! (포기하지 않고) 지금까지 하고 있다니!
  你实在是太棒了！竟然坚持到今天！
  Nǐ shízài shì tài bàng le! Jìngrán jiānchí dào jīntiān!

어휘 feel⁺

- 哇塞 wāsài 갑 와, 우와

- 付 fù 통 지불하다

- 竟然 jìngrán 부 뜻밖에

- 坚持 jiānchí 통 견지하다
  자신의 생각, 뜻, 행동을 포기하지 않고 유지한다는 의미이다. (= 不要放弃)

  • 你应该坚持自己的原则。
    Nǐ yīnggāi jiānchí zìjǐ de yuánzé.
    너는 너의 원칙을 고수해야 한다.

  • 我们得坚持到底！
    Wǒmen děi jiānchí dàodǐ!
    우리는 끝까지 포기하면 안 돼!

표현 tip*

- 사고 싶은 거 뭐든지 사.
  你想买什么就买什么。
  Nǐ xiǎng mǎi shénme jiù mǎi shénme.

- 가고 싶은 곳으로 가라.
  你想去哪儿就去哪儿。
  Nǐ xiǎng qù nǎr jiù qù nǎr.

- 말하고 싶은 사람에게 말해라.
  你想跟谁说就跟谁说。
  Nǐ xiǎng gēn shéi shuō jiù gēn shéi shuō.

패턴을 담은 대화

■ 다음 대화를 중국어로 말해보고, 실제 회화문과 비교해보세요.

慧善　오늘 오랜만에 쉬는데, 얼굴 한번 보자! 날씨 진짜 대박이야!

小康　네가 부르면 나는 언제든 좋지! 어디서 볼까?

　　　그런데 오늘 우리 둘만 보는 거지?

慧善　아니, 이미 다섯 친구한테 연락했어!

★ 충격요법!! 이렇게 말하는 거 아닌가요?

1. 얼굴 한번 볼까?　　➔　　"要不要见面？"　✕

2. 어디서 볼까?　　　➔　　"在哪儿见？"　✕

▶ 다음 페이지의 진짜 회화체 분석에서 확인하세요.

패턴을 담은 真짜 대화

慧善 오늘 오랜만에 쉬는데, 얼굴 한번 보자!

今天难得休假，咱们出来聚一聚★!

Jīntiān nándé xiūjià, zánmen chūlái jù yi jù!

날씨 진짜 대박이야!

天气实在是太好了!

Tiānqì shízài shì tài hǎo le!

小康 네가 부르면 나는 언제든 좋지! 어디서 볼까?

你叫我，我随时都可以，咱就约个地点★吧!

Nǐ jiào wǒ, wǒ suíshí dōu kěyǐ, zán jiù yuē ge dìdiǎn ba!

그런데 오늘 우리 둘만 보는 거지?

不过，今天就我们俩见的吧?

Búguò, jīntiān jiù wǒmen liǎ jiàn de ba?

慧善 아니, 이미 다섯 친구한테 연락했어!

不是，我已经跟五个同学联系好了!

Bú shì, wǒ yǐjīng gēn wǔ ge tóngxué liánxì hǎo le!

어휘 feel⁺

- 难得 nándé [형] 드물다
- 休假 xiūjià [동] 휴가를 내다, 휴가를 보내다
- 聚 jù [동] 모이다, 집합하다
- 随时 suíshí [부] 언제든지

  '어디서든지'라는 随地와 함께 쓰여 随时随地都可以 '언제 어디서든 가능하다' 등으로 쓰인다.

  • 来我家玩儿吧! 随时欢迎!
    Lái wǒ jiā wánr ba! Suíshí huānyíng!
    우리 집에 놀러 와! 언제든 환영해!

  • 随时联系我。
    Suíshí liánxì wǒ.
    언제든 연락해.

★ 真짜 회화체 집중 분석!

1. "咱们出来聚一聚" 聚는 학습자들이 자주 사용하지 않는 단어 중 하나입니다. 같은 의미의 见面을 주로 사용하게 되지만, 중국인들은 '모이자', '만나자', '뭉치자'라고 할 때 聚를 많이 씁니다.

▎ 뭐 해? 얼굴이나 좀 보자!

干嘛呢? 咱们出来聚一聚!

Gàn má ne? Zánmen chūlái jù yi jù!

▎ 좋은 친구들과 함께 모여 이야기를 나누면 무척 즐겁다.

好朋友聚在一起聊天特别开心。

Hǎo péngyou jùzài yìqǐ liáotiān tèbié kāixīn.

2. "约个地点" 약속 장소를 정할 때 쓰는 표현입니다. 시간을 정할 때는 **约个时间**이라고 표현합니다.

▎ 우리 내일 만나야 하는데, 시간과 장소를 정하자.

咱们明天得见面，约个时间和地点吧。

Zánmen míngtiān děi jiànmiàn, yuē ge shíjiān hé dìdiǎn ba.

입말 패턴 9 Upgrade

必须得 bìxū děi 반드시 ~해야 한다

'반드시 ~해야 한다'라는 표현을 생각하면 대부분의 학습자들이 **一定要**를 떠올립니다. 하지만 이보다 더 강렬하고, 폼이 나는 표현이 있습니다. '반드시 ~해야 한다'라는 부사 **必须**와 '~해야 한다'라는 조동사 **得**가 결합한 표현이 바로 그것입니다. 일단, **必须得**로 표현을 시작하면 상대방은 긴장모드로 바뀌게 되죠!

패턴 활용

활용 1

A 요즘 뭐가 그리 바빠?
你最近忙什么呀?
Nǐ zuìjìn máng shénme ya?

B 프로젝트가 있는데, 이번 주 내로 반드시 끝내야 하거든.
有个项目，我必须得在这个星期之内完成。
Yǒu ge xiàngmù, wǒ bìxū děi zài zhège xīngqī zhīnèi wánchéng.

활용 2

A 저에게 이렇게 좋은 기회를 주셨는데, 무슨 별도의 조건이라도 있나요?
您给我这么宝贵的机会，有什么附加条件吗?
Nín gěi wǒ zhème bǎoguì de jīhuì, yǒu shénme fùjiā tiáojiàn ma?

B 유일한 조건은 저한테 밥 한 끼를 꼭 사야 해요!
唯一的条件就是你必须得请我吃一顿饭!
Wéiyī de tiáojiàn jiù shì nǐ bìxū děi qǐng wǒ chī yí dùn fàn!

활용 3

A 네 생각에 내가 어떻게 해야 할까?
你说，我得怎么做?
Nǐ shuō, wǒ děi zěnme zuò?

B 너는 반드시 그에게 정중히 사과해야 해.
你必须得跟他赔礼道歉。
Nǐ bìxū děi gēn tā péilǐ dàoqiàn.

어휘 feel⁺

- 项目 xiàngmù 몡 프로젝트
- 在…之内 zài…zhīnèi ~(시간)이내에
- 宝贵 bǎoguì 혱 귀중하다
  주로 추상적인 명사를 수식한다. 유사표현 珍贵 zhēnguì는 추상 명사와 구체적인 명사 모두 수식한다.
  - 宝贵(珍贵)的时间
    Bǎoguì(zhēnguì) de shíjiān
    소중한 시간
- 附加条件 fùjiā tiáojiàn 별도의 조건
- 唯一 wéiyī 혱 유일하다
- 顿 dùn 얭 끼니
- 赔礼道歉 péilǐ dàoqiàn 정중히 사과하다
  (= 赔个不是)

■ 다음 대화를 중국어로 말해보고, 실제 회화문과 비교해보세요.

前男友　혜선아, 내가 도저히 집세를 낼 방법이 없어서 말이야.

　　　　돈 좀 빌려 줄 수 있니?

慧善　　다음 달에 내가 이 돈을 써야 해. 이번 달 말 이전에 꼭 돌려줘야 해!

前男友　걱정 마! 월급 받으면 바로 줄게.

★ 충격요법!! 이렇게 말하는 거 아닌가요?

1. 도저히 방법이 없어.　　　➡　　"真的没有办法。" ✕

▶ 다음 페이지의 진짜 회화체 분석에서 확인하세요.

패턴을 담은 真짜 대화

前男友 혜선아, 내가 도저히 집세를 낼 방법이 없어서 말이야.

慧善，我实在没办法★交房租，

Huìshàn, wǒ shízài méi bànfǎ jiāo fángzū,

돈 좀 빌려 줄 수 있니?

你能借我点儿钱吗？

nǐ néng jiè wǒ diǎnr qián ma?

慧善 다음 달에 내가 이 돈을 써야 해.

下个月我要用这笔钱，

Xiàge yuè wǒ yào yòng zhè bǐ qián,

이번 달 말 이전에 꼭 돌려줘야 해!

你必须得在这个月底之前还我！

nǐ bìxū děi zài zhège yuèdǐ zhīqián huán wǒ!

前男友 걱정 마! 월급 받으면 바로 줄게.

别担心！一发工资我就还你。

Bié dānxīn! Yì fā gōngzī wǒ jiù huán nǐ.

어휘 feel+

- 房租 fángzū 명 집세

- 笔 bǐ 양 묶, 건(돈과 관련됨)

- 月底 yuèdǐ 월말

- 一…就… yī…jiù… ~하자마자 ~하다
  [(S1)＋一＋V＋(S2)＋就＋V]의 형식으로
  쓰이며, 주어의 위치를 주의해야 한다.

- 他一进来学生们就都出去了。
  Tā yí jìnlái xuéshēngmen jiù dōu chūqù le.
  그가 들어오자마자 학생들이 다 나가버렸다.

★ 真짜 회화체 집중 분석!

1. **"实在没办法"** 实在는 부사로서의 '**정말로**'와 형용사로서의 '**실속 있다**', '**충분하다**' 외에도, 뒤에 **不/
没有** 등의 부정형이 함께 쓰여 '**도저히**'라는 의미를 나타냅니다. **真的** 대신 요긴하게 쓸 수 있는 표현이므로
꼭 활용해 보세요.

> 일자리를 도저히 못 찾겠다.
> 我实在找不到工作。
> Wǒ shízài zhǎobudào gōngzuò.

> 나는 이게 무슨 뜻인지 도저히 이해할 수가 없다.
> 我实在不理解这是什么意思。
> Wǒ shízài bù lǐjiě zhè shì shénme yìsi.

입말 패턴 ^{Upgrade} 10

···的名字叫··· ···de míngzi jiào··· ~의 이름은 ~라고 해

특정 대상(사람·사물 등)을 소개할 때 주로 사용하는 표현입니다. 叫 대신 是를 사용하여 "他的名字是○○" 이라고 해도 어법이 틀린 것은 아니지만, 중국인은 잘 사용하지 않는 표현법입니다. 이제 이름을 말할 때 "我的 名字叫○○"이라고 해보세요.

패턴 활용

활용 1

A 너 어제 그 사람이랑 무슨 관계야?
昨天的那个人是你什么人*?
Zuótiān de nàge rén shì nǐ shénme rén?

B 내 남친이야. 문광일이라고 해.
是我男朋友，他的名字叫"文光一"。
Shì wǒ nánpéngyou, tā de míngzi jiào "Wén Guāngyī".

활용 2

A 너는 살면서 가장 기억에 남는 사람이 누구야?
一生当中，你最难忘的人是谁啊?
Yì shēng dāngzhōng, nǐ zuì nánwàng de rén shì shéi a?

B 선생님이 한 명 있었는데, 문광일 선생님이야.
有一位老师，他的名字叫"文光一"。
Yǒu yí wèi lǎoshī, tā de míngzi jiào "Wén Guāngyī".

활용 3

A 너는 취미가 뭐야?
你的爱好是什么?
Nǐ de àihào shì shénme?

B 나는 '사랑 전쟁'이라는 예능 프로그램 보는 게 취미야!
我的爱好是看娱乐节目，它的名字叫"爱情战争"。
Wǒ de àihào shì kàn yúlè jiémù, tā de míngzi jiào "Àiqíng Zhànzhēng".

어휘 feel+

- 当中 dāngzhōng ~하는 중에, ~ 중에
  과정이나 범위를 나타낸다.

  • 你们当中，谁拿到了六级?
  Nǐmen dāngzhōng, shéi nádào le liù jí?
  너희 중에 누가 6급을 땄니?

- 难忘 nánwàng 图 잊기 어렵다

- 娱乐 yúlè 명 예능, 오락

- 节目 jiémù 명 프로그램

표현 tip*

- 걔는 너랑 무슨 관계야?
  他是你什么人?
  Tā shì nǐ shénme rén?

🎵 패턴을 담은 대화

■ 다음 대화를 중국어로 말해보고, 실제 회화문과 비교해보세요.

慧善 와! 이 음식 전에 먹어봤어. 이름이 뭐였더라? 너도 어서 먹어 봐.

娜娜 이 음식 이름은 '마라샹궈'야. 난 안 먹어. 절대 안 먹어! 이 음식 정말 맵거든.

너도 조금만 먹어! 널 위해서 하는 말이야!

慧善 뭐냐, 너? 네가 중국인이니, 내가 중국인이니?

★ 충격요법!! 이렇게 말하는 거 아닌가요?

1. 널 위해서 하는 말이야.	➡	"这是为你的话。" ✗
2. 뭐냐 너?	➡	"你是什么呀？" ✗

▶ 다음 페이지의 진짜 회화체 분석에서 확인하세요.

慧善　와! 이 음식 전에 먹어봤어. 이름이 뭐였더라?

哇塞！这道菜我之前吃过，叫什么来着？

Wāsài! Zhè dào cài wǒ zhīqián chīguo, jiào shénme láizhe?

너도 어서 먹어 봐.

你也快点儿吃。

Nǐ yě kuài diǎnr chī.

娜娜　이 음식 이름은 '마라샹궈'야. 난 안 먹어. 절대 안 먹어!

它的名字叫"麻辣香锅"，我不吃，就是不吃！

Tā de míngzi jiào "málà xiāngguō", wǒ bù chī, jiùshì bù chī!

이 음식 정말 맵거든. 너도 조금만 먹어!

是因为这道菜太辣，你也少吃一点儿！

Shì yīnwèi zhè dào cài tài là, nǐ yě shǎo chī yìdiǎnr!

널 위해서 하는 말이야!

我这是为你着想啊★！

Wǒ zhè shì wèi nǐ zhuóxiǎng a!

慧善　뭐냐, 너? 네가 중국인이니, 내가 중국인이니?

你看你★，你是中国人还是我是中国人？

Nǐ kàn nǐ, nǐ shì Zhōngguórén háishi wǒ shì Zhōngguórén?

어휘 feel⁺

- 道　dào 양 음식을 세는 단위

- 来着?　láizhe? ~더라? ~였더라?

  예전에 들은 적이 있거나 알고 있던 것이 생
  각나지 않을 때 의문사와 함께 사용한다.

  • 你叫什么来着?
    Nǐ jiào shénme láizhe?
    당신 이름이 뭐였죠?

  • 老师！您刚才说什么来着?
    Lǎoshī! Nín gāngcái shuō shénme láizhe?
    선생님! 방금 뭐라고 하셨죠?

- 就是　jiùshì 절대

  상황과 어감에 따라 다양하게 해석하며, 여
  기서는 강조의 표현으로 '절대'로 해석한다.

  • 我就是不同意你的想法。
    Wǒ jiùshì bù tóngyì nǐ de xiǎngfǎ.
    난 네 생각에 절대 반대야.

★ 真짜 회화체 집중 분석!

1. **"我这是为你着想啊"** 상대방에게 **충고할 때** 주로 사용하는 비교적 어려운 표현입니다. 누군가를 위해 염두하고 고려한다는 의미로 사용합니다.

> ▌다른 사람을 걱정하다.
>
> 替别人着想。
> Tì biérén zhuóxiǎng.

> ▌공부 열심히 해! 다 너 위해서 하는 말이야!
>
> 好好儿学习! 我这都是为你着想啊!
> Hǎohaor xuéxí! Wǒ zhè dōu shì wèi nǐ zhuóxiǎng a!

2. **"你看你"** 문장 앞에 사용하여 **상대방의 행동이나 태도 혹은 말이 마음에 들지 않은 점을 지적할 때** 쓰는 표현입니다.

> ▌뭐냐 너? 왜 이렇게 하고 왔어?
>
> 你看你! 你怎么穿成这样就来了呀?
> Nǐ kàn nǐ! Nǐ zěnme chuānchéng zhèyàng jiù lái le ya?

> ▌뭐냐 너? 고작 이런 일 때문에 우냐?
>
> 你看你! 就为这点事哭?
> Nǐ kàn nǐ! Jiù wèi zhè diǎn shì kū?

입말 패턴 11
Upgrade

本来想 běnlái xiǎng 원래 ~하고 싶었다

계획했던 일이 결국 진행되지 않았을 때 사용하는 표현입니다. '본래', '원래'라는 같은 의미가 있는 **原来**와 **本来**를 헷갈릴 수 있지만, **本来**는 뒤에 **但是**나 **可是**가 함께 쓰여 반전 상황이 이어집니다.

패턴 활용

활용 1

A 한국에 간다고 하지 않았니? 왜 아직 여기 있어?

你不是说好了去韩国吗? 怎么还在这儿呢?

Nǐ bú shì shuōhǎo le qù Hánguó ma? Zěnme hái zài zhèr ne?

B 원래 가려고 했는데, (이후에) 못 갔어.

我本来想去, 但是后来没去成。

Wǒ běnlái xiǎng qù, dànshì hòulái méi qùchéng.

활용 2

A 원래는 해외에 나가서 성공하고 싶었는데, (이후에) 포기했어.

我本来想去国外发展, 但后来放弃了。

Wǒ běnlái xiǎng qù guówài fāzhǎn, dàn hòulái fàngqì le.

B 난 또 네가 해외에서 살고 있는 줄 알았지.

我还以为你在国外生活呢*。

Wǒ hái yǐwéi nǐ zài guówài shēnghuó ne.

활용 3

A 난 또 너희 둘이 평생 함께 할 줄 알았지.

我还以为你们俩打算一辈子都在一起呢。

Wǒ hái yǐwéi nǐmen liǎ dǎsuàn yíbèizi dōu zài yìqǐ ne.

B 원래는 결혼하려고 했는데, (이후에) 헤어졌어.

我们俩本来想结婚, 但后来掰了。

Wǒmen liǎ běnlái xiǎng jiéhūn, dàn hòulái bāi le.

어휘 feel⁺

- **后来** hòulái 명 이후, 나중

- **没 + V + 成** méi+V+chéng
  ~을 이루지 못하다, ~을 하지 못하다

  어떤 장애에 부딪쳐 행동을 완성하지 못했을 때 사용한다.

  - 有点儿问题, 所以没买成。
    Yǒudiǎnr wèntí, suǒyǐ méi mǎichéng.
    문제가 있어서 결국 못 샀어.

  - 票价确实太贵了, 所以没看成。
    Piàojià quèshí tài guì le, suǒyǐ méi kàn chéng.
    표가 너무 비싸서, 결국 못 봤어.

- **发展** fāzhǎn 동 발전하다, 성공하다

- **以为** yǐwéi 동 생각하다, 여기다

  주관적인 생각이나 의견, 추측을 나타내며, 결과가 사실과 일치하지 않았을 때 사용한다.

  → STEP3 스킬어법5 참고

- **一辈子** yíbèizi 명 한 평생

표현 tip*

- 난 또 너희 둘이 이미 헤어진 줄 알았지.

  我还以为你们俩已经分手了呢。

  Wǒ hái yǐwéi nǐmen liǎ yǐjīng fēnshǒu le ne.

  (실제로는 헤어지지 않음)

패턴을 담은 대화

■ 다음 대화를 중국어로 말해보고, 실제 회화문과 비교해보세요.

娜娜 (알고 보니) 여기 있었니? 내가 널 얼마나 찾았는데!

慧善 그래? 원래는 너에게 연락하려고 했는데…… 뭐가 이렇게 급해?

娜娜 모르는 척하는 거지? 너 어제 나한테 뭐라고 했지?

밥 쏜다고 했잖아? 어쩜 약속을 안 지키니?

들켰다!

★ 충격요법!! 이렇게 말하는 거 아닌가요?

1. 내가 널 얼마나 찾았는데! ➔ "我找了你很久！" ✗

▶ 다음 페이지의 진짜 회화체 분석에서 확인하세요.

娜娜 여기 있었니? 내가 널 얼마나 찾았는데!

你原来在这儿呢? 我到处找你★呢!

Nǐ yuánlái zài zhèr ne? Wǒ dàochù zhǎo nǐ ne!

慧善 그래? 원래는 너에게 연락하려고 했는데……

是吗? 我本来想跟你联系……

Shì ma? Wǒ běnlái xiǎng gēn nǐ liánxì……

뭐가 이렇게 급해?

你怎么急成这样?

Nǐ zěnme jíchéng zhèyàng?

娜娜 모르는 척하는 거지? 너 어제 나한테 뭐라고 했지?

装不知道是吧? 你昨天跟我说什么来着?

Zhuāng bù zhīdào shì ba? Nǐ zuótiān gēn wǒ shuō shénme láizhe?

밥 쏜다고 했잖아?

你不是说好了请我吃饭吗?

Nǐ bú shì shuōhǎo le qǐng wǒ chīfàn ma?

어쩜 약속을 안 지키니?

你怎么说话不算数啊?

Nǐ zěnme shuōhuà bú suànshù a?

어휘 feel⁺

- 原来　yuánlái 【부】알고 보니, 원래

- 到处　dàochù 【부】곳곳에, 여기저기

- 装　zhuāng 【동】~인 척하다
　　　　　　(= 假装 jiǎzhuāng)

  • 你别假装不知道!
  Nǐ bié jiǎzhuāng bù zhīdào!
  모르는 척하지 마!

  • 你别不懂装懂!
  Nǐ bié bù dǒng zhuāng dǒng!
  모르는데 아는 척 좀 하지 마!

★真짜 회화체 집중 분석!

1. "到处找你" 到处는 '곳곳에', '여기저기', '온통' 등의 의미로 다양한 형태의 회화 표현을 완성시킵니다.

┃ 방 안에 온통 쓰레기뿐이야.

房间里到处都是垃圾。

Fángjiān lǐ dàochù dōu shì lājī.

┃ 여기저기 다니면서 협력업체를 찾아 다녔지만 못 찾았다.

我到处去找合作公司, 但没有找到。

Wǒ dàochù qù zhǎo hézuò gōngsī, dàn méi yǒu zhǎodào.

입말 패턴 12

本来就应该 běnlái jiù yīnggāi 당연히 ~해야 한다

本来의 또 다른 패턴 쓰임새를 살펴봅시다. '본래', '원래'의 의미는 그대로이지만 뒤에 연결되는 내용이 확연히 다릅니다. 주로 **누군가의 의무 혹은 당연한 상황**을 강조할 때 사용하며, 뒤에 이어지는 동사 앞에 **好好**를 추가하여 사용하기도 합니다.

패턴 활용

활용 1

A 학생은 자고로 열심히 공부를 해야 나중에 기회를 잡을 수 있어.

学生本来就应该好好儿学习，这样才能把握机会。

Xuésheng běnlái jiù yīnggāi hǎohāor xuéxí, zhèyàng cái néng bǎwò jīhuì.

B 그건 저도 잘 알죠.

这个道理我也懂。

Zhège dàolǐ wǒ yě dǒng.

활용 2

A 이번에 회사가 너무 심했어.

我觉得这次公司太过分了。

Wǒ juéde zhè cì gōngsī tài guòfèn le.

B 직원이라면 회사 규정을 지켜야지.

员工本来就应该遵守公司的规章制度嘛。

Yuángōng běnlái jiù yīnggāi zūnshǒu gōngsī de guīzhāng zhìdù ma.

활용 3

A 내가 뭘 잘못했는데?

你说，我做错了什么?

Nǐ shuō, wǒ zuòcuò le shénme?

B 선생님이면 당연히 학생들의 의견을 더 받아들여야지.

老师本来就应该多接受学生的意见。

Lǎoshī běnlái jiù yīnggāi duō jiēshòu xuésheng de yìjiàn.

어휘 feel⁺

- **这样** zhèyàng 대 이렇게

  뒤에 오는 절이나 문장의 맨 앞에 쓰이면 '이렇게'가 아닌 '이렇게 하면'이라는 술어의 의미가 되면서 조건을 강조한다. 주로 这样才能(이래야만 ~할 수 있다)의 형태로 사용한다.

  • 多看书，这样才能成功。
    Duō kànshū, zhèyàng cái néng chénggōng.
    책을 많이 읽어라. 그래야 성공한다.

- **把握** bǎwò 동 장악하다 명 가능성
  (= 抓住 zhuāzhù)

  • 你必须得把握这次机会。
    Nǐ bìxū děi bǎwò zhè cì jīhuì
    너는 이번 기회를 반드시 잡아라.

  • 我觉得没有把握。
    Wǒ juéde méiyǒu bǎwò.
    가능성이 없을 것 같아요.

- **规章制度** guīzhāng zhìdù 규정

- **尊守** zūnshǒu 동 준수하다

패턴을 담은 대화

■ 다음 대화를 중국어로 말해보고, 실제 회화문과 비교해보세요.

娜娜 　뭐 해? 이러다가 늦어! 얼른 가자!

慧善 　잠깐만! 나 화장하고 있어. 여자는 자고로 자기를 꾸밀 줄 알아야 해.

娜娜 　넌 지금도 충분히 예뻐!

★ 충격요법!! 이렇게 말하는 거 아닌가요?

1. 이러다가 늦어.　　　　　➜　　"你这样会晚。"　✕

2. 이미 충분히 예뻐.　　　　➜　　"你已经很漂亮。"　✕

▶ 다음 페이지의 진짜 회화체 분석에서 확인하세요.

娜娜　뭐 해? 이러다가 늦어! 얼른 가자!

干嘛呢? 快来不及了★! 赶紧走吧!
Gàn má ne? Kuài láibují le! Gǎnjǐn zǒu ba!

慧善　잠깐만! 나 화장하고 있어.

等一下! 我在化妆呢。
Děng yíxià! Wǒ zài huàzhuāng ne.

여자는 자고로 자기를 꾸밀 줄 알아야 해.

女人本来就应该懂得打扮自己。
Nǚrén běnlái jiù yīnggāi dǒngde dǎbàn zìjǐ.

娜娜　넌 지금도 충분히 예뻐!

你已经够漂亮了★!
Nǐ yǐjīng gòu piàoliang le!

어휘 feel+

- **来不及** láibují 제시간에 댈 수 없다, 시간적 여유가 없다, 시간 안에 할 수 없다 (↔ 来得及)

  • 已经来不及了!
    Yǐjīng láibují le!
    이미 늦었어!

  • 还来得及!
    Hái láidejí!
    아직 늦지 않았어!

- **赶紧** gǎnjǐn 부 재빨리

- **懂得** dǒngde 동 알다, 이해하다
  동사 앞에 쓰여 '~하는 법을 알아야 한다' 라는 의미를 나타낸다.

  • 你应该懂得尊敬老人。
    Nǐ yīnggāi dǒngde zūnjìng lǎorén.
    너는 어른을 공경할 줄 알아야 해.

- **打扮** dǎbàn 동 치장하다, 꾸미다

★真짜 회화체 집중 분석!

1. **"快来不及了"** '이제 시간이 없다' 혹은 '이러다가 늦는다'라는 표현입니다. 대부분의 학습자들이 이런 상황에서 快点儿만 떠올리지만, 快……了와 来不及를 활용한다면 표현력이 더욱 풍부해집니다. **"快来不及了, 赶紧 + 동사"**의 구조를 꼭 기억해서 활용해 보세요.

   > 우리는 이러다가 늦어요! 우리 음식 좀 빨리 주세요!
   >
   > **我们快来不及了! 请您快点儿上我们的菜!**
   > Wǒmen kuài láibují le! Qǐng nín kuàidiǎnr shàng wǒmen de cài!

2. **"已经(是)够……(的)了"** 형용사를 바꿔가며 다양하게 사용할 수 있는 유용한 표현입니다. 보통 은 '그만 좀 ~해'라는 표현 뒤에 오기도 하며, 단독으로 '이미 충분히 ~하다'라고 말할 때도 사용합니다. 조금 더 강조하여 말하고 싶다면 是……的를 넣어서 말할 수 있습니다.

   > 죄송해요. 이미 충분히 저렴한 가격이에요.
   >
   > **不好意思, 这个价格已经是够便宜的了。**
   > Bù hǎo yìsi, zhège jiàgé yǐjīng shì gòu piányi de le.

입말 패턴 Upgrade 13

又不是 yòu bú shì ~도 아니잖아

누군가가 참견을 하거나, 혹은 굳이 그럴 필요 있나라는 느낌의 멘트를 날린 후 연이어 던지는 습관적인 패턴 표현입니다. 다양한 상황에서 현지인스러운 어감을 살릴 수 있는 표현입니다.

패턴 활용

활용 1

A 짜증나! 걔는 내 말을 전혀 듣지 않아!

气死我了! 他根本不听我的话!

Qìsǐ wǒ le! Tā gēnběn bù tīng wǒ de huà!

B 화 풀어. 걔는 우리 부서 사람도 아니잖아.

消消气*, 他又不是我们部门的人。

Xiāoxiāo qì, tā yòu bú shì wǒmen bùmén de rén.

활용 2

A 나 대신 호텔에 가서 고객을 좀 만나도록 해요.

你替我去酒店见客户吧。

Nǐ tì wǒ qù jiǔdiàn jiàn kèhù ba.

B 부장님, 지금은 근무시간도 아니잖아요. 제 개인 시간이에요.

部长, 现在又不是上班时间, 是属于我的时间。

Bùzhǎng, xiànzài yòu bú shì shàngbān shíjiān, shì shǔyú wǒ de shíjiān.

활용 3

A 빨리 여친한테 가서 사과해!

你赶紧去跟女朋友道个歉!

Nǐ gǎnjǐn qù gēn nǚpéngyou dào ge qiàn!

B 내가 왜 사과를 해? 내 잘못도 아닌데!

我凭什么*跟她道歉啊? 又不是我的错!

Wǒ píng shénme gēn tā dàoqiàn a? Yòu bú shì wǒ de cuò!

어휘 feel⁺

- 根本 gēnběn [부] 전혀

  주로 뒤에 부정부사 不/没有가 온다.

  • 我根本不知道他回来了。
  Wǒ gēnběn bù zhīdào tā huílái le.
  나는 그가 돌아온 걸 전혀 몰랐어.

- 消气 xiāoqì [동] 화를 풀다, 진정하다

- 属于 shǔyú [동] ~에 속하다

  • 终于有了属于我的空间。
  Zhōngyú yǒu le shǔyú wǒ de kōngjiān.
  드디어 나만의 공간이 생겼다.

- 凭 píng [개] ~에 근거하다

표현 tip*

- 화를 풀어라!

  消消气!
  Xiāoxiāo qì

- 무슨 근거로 날 때리는 거야?

  你凭什么打我呀?
  Nǐ píng shénme dǎ wǒ ya?

🎵 패턴을 담은 대화

■ 다음 대화를 중국어로 말해보고, 실제 회화문과 비교해보세요.

慧善   기사님! 제가 급히 4시 비행기를 타야 하는데, 가능할까요?

司机   제 생각엔 좀 힘들 것 같아요. 지금은 어디든지 다 차가 막혀요.

       차라리 지하철을 타는 게 나아요.

慧善   정말요? 지금은 퇴근 시간도 아닌데, 그렇게 막힐까요?

★ 충격요법!! 이렇게 말하는 거 아닌가요?

1. 급히 4시 비행기를 타다.   ➡   "着急地上 4 点的飞机。" ✗

2. 좀 힘들 것 같아요.   ➡   "我觉得有点儿难吧。" ✗

▶ 다음 페이지의 진짜 회화체 분석에서 확인하세요.

慧善 기사님! 제가 급히 4시 비행기를 타야 하는데, 가능할까요?

师傅，我要赶4点的飞机★，您看来得及吗？

Shīfù, wǒ yào gǎn sì diǎn de fēijī, nín kàn láidejí ma?

司机 제 생각엔 좀 힘들 것 같아요. 지금은 어디든지 다 차가 막혀요.

我估计有点儿够呛吧★，现在上哪儿都堵车，

Wǒ gūjì yǒudiǎnr gòuqiàng ba, xiànzài shàng nǎr dōu dǔchē,

차라리 지하철을 타는 게 나아요.

还不如坐地铁。

hái bùrú zuò dìtiě.

慧善 정말요? 지금은 퇴근 시간도 아닌데, 그렇게 막힐까요?

真的假的？现在又不是下班时间，会那么堵吗？

Zhēn de jiǎ de? Xiànzài yòu bú shì xiàbān shíjiān, huì nàme dǔ ma?

어휘 feel⁺

- 来得及 láidejí 통 시간 안에 할 수 있다
(↔来不及)

- 够呛 gòuqiàng 형 힘겹다, 지독하다,
안 될 것 같다

- 不如 bùrú 통 (차라리) ~하는 게 낫다,
~만 못하다

  뒤에 더 좋다고 생각하는 것을 배치하며,
[A+不如+B(A는 B만 못하다)]의 형태로
쓴다.

  • 跟你结婚还不如我永远都一个人
生活。
Gēn nǐ jiéhūn hái bùrú wǒ yǒngyuǎn dōu
yí ge rén shēnghuó.
너랑 결혼하느니 (차라리) 혼자 살겠다.

★ 真짜 회화체 집중 분석!

1. **"我要赶4点的飞机"** 赶은 '(비행기나 열차, 버스 등의) 시간에 대다'라는 뜻입니다. 赶到(시간에 맞게 서둘러 도착하다), 没赶上飞机 (비행기를 놓치다) 등의 표현으로 쓰입니다.

   │ 이러다가 늦겠어! 3시 기차를 타야 한단 말이야!
   快来不及了！我要赶3点的火车！
   Kuài láibují le! Wǒ yào gǎn sān diǎn de huǒchē!

2. **"有点儿够呛吧"** 어떤 일을 완성할 가능성이 희박함을 표현할 때 주로 사용합니다. '좀 힘들겠다', '안 될 것 같다'의 표현을 "有点儿难吧"라고 말하는 것보다 훨씬 멋진 표현입니다. 아래 예문에서 够呛은 정도 보어로 쓰여 정도의 심함을 나타냅니다.

   │ 요 며칠은 정말 바빴어!
   这几天确实忙得够呛啊！
   Zhè jǐ tiān quèshí máng de gòuqiàng a!

我就在外面 wǒ jiù zài wàimian 나는 밖에서

우리가 배우고 있는 진짜 입말 패턴은 문장 앞 혹은 중간에 고민 없이 일단 던지고 보는 회화 스킬입니다.
밖에서 무언가를 하고 있을 때, 일단 아무 생각하지 말고, **我就在外面**…… 으로 던지세요!

패턴 활용

활용 1

A 여보세요? 이 밤중에 안 자고 어디 갔니?

喂，这么晚了你还不睡去哪儿了?

Wéi, zhème wǎn le nǐ hái bú shuì qù nǎr le?

B 나 밖에서 뛰고 있어. 뛰는 게 다이어트에 도움이 되잖아!

我就在外面跑步呢，跑步有利于减肥嘛!

Wǒ jiù zài wàimian pǎobù ne, pǎobù yǒulìyú jiǎnféi ma!

활용 2

A 나 지금 밖에서 혼자 술 마시고 있어.

我就在外面一个人喝酒呢。

Wǒ jiù zài wàimian yí ge rén hē jiǔ ne.

B 아직도 그 여자 때문에 고민하는 거야? 좋게 생각해!

你还在为她发愁吗? 想开点儿*!

Nǐ hái zài wèi tā fāchóu ma? Xiǎng kāidiǎnr!

활용 3

A 어디에요? 빨리 회사로 돌아와서 저 좀 도와줘요.

在哪儿呢? 赶紧回公司帮我一下。

Zài nǎr ne? Gǎnjǐn huí gōngsī bāng wǒ yíxià.

B 지금 밖에서 바이어랑 상담 중이에요. 도저히 돌아갈 수가 없어요.

我就在外面跟客户谈事呢，实在回不去。

Wǒ jiù zài wàimian gēn kèhù tánshì ne, shízài huíbuqù.

어휘 feel⁺

- A有利于B A yǒulìyú B
A가 B에 도움이 되다
(=A对B有帮助)
(↔A有害于B/A对B有害)

• 多喝水有利于健康。
(=多喝水对健康有帮助。)
Duō hē shuǐ yǒulìyú jiànkāng.
물을 많이 마시면 건강에 좋다.

• 喝凉水有害于健康。
(=喝凉水对健康有害。)
Hē liángshuǐ yǒuhàiyú jiànkāng.
차가운 물을 마시는 것은 건강에 해롭다.

- 发愁 fāchóu 동 걱정하다, 염려하다

- 回不去 huíbuqù 돌아갈 수 없다

- 谈事 tánshì 업무 이야기를 하다

표현 tip*

- 좋게 생각해!
想开点儿!
Xiǎng kāidiǎnr!

패턴을 담은 대화

■ 다음 대화를 중국어로 말해보고, 실제 회화문과 비교해보세요.

部长   어디예요? 고객이랑 3시에 보기로 약속했어요?

        고객이 30분이나 기다렸잖아요!

        왜 이렇게 책임감이 없어요?

慧善   제가 지금 밖에서 일을 좀 보고 있어서요.

        죄송합니다. 일 끝나면 바로 가겠습니다.

部长   당장 들어와요! 입장을 바꿔서 생각해 봐요!

        이렇게 오래 기다렸는데,

        혜선 씨 같으면 기분 좋겠어요?

★ 충격요법!! 이렇게 말하는 거 아닌가요?

1. 입장을 바꿔서 생각해 봐.   ➡   "换立场想想。" ✕

2. 너 같으면……   ➡   "如果是你……" ✕

▶ 다음 페이지의 진짜 회화체 분석에서 확인하세요.

部长 어디에요?

你在哪儿呢?

Nǐ zài nǎr ne?

고객이랑 3시에 보기로 약속했어요?

你是不是跟客户约好了3点见面?

Nǐ shì bu shì gēn kèhù yuēhǎo le sān diǎn jiànmiàn?

고객이 30분이나 기다렸잖아요!

人家等你半个小时了!

Rénjia děng nǐ bàn ge xiǎoshí le!

왜 이렇게 책임감이 없어요?

你怎么这么不负责任呢?

Nǐ zěnme zhème bú fù zérèn ne?

慧善 제가 지금 밖에서 일을 좀 보고 있어서요.

我就在外面办点儿事,

Wǒ jiù zài wàimian bàndiǎnr shì,

죄송합니다. 일 끝나면 바로 가겠습니다.

对不起,办完了马上回去。

duìbuqǐ, bànwán le mǎshàng huíqù.

部长 당장 들어와요! 입장을 바꿔서 생각해 봐요! 이렇게 오래 기다렸는데,

现在回来! 换位思考吧★! 客户等了这么久,

Xiànzài huílái! Huàn wèi sīkǎo ba! Kèhù děng le zhème jiǔ,

혜선 씨 같으면 기분 좋겠어요?

换做是你★, 你的心情会怎么样?

huànzuò shì nǐ, nǐ de xīnqíng huì zěnmeyàng?

어휘 feel+

- 跟…约好了… gēn…yuēhǎo le…
  ~와 ~하기로 약속하다

  • 我已经跟他约好了一起吃饭。
  Wǒ yǐjīng gēn tā yuēhǎo le yìqǐ chīfàn.
  나는 이미 그와 같이 식사하기로 약속했어.

- 人家 rénjia 때 남, 다른 사람, 그, 나

  人家가 지칭하는 대상은 화자와 청자가 모두 알고 있어야 한다. 여성이 애교를 부릴 때 자신을 가리켜 사용하기도 하며, 제삼자를 가리킬 때에는 뒤에 대상의 호칭 혹은 이름을 붙여 사용하기도 한다.

  • 人家病了, 你不来看看我吗?
  Rénjia bìng le, nǐ bù lái kànkan wǒ ma?
  나 아픈데, 보러 안 올 거니?

  • 人家医生长得很帅。
  Rénjia yīshēng zhǎng de hěn shuài.
  그 의사는 정말 잘생겼어.

  ➡ STEP3 스킬어법4 참고

- 不负责任 bú fù zérèn 책임감이 없다

★ (真짜) 회화체 집중 분석!

1. **"换位思考"** '입장을 바꿔서 생각해보다'라는 표현 중 가장 고급 표현입니다. **换位**를 조금 더 구체적으로 표현할 경우에는 **站在别人的立场上**이라고 표현합니다.

> ▌ 다른 사람의 입장에 서서 생각해 봐.
>
> **你站在别人的立场上考虑吧。**
>
> Nǐ zhàn zài biérén de lìchǎng shàng kǎolǜ ba.

> ▌ 다른 사람을 욕하기 전에 먼저 입장을 바꿔 생각해 봐요.
>
> **你在批评别人之前，先换位思考吧。**
>
> Nǐ zài pīpíng biérén zhīqián, xiān huànwèi sīkǎo ba.

批评 pīpíng 동 비평하다, 비난하다

2. **"换做是你"** 이 표현 역시 입장을 바꿔서 생각해 볼 때 사용하는 표현입니다. 일반적으로 뒤에는 '어떻게 하겠느냐?'라는 내용이 이어집니다.

> ▌ 입장을 바꿔서 너라면 어떻게 할 것 같니?
>
> **换做是你，你会怎么做？**
>
> Huànzuò shì nǐ, nǐ huì zěnme zuò?

> ▌ 입장을 바꿔서 너라면 이런 상황에서 어떻게 말하겠니?
>
> **换做是你，在这种情况下，你会怎么说？**
>
> Huànzuò shì nǐ, zài zhè zhǒng qíngkuàng xià, nǐ huì zěnme shuō?

在…下 zài…xià (어떤 상황이나 조건) 아래, ~에서

입말 패턴 15

T 2-29

강의 영상 보기

我还是觉得 wǒ háishi juéde 그래도 내 생각에는

자기 생각을 말할 때, 보통 **我觉得**로 시작하죠. 만약 자기 생각이 맞다는 **확신**을 표현하고 싶다면, **还是**라는 표현을 추가합니다. '아무리 생각해 봐도 여전히'라는 의미가 있습니다.

패턴 활용

활용 1

A 그래도 내 생각에 네가 먼저 남자친구에게 사과해야 할 것 같아.

我还是觉得你应该先跟男朋友道个歉。

Wǒ háishi juéde nǐ yīnggāi xiān gēn nánpéngyou dào ge qiàn.

B 내가 위챗을 여러 번 보냈지만, 그가 계속 응답하지 않아.

我给他发了很多微信，但他一直不理我。

Wǒ gěi tā fā le hěn duō wēixìn, dàn tā yìzhí bù lǐ wǒ.

활용 2

A 왜 결혼을 안 하세요? 결혼하면 참 행복한데!

你怎么不结婚呢？婚后挺幸福啊!

Nǐ zěnme bù jiéhūn ne, hūn hòu tǐng xìngfú a!

B 저는 혼자 생활하는 게 더 편하다고 생각하거든요.

是因为我还是觉得一个人生活更方便。

Shì yīnwèi wǒ háishi juéde yí ge rén shēnghuó gèng fāngbiàn.

활용 3

A 바이어와 잘 얘기했어요?

你跟客户谈得怎么样?

Nǐ gēn kèhù tán de zěnmeyàng?

B 우리 제품이 자기네 요구와 안 맞대요. 제 생각에는 우리 제품이 좋은데 말이에요.

他说我们的产品不符合自己的要求，但我还是觉得我们的产品很好啊。

Tā shuō wǒmen de chǎnpǐn bù fúhé zìjǐ de yāoqiú, dàn wǒ háishi juéde wǒmen de chǎnpǐn hěn hǎo a.

어휘 feel⁺

- 微信 wēixìn 위챗(중국의 채팅 앱)

- 理 lǐ 통 상대하다, 거들떠보다, 대꾸해주다

  • 你最近为什么不理我呢?
  Nǐ zuìjìn wèi shénme bù lǐ wǒ ne?
  너 요즘 왜 나를 모르는 척해?

  • 别理他!
  Bié lǐ tā!
  걔 상대하지 마!

- 符合 fúhé 통 부합하다

  뒤에 요구, 조건, 현실 등이 온다.

  • 你的想法不符合现实。
  Nǐ de xiǎngfǎ bù fúhé xiànshí.
  네 생각은 비현실적이야.

  • 你的话不太符合逻辑。
  Nǐ de huà bú tài fúhé luójí.
  네 말은 별로 논리적이지 않아.

패턴을 담은 대화

■ 다음 대화를 중국어로 말해보고, 실제 회화문과 비교해보세요.

小康   나는 걔에 대한 마음을 도저히 조절하지 못하겠어!

         그냥 고백해 버릴까?

娜娜   아무리 생각해도 지금은 때가 아니야!

         알고 지낸 지 겨우 한 달 만에 고백하면,

         너라면 받아주겠니?

小康   그럴긴 하지.

★ 충격요법!! 이렇게 말하는 거 아닌가요?

     1. 지금은 때가 아니야!   ➜   "现在不行！" ✕

     2. 그럴긴 하네.   ➜   "对呀。" ✕

▶ 다음 페이지의 진짜 회화체 분석에서 확인하세요.

小康　나는 개에 대한 마음을 도저히 조절하지 못하겠어!

我实在控制不了对她的感情!

Wǒ shízài kòngzhì buliǎo duì tā de gǎnqíng!

그냥 고백해 버릴까?

要不，干脆跟她表白?

Yàobù, gāncuì gēn tā biǎobái?

娜娜　아무리 생각해도 지금은 때가 아니야!

我还是觉得现在太不是时候了★!

Wǒ háishi juéde xiànzài tài bú shì shíhou le!

알고 지낸 지 겨우 한 달 만에 고백하면, 너라면 받아주겠니?

认识才一个月就表白，换做是你，你会接受吗?

Rènshi cái yí ge yuè jiù biǎobái, huànzuò shì nǐ, nǐ huì jiēshòu ma?

小康　그렇긴 하지.

那倒也是★。

Nà dào yě shì.

어휘 feel⁺

- V + 不了　V+buliǎo ~할 수 없다

  가능보어의 형태로, 동사 뒤에 붙어서 '~할 수 없다'를 나타낸다.

  • 我一个人做不了。
  Wǒ yí ge rén zuòbuliǎo.
  나 혼자는 할 수 없다.

  • 我回不了家。
  Wǒ huíbuliǎo jiā.
  나는 집에 돌아갈 수 없다.

  ➡ STEP3 스킬어법20 참고

- 干脆　gāncuì [부] 차라리, 시원스럽게

★真짜 회화체 집중 분석!

1. "现在太不是时候了"　지금은 어떤 일을 할 적절한 시기가 아님을 표현하는 말입니다.

   | 너는 때를 잘못 맞춰 왔어.

   你来得太不是时候了。

   Nǐ lái de tài bú shì shíhou le.

2. "那倒也是"　상대방의 생각이나 말에 어느 정도는 동의한다는 의미입니다. 풀어서 표현한다면 你说的也有道理 dàolǐ '네가 한 말도 일리는 있다'가 됩니다.

   | A : 네가 먼저 여동생에게 잘해주면 여동생도 너에게 잘 할 거야.

   你先对妹妹好，你妹妹才会对你好的。

   Nǐ xiān duì mèimei hǎo, nǐ mèimei cái huì duì nǐ hǎo de.

   B : 그렇긴 하지.

   那倒也是。

   Nà dào yě shì.

입말 패턴 16

我还得 wǒ hái děi 나는 그래도(또) ~해야 한다

하지 않아도 되는 상황임에도 불구하고 어떤 일을 해야 할 때 주로 사용하는 표현입니다. 학습자들이 잘 사용하지 못하는 还를 중국인들은 이런 표현에 자주 사용합니다.

패턴 활용

활용 1

A 퇴근하고 뭐 해? 영화나 볼까?

下班后有别的安排吗？一起看电影怎么样？

Xiàbān hòu yǒu biéde ānpái ma? Yìqǐ kàn diànyǐng zěnmeyàng?

B 나도 정말 너랑 같이 영화 보고 싶은데, 난 집에 가서 또 일해야 돼.

我也巴不得跟你一起看电影，但我回家还得工作。

Wǒ yě bābudé gēn nǐ yìqǐ kàn diànyǐng, dàn wǒ huíjiā hái děi gōngzuò.

활용 2

A 그럴 필요까지 있니? 그냥 걔랑 관계 끊어!

我说何必呢？你干脆跟他绝交吧！

Wǒ shuō hébì ne? Nǐ gāncuì gēn tā juéjiāo ba!

B 아니야. 나는 그래도 걔한테 먼저 사과해야 해.

不行，我还得先跟他道个歉。

Bù xíng, wǒ hái děi xiān gēn tā dào ge qiàn.

활용 3

A 나는 도서관에 가서 책 좀 봐야 해.

我还得去图书馆看书。

Wǒ hái děi qù túshūguǎn kànshū.

B 너 진짜 대단하다!

我真佩服你呀！

Wǒ zhēn pèifú nǐ ya!

어휘 feel⁺

- 巴不得 bābudé 동 간절히 바라다

- 何必 hébì 부 구태여 ~할 필요 있는가
  문장 끝에 呢가 함께 쓰이며, 어떤 행위나 말을 할 필요가 없음을 나타낸다.
  (= 何苦 hékǔ)
  • 你光顾着玩儿，何必在这儿呢？
  Nǐ guāng gùzhe wánr, hébì zài zhèr ne?
  너는 놀기만 하는데 여기 있을 필요가 있니?

- 绝交 juéjiāo 동 절교하다

- 佩服 pèifú 동 탄복하다
  매우 대단하다고 생각할 때나 혹은 비아냥거리며 말할 때 사용한다.

패턴을 담은 대화

■ 다음 대화를 중국어로 말해보고, 실제 회화문과 비교해보세요.

娜娜 절대 마음 약해지지 마. 그런 인간은 멀리 하는 게 좋아.

慧善 나도 기분이 별로 좋지는 않아. 하지만 그래도 내가 먼저 죄송하다고 해야 돼.

어쨌든 상사잖아.

娜娜 그렇긴 하지.

★ 충격요법!! 이렇게 말하는 거 아닌가요?

1. 나도 기분이 별로야. ➔ "我的心情也不好。" ✕

2. 그에게 미안하다고 해. ➔ "跟他说对不起吧。" ✕

▶ 다음 페이지의 진짜 회화체 분석에서 확인하세요.

娜娜 절대 마음 약해지지 마. 그런 인간은 멀리 하는 게 좋아.

千万别心软。还是离他那种人远点儿。

Qiānwàn bié xīnruǎn. Háishi lí tā nà zhǒng rén yuǎndiǎnr.

慧善 나도 기분이 별로 좋지는 않아.

我心里也不是滋味儿★,

Wǒ xīnli yě bú shì zīwèir,

하지만 그래도 내가 먼저 죄송하다고 해야 돼. 어쨌든 상사잖아.

但我还得先跟他服个软★, 反正他是我的上司。

dàn wǒ hái děi xiān gēn tā fú ge ruǎn, fǎnzhèng tā shì wǒ de shàngsi.

娜娜 그렇긴 하지.

那倒也是。

Nà dào yě shì.

어휘 feel+

- 千万 qiānwàn [부] 제발, 절대로

  간곡히 부탁할 때 강한 어감을 나타낸다.

  • 你千万别迟到了。
  Nǐ qiānwàn bié chídào le.
  너는 제발 늦지 마.

- 心软 xīnruǎn 마음이 약하다

- 离 lí [개] ~로 부터

  장소, 시간, 사물 등의 거리를 나타낸다.

  • 学校离这儿近吗?
  Xuéxiào lí zhèr jìn ma?
  학교는 여기에서 가깝니?

  • 离考试只有两天。
  Lí kǎoshì zhǐyǒu liǎng tiān.
  시험이 이틀밖에 안 남았어.

- 滋味儿 zīwèir [명] 심정, 기분, 맛
- 服软 fúruǎn [동] 잘못(패배)을 인정하다
- 上司 shàngsi [명] 직장 상사

★ 真짜 회화체 집중 분석!

1. **"我心里不是滋味儿"** 滋味儿의 일차적인 뜻은 '맛'이지만 여기서는 '기분' 또는 '감정'을 의미합니다. 不是滋味儿은 '속상하다', '씁쓸하다', '서글프다', '언짢다' 등과 같은 감정을 나타냅니다.

   ▌ 사장님 기분이 별로인 것 같은데, 내일 말씀드려요.
   好像老板心里不是滋味儿, 明天再跟他说吧。
   Hǎoxiàng lǎobǎn xīnli bú shì zīwèir, míngtiān zài gēn tā shuō ba.

2. **"跟他服个软"** 服는 '(잘못 등을) 인정하다', 软은 '연약하다'의 의미로 服软은 본인이 '연약함(잘못)'을 인정한다'라는 뜻입니다. 跟他道歉보다 훨씬 자연스러운 현지 표현입니다.

   ▌ 빨리 사장님께 전화해서 잘못했다고 해!
   你赶紧跟老板打电话服个软吧!
   Nǐ gǎnjǐn gēn lǎobǎn dǎ diànhuà fú ge ruǎn ba!

没什么好…的 méi shénme hǎo…de ~할 것 없다

중간에 동사를 넣어 '~할 가치가 없음'을 완곡하게 표현하는 형태입니다.

패턴 활용

활용 1

A 어제 우리 식당에 왔었다며? 어땠어?

听说你昨天来过我的餐厅是吗? 怎么样?

Tīngshuō nǐ zuótiān láiguo wǒ de cāntīng shì ma? Zěnmeyàng?

B 솔직히 말해서 먹을만한 게 하나도 없더라!

说白了, 没什么好吃的!

Shuōbái le, méi shénme hǎochī de!

활용 2

A 너 어제 나 바람 맞혔잖아! 어쨌든 뭐라고 설명은 좀 해야지?

你昨天放我鸽子了*! 你总得跟我解释一下吧?

Nǐ zuótiān fàng wǒ gēzi le! Nǐ zǒngděi gēn wǒ jiěshì yíxià ba?

B 설명할 게 없는데!

没什么好解释的!

Méi shénme hǎo jiěshì de!

활용 3

A 따로 얘기를 좀 나누고 싶어요.

我想跟你私下谈谈。

Wǒ xiǎng gēn nǐ sīxià tántan.

B 우리 둘 사이에 무슨 할 얘기가 있는 것 같지 않은데요.

我觉得咱们俩之间没什么好谈的。

Wǒ juéde zánmen liǎ zhījiān méi shénme hǎo tán de.

어휘 feel⁺

- 放鸽子 fàng gēzi 비둘기를 놓아주다, 바람을 맞히다

- 总得 zǒngděi 뷔 어쨌든 (~해야 한다) '반드시', '최소한'의 의미를 내포한다.

  • 你总得跟老板说一声。
  Nǐ zǒngděi gēn lǎobǎn shuō yī shēng.
  너는 어쨌든 사장님께 말을 해야 한다.

- 解释 jiěshì 동 변명하다, 설명하다

- 私下 sīxià 뷔 사사로이, 비공식적으로

표현 tip*

- 나 바람 맞히지 마!
  别放我鸽子!
  Bié fàng wǒ gēzi!

■ 다음 대화를 중국어로 말해보고, 실제 회화문과 비교해보세요.

慧善 친구야! 나한테 말 안 한 거 있지?

우리 둘 사이에 비밀은 있을 수 없어! 바른대로 말해!

娜娜 내가 뭘? 난 보고할 게 없는데! 있으면 제일 먼저 너한테 말하지!

慧善 됐거든! 어제 네가 어떤 남자랑 손잡고 이야기하는 거 다 봤거든?

★ 충격요법!! 이렇게 말하는 거 아닌가요?

1. 사실대로 말해!	➜	"跟我说事实！" ✗
2. 됐어!	➜	"算了！" ✗

▶ 다음 페이지의 진짜 회화체 분석에서 확인하세요.

慧善　친구야! 나한테 말 안 한 거 있지?

亲爱的! 你是不是有件事没告诉我呀?

Qīn'ài de! Nǐ shì bu shì yǒu jiàn shì méi gàosu wǒ ya?

우리 둘 사이에 비밀은 있을 수 없어! 바른대로 말해!

我们俩之间可不能有秘密! 老实交代★!

Wǒmen liǎ zhījiān kě bù néng yǒu mìmì! Lǎoshi jiāodài!

娜娜　내가 뭘? 난 보고할 게 없는데!

我怎么了? 我没什么好汇报的呀!

Wǒ zěnme le? Wǒ méi shénme hǎo huìbào de ya!

있으면 제일 먼저 너한테 말하지!

有的话我肯定会第一时间跟你说!

Yǒu dehuà wǒ kěndìng huì dì yī shíjiān gēn nǐ shuō!

慧善　됐거든! 어제 네가 어떤 남자랑 손잡고 이야기하는 거 다 봤거든?

少来吧你★! 我昨天亲眼看到你跟一个男生

Shǎo lái ba nǐ! Wǒ zuótiān qīnyǎn kàndào nǐ gēn yí ge nánshēng

拉着手说话好不好?

lāzhe shǒu shuōhuà hǎo bu hǎo?

어휘 feel+

- **老实**　lǎoshi 〔형〕솔직하다, 정직하다

- **交代**　jiāodài 〔동〕설명하다, 자백(진술)하다

- **汇报**　huìbào 〔동〕보고하다

- **亲眼**　qīnyǎn 〔부〕직접(눈으로)

  亲眼은 보는 것과 관련이 있고, 亲口는 '직접 입으로'라는 의미로 말하는 것과 관련이 있으며, 亲手는 '직접 손으로', 亲自는 '직접', '몸소'라는 의미이다.

  • 你亲眼看一下。
  Nǐ qīnyǎn kàn yíxià.
  네가 직접 봐라.

  • 你亲口说到底怎么回事。
  Nǐ qīnkǒu shuō dàodǐ zěnme huí shì.
  도대체 어찌 된 일인지 네 입으로 직접 말해.

- **拉手**　lāshǒu 〔동〕손을 잡다

★真짜 회화체 집중 분석!

1. **"老实交代"**　'솔직하다'의 老实와 '설명하다', '자백하다'의 交代를 함께 써서 형사가 용의자나 범인에게 자주 쓰는, '사실대로 불어!'라고 말하는 표현입니다. 告诉我吧가 그냥 일상적인 표현이라면 老实交代는 긴장감을 조성하는 표현입니다. 같은 의미로 如实 rúshí 交代도 일상에서 자주 사용합니다.

   ┃ 도대체 어젯밤에 어디에 갔었어? 솔직하게 말해!
   你昨晚到底去哪儿了? 老实交代!
   Nǐ zuówǎn dàodǐ qù nǎr le? Lǎoshi jiāodài!

2. **"少来吧你"**　상대의 대답이나 행동이 너무 뻔할 때 혹은 상대의 거짓말에 넘어가지 않겠다는 어감으로 말하는 표현입니다. 少来这一套 tào '이런 짓 좀 그만해', '이런 수작 좀 작작해'와 같은 표현입니다.

   ┃ 그만 좀 해. 너 돈 없는 거 다 알아.
   少来吧你, 我都知道你没钱。
   Shǎo lái ba nǐ, wǒ dōu zhīdào nǐ méi qián.

입말 패턴 Upgrade 18

对我来说 duì wǒ láishuō 내 입장에서 말하면

본인의 입장이나 **생각을 표현**할 때 가장 자주 사용하는 패턴이라고 해도 과언이 아니죠. 본인의 입장뿐만 아니라, **상대방 혹은 제삼자의 입장을 표현**할 때도 사용할 수 있습니다.

패턴 활용

활용 1

A 다 늙은 부부인데요 뭘! 무슨 결혼 기념일이에요?

都老夫老妻了，好不好! 过什么结婚纪念日啊?

Dōu lǎofū lǎoqī le, hǎo bu hǎo! Guò shénme jiéhūn jìniànrì a?

B 나한테는 중요한 날이에요. 알겠어요?

对我来说，这是很重要的日子，好不好?

Duì wǒ láishuō, zhè shì hěn zhòngyào de rìzi, hǎo bu hǎo?

활용 2

A 정말 이해를 못 하겠어. 그가 이런 좋은 기회를 포기하다니.

我就不明白，他居然放弃了这么好的机会。

Wǒ jiù bù míngbai, tā jūrán fàngqì le zhème hǎo de jīhuì.

B 그 사람 입장에서는 기회가 아닐 수도 있지.

说不定对他来说这不是机会。

Shuōbudìng duì tā láishuō zhè bú shì jīhuì.

활용 3

A 한 달 용돈으로 2천 위안이면 충분하지?

你看，一个月两千块的零花钱，够用吧?

Nǐ kàn, yí ge yuè liǎng qiān kuài de línghuāqián, gòu yòng ba?

B 한 달에 2천 위안이면, 저한테는 너무 많은데요!

一个月两千块钱，对我来说太多太多!

Yí ge yuè liǎng qiān kuài qián, duì wǒ láishuō tài duō tài duō!

어휘 feel⁺

- 老夫老妻 lǎofū lǎoqī 명 노부부

- 居然 jūrán 부 뜻밖에(= 竟然 / 没想到)

  • (没想到)他们俩居然分手了。
  (Méi xiǎngdào)Tāmen liǎ jūrán fēnshǒu le.
  그 두 사람은 뜻밖에도 헤어졌다.

- 说不定 shuōbudìng ~일 수도 있다

  说不定은 긍정의 추측이며, 유사 표현 不一定은 부정의 추측이다.

  • 他说不定是好人。
  Tā shuōbudìng shì hǎorén.
  그는 좋은 사람일 수도 있어.

  • 他不一定是坏人。
  Tā bù yídìng shì huàirén.
  그는 나쁜 사람이 아닐 수도 있어.

패턴을 담은 대화

■ 다음 대화를 중국어로 말해보고, 실제 회화문과 비교해보세요.

慧善 나나가 드디어 남친이 생겼는데, 우리 깜짝 선물을 해 주자!

내가 다 생각해 놨으니까 좀 도와줘.

小康 결혼하는 것도 아닌데, 뭘 그렇게 오버해?

慧善 이건 나나에게 정말 의미가 깊어.

걔는 한 번도 연애해본 적이 없단 말이야!

★ 충격요법!! 이렇게 말하는 거 아닌가요?

1. 이벤트를 해주자. ➜ "给她做一个event。" ✕

2. 뭘 그렇게 오버해? ➜ "你怎么这么over呀?" ✕

▶ 다음 페이지의 진짜 회화체 분석에서 확인하세요.

慧善 나나가 드디어 남친이 생겼는데, 우리 깜짝 선물을 해 주자!

娜娜总算有了男朋友，我们给她准备个惊喜吧★！
Nàna zǒngsuàn yǒu le nánpéngyou, wǒmen gěi tā zhǔnbèi ge jīngxǐ ba!

내가 다 생각해 놨으니까 좀 도와줘.

我都想好了，多配合一下。
Wǒ dōu xiǎnghǎo le, duō pèihé yíxià.

小康 결혼하는 것도 아닌데, 뭘 그렇게 오버해?

又不是结婚，这么大动静干嘛呢★？
Yòu bú shì jiéhūn, zhème dà dòngjìng gàn má ne?

慧善 이건 나나에게 정말 의미가 깊어.

这件事对娜娜来说，意义特别深远，
Zhè jiàn shì duì Nàna láishuō, yìyì tèbié shēnyuǎn,

걔는 한 번도 연애해본 적이 없단 말이야!

她从来没有谈过恋爱！
tā cónglái méiyǒu tánguo liànài!

어휘 feel⁺

- 总算 zǒngsuàn [부] 드디어, 마침내
- 惊喜 jīngxǐ [명] 서프라이즈, 이벤트
- 配合 pèihé [동] 협력하다
- 动静 dòngjìng [명] 동정, 동태, 낌새
- 干嘛 gàn má 뭐 하느냐, 왜 그러느냐
- 意义 yìyì [명] 의미, 의의
- 深远 shēnyuǎn [형] (의의·영향 등이) 깊다
- 从来 cónglái [부] 여태껏

  뒤에 不나 没(有)가 온다. 没有가 올 경우, 뒤에 [V＋过] 구조가 이어져서 '여태껏 ~해본 적이 없다'의 표현이 된다.

  - 我从来没有喝过酒。
    Wǒ cónglái méiyǒu hēguo jiǔ.
    나는 술을 마셔본 적이 없다.

  - 他从来不怕吃苦。
    Tā cónglái bú pà chīkǔ.
    그는 여태껏 고생을 두려워해본 적이 없다.

★真짜 회화체 집중 분석!

1. "给她准备个惊喜吧" 给……惊喜는 누군가에게 깜짝 선물이나 깜짝 파티(서프라이즈 혹은 이벤트)를 해줄 때 항상 사용하는 필수 패턴입니다.

   │ 남친을 위해 이벤트를 준비했어.

   我为男朋友准备了一个惊喜。
   Wǒ wèi nánpéngyou zhǔnbèi le yí ge jīngxǐ.

2. "这么大动静干嘛呢" 중국인들의 진짜 회화에 깊은 관심을 가져야 발견할 수 있는 표현입니다. 우리말로 '(이런 작은 일로) 왜 이렇게 야단법석이야'라는 뜻으로 干嘛这么大动静呢?라고도 말합니다.

   │ 아직도 청소하고 있니? 그냥 친구 한 명 오는 거잖아? 왜 이렇게 오버야?

   你还在打扫卫生？不就是一个朋友要来吗？这么大动静干嘛呢？
   Nǐ hái zài dǎsǎo wèishēng? Bú jiù shì yí ge péngyou yào lái ma? Zhème dà dòngjìng gàn má ne?

你的意思是 nǐ de yìsi shì (그러니까) 네 말은

상대방이 한 말의 뜻을 다시 확인하거나, 내 말을 상대방에게 다시 한번 확인해줄 때 사용하는 표현입니다. 일단 상대방이 무언가를 말하면 기다렸다가 한마디 툭! 던져보세요!

패턴 활용

활용 1

A 사장님이 좀 힘들겠다고 했어요.
老板说有点儿够呛。
Lǎobǎn shuō yǒudiǎnr gòuqiàng.

B 그 말씀은 사장님이 우리 제품을 마음에 안 들어하신다는 건가요?
您的意思是老板对我们产品不太满意，是吗?
Nín de yìsi shì lǎobǎn duì wǒmen chǎnpǐn bú tài mǎnyì, shì ma?

활용 2

A 엄마, 나도 이젠 독립을 해야겠어요. 엄마 생각은 어때요?
妈，我该开始独立生活了，您觉得呢*?
Mā, wǒ gāi kāishǐ dúlì shēnghuó le, nín juéde ne?

B 그러니까 네 말은 집에서 나가 살겠다는 거니?
你的意思是你要从家里搬出去住?
Nǐ de yìsi shì nǐ yào cóng jiāli bān chūqù zhù?

활용 3

A 네가 한참 동안 말했지만, 난 한 마디도 못 알아듣겠어.
你说了半天，我一句都听不懂啊。
Nǐ shuō le bàntiān, wǒ yí jù dōu tīngbudǒng a.

B 내 말은 그런 일은 별로 하고 싶지 않아. 그러니까 그만 강요해.
我的意思是我不太乐意做那种事，所以你别逼我。
Wǒ de yìsi shì wǒ bú tài lèyì zuò nà zhǒng shì, suǒyǐ nǐ bié bī wǒ.

어휘 feel+

- 独立 dúlì [동] 독립하다

- 半天 bàntiān [명] 반나절

- 乐意 lèyì [동] ~하기 원하다

- 逼 bī [동] 강요하다
  (= 强逼 qiǎngbī / 强迫 qiǎngpò / 逼迫 bīpò)

  • 你逼我也没用!
  Nǐ bī wǒ yě méiyòng!
  네가 강요해도 소용없어!

표현 tip*

- 네 생각은 어때?
  你觉得呢?
  Nǐ juéde ne?

패턴을 담은 대화

■ 다음 대화를 중국어로 말해보고, 실제 회화문과 비교해보세요.

慧善   그러니까 네 말은 샤오리가 네 뒷담화를 하고 다닌다는 거지?

        그만 울어! 너는 우는 거밖에 모르니?

娜娜   나 너무 억울한데, 걔한테 어떻게 해야 할지 도무지 모르겠어.

慧善   걱정 마! 나한테 다 생각이 있어!

        이 일은 나한테 맡겨!

★ 충격요법!! 이렇게 말하는 거 아닌가요?

1. 다 생각이 있어.   ➡   "都有想法。" ✕

2. 이 일은 나한테 맡겨.   ➡   "这件事我来做吧。" ✕

▶ 다음 페이지의 진짜 회화체 분석에서 확인하세요.

慧善　그러니까 네 말은 샤오리가 네 뒷담화를 하고 다닌다는 거지?

你的意思是小丽她到处说你的闲话，是吧？

Nǐ de yìsi shì Xiǎo Lì tā dàochù shuō nǐ de xiánhuà, shì ba?

그만 울어! 너는 우는 거밖에 모르니?

不哭了！你就知道哭！

Bù kū le! Nǐ jiù zhīdào kū!

娜娜　나 너무 억울한데, 걔한테 어떻게 해야 할지 도무지 모르겠어.

我觉得很委屈，但实在不知道怎么对付她。

Wǒ juéde hěn wěiqu, dàn shízài bù zhīdào zěnme duìfu tā.

慧善　걱정 마! 나한테 다 생각이 있어! 이 일은 나한테 맡겨!

你放心！我心里有数★！这事就交给我吧★！

Nǐ fàngxīn! Wǒ xīnli yǒu shù! Zhè shì jiù jiāo gěi wǒ ba!

어휘 feel⁺

- 闲话　xiánhuà 몡 험담

- 就知道…　jiù zhīdào… ~밖에 모르니?

  비아냥거리는 어감을 나타낸다.

  • 你就知道吃。
    Nǐ jiù zhīdào chī.
    너는 먹는 거밖에 모르는구나.

- 委屈　wěiqu 혱 억울하다

  '억울하게 하다'라는 동사로도 쓰이며, 명사로 쓰일 때에는 동사 受와 함께 '억울함을 당하다'가 된다.

  • 不好意思，今天我委屈你了。
    Bù hǎo yìsi, jīntiān wǒ wěiqu nǐ le.
    죄송해요. 오늘 제가 당신을 억울하게 만들었네요.

  • 今天我在公司受委屈了。
    Jīntiān wǒ zài gōngsī shòu wěiqu le.
    나 오늘 회사에서 억울한 일이 있었어.

- 对付　duìfu 동 상대하다

★真짜 회화체 집중 분석!

1. **"心里有数"**　'마음속에 수가 있다'라는 의미로 数는 '세다', '계산하다', '헤아리다'라는 의미의 '수'입니다. 즉, 마음속으로 다 계산하고 있다는 뜻이죠.

   ▌사장님이 뭐라고 하시든 나도 다 생각이 있어.

   老板跟我说什么，我心里有数。

   Lǎobǎn gēn wǒ shuō shénme, wǒ xīnli yǒu shù.

2. **"这事就交给我吧"**　交给我吧는 너무나 자주 사용하는 '나에게 맡겨'라는 표현입니다.

   ▌네 할 일 해! 이건 나한테 맡겨!

   你忙你的！这事就交给我吧！

   Nǐ máng nǐ de! Zhè shì jiù jiāogěi wǒ ba!

   ▌너는 할 일 많잖아. 이 일은 그에게 넘겨.

   你不是挺忙嘛，这事就交给他吧。

   Nǐ bú shì tǐng máng ma, zhè shì jiù jiāogěi tā ba.

无论怎么样 wúlùn zěnmeyàng 어쨌든 / 무슨 일이 있어도

접속사 无论(~을 막론하고)은 문법적 이해가 필요한 표현이지만, '상황이 어떻든'이라는 말을 할 때 이 표현을 사용하면 좋습니다. 不管bùguǎn怎么样도 같은 상황에서 쓸 수 있는 유사 표현입니다.

패턴 활용

활용 1

A 내가 걔를 좀 아는데, 걔는 그런 애가 아니야.

以我对他的了解*，他可不是那种人。

Yǐ wǒ duì tā de liǎojiě, tā kě bú shì nà zhǒng rén.

B 어쨌든 걔는 더 이상 내 친구가 아니야!

无论怎么样，他不再是我的朋友！

Wúlùn zěnmeyàng, tā bú zài shì wǒ de péngyou!

활용 2

A 상대방 회사의 입장이 아주 확고합니다.

对方公司的立场特别坚定。

Duìfāng gōngsī de lìchǎng tèbié jiāndìng.

B 어쨌든 당신은 반드시 그들을 설득해야 해요.

不管怎么样，你必须得说服他们。

Bùguǎn zěnmeyàng, nǐ bìxū děi shuōfú tāmen.

활용 3

A 지금 바로 사장님한테 전화할 거예요!

我这就给老板打个电话！

Wǒ zhè jiù gěi lǎobǎn dǎ ge diànhuà!

B 흥분하지 말아요. 어쨌든 일단 감정부터 추스려요.

别激动，无论怎么样，你先控制好自己的情绪。

Bié jīdòng, wúlùn zěnmeyàng, nǐ xiān kòngzhì hǎo zìjǐ de qíngxù.

어휘 feel⁺

- **以** yǐ 개 ~을 근거로, ~으로써

- **不再是** bú zài shì 더 이상 ~아니다

  再를 사용한 특수 표현 중 하나이다. 이외에 再也不 '더 이상~하지 않는다', 再…也… '아무리 ~해도 ~하다'가 있다.

  • 我再也不会跟他联系。
  Wǒ zài yě bú huì gēn tā liánxì.
  나는 더 이상 그와 연락하지 않을 거야.

  • 再找也找不到钥匙。
  Zài zhǎo yě zhǎobudào yàoshi.
  아무리 찾아도 열쇠를 찾을 수가 없다.

- **坚定** jiāndìng 형 확고하다

- **说服** shuōfú 동 설득하다

- **激动** jīdòng 형 흥분하다

표현 tip*

- 내가 걔를 좀 아는데…
  (그에 대한 나의 이해로 보건대…)
  以我对他的了解…
  Yǐ wǒ duì tā de liǎojiě…

패턴을 담은 대화

■ 다음 대화를 중국어로 말해보고, 실제 회화문과 비교해보세요.

娜娜 　오늘 또 면접 보고 왔니? 진짜 이해가 안 된다.

　　　너 정도라면 쉽게 취업할 것 같은데……

小康 　석사생, 박사생들이 정말 너무 많아.

　　　나 같은 본과생은 어림없어. 진짜 포기하고 싶다.

娜娜 　무슨 일이 있어도 포기하면 안 돼!

　　　아니면 작은 회사에서 경험을 좀 쌓고,

　　　그 다음에 큰 회사에 다시 도전하는 게 어때?

★ 충격요법!! 이렇게 말하는 거 아닌가요?

1. 정말 이해가 안 된다.	➜	"我真的不理解。" ✕
2. 정말 너무 많다.	➜	"真的非常多。" ✕
3. 어림없어.	➜	"没有希望。" ✕

▶ 다음 페이지의 진짜 회화체 분석에서 확인하세요.

娜娜　오늘 또 면접 보고 왔니? 진짜 이해가 안 된다.

今天又参加面试去了? 我就纳了闷儿了★。
Jīntiān yòu cānjiā miànshì qù le? Wǒ jiù nà le mènr le.

너 정도라면 쉽게 취업할 것 같은데……

我觉得凭你的条件，工作肯定会好找。
Wǒ juéde píng nǐ de tiáojiàn, gōngzuò kěndìng huì hǎozhǎo.

小康　석사생, 박사생들이 정말 너무 많아.

硕士生和博士生满大街都是★，
Shuòshìshēng hé bóshìshēng mǎn dàjiē dōu shì,

나 같은 본과생은 어림없어. 진짜 포기하고 싶다.

像我这样的本科生没戏★，我好想放弃。
xiàng wǒ zhèyàng de běnkēshēng méixì, wǒ hǎo xiǎng fàngqì.

娜娜　무슨 일이 있어도 포기하면 안 돼!

无论怎么样你不能放弃!
Wúlùn zěnmeyàng nǐ bù néng fàngqì!

아니면 작은 회사에서 경험을 좀 쌓고,

要不，从小公司开始，先多积累经验，
Yàobù, cóng xiǎo gōngsī kāishǐ, xiān duō jīlěi jīngyàn,

그 다음에 큰 회사에 다시 도전하는 게 어때?

然后再去挑战大公司怎么样?
ránhòu zài qù tiǎozhàn dàgōngsī zěnmeyàng?

어휘 feel⁺

- 纳闷儿　nàmènr [동] 궁금하다, 답답하다

- 凭　píng [개] ~에 근거하여
  주로 능력, 조건, 수준 등 추상적인 것이 뒤에 오지만, 구체적인 사물이 오기도 한다.

  • 凭自己的本事吃饭。
  Píng zìjǐ de běnshì chīfàn.
  자기 능력에 의존하여 살아간다.

  • 凭学生证借书。
  Píng xuéshēngzhèng jiè shū.
  학생증으로 책을 빌린다.

- 本科生　běnkēshēng [명] 본과생

- 没戏　méixì [동] 희망이 없다, 가망이 없다

- 积累　jīlěi [동] 쌓다, 축적하다

- 挑战　tiǎozhàn [명] 도전 [동] 도전하다

★ 真짜 회화체 집중 분석!

1. **"我就纳了闷了"** 어이가 없거나, 정말 이해가 안 되는 일이 생겼을 때 자주 사용하는 표현입니다. **我就不明白**도 많이 사용하는 표현입니다.

   > 진짜 이해가 안 돼! 왜 여친이 나한테 헤어지자는 거지?

   我就纳了闷了，女朋友为什么要跟我分手啊？
   Wǒ jiù nà le mèn le, nǚpéngyou wèi shénme yào gēn wǒ fēnshǒu a?

2. **"满大街都是"** 어떤 사물이 매우 많을 때, '**길거리에 널렸다**'라는 표현입니다. 유사 표현으로 **到处都是**가 있습니다.

   > 길거리에 넘치는 게 백만 위안이 넘는 명차다.

   满大街都是上百万的名车。
   Mǎn dàjiē dōu shì shàng bǎiwàn de míngchē.

3. **"没戏"** '희망이 없다', '가능성이 없다'라는 뜻으로 '**어림없다**', '**가망이 없다**', '**망하다**' 등으로 해석합니다. **没有希望**보다는 훨씬 간결한 표현입니다.

   > 이번 시험은 또 망한 것 같아.

   我看，这次考试又没戏。
   Wǒ kàn, zhè cì kǎoshì yòu méixì.

입말 패턴 21

不就得了吗? bú jiù dé le ma? ~하면 되는 거 아니야?

상대방에게 **시원하게 해결책을** 답해줄 때의 표현입니다. 유사 표현으로 **不就可以了吗?, 不就好了吗?, 不就完了吗?**가 있습니다. 여기서 **不……吗?**는 강한 부정, 곧 긍정을 강조하여 표현하는 형태이며, 이 표현을 생략하면 **就得了 '~하면 된다'**로 어감이 다소 약해집니다.

패턴 활용

활용 1

A 이걸 어쩌지? 어떻게 퇴근 전에 임무를 완성하지?

这可怎么办? 我怎么才能在下班之前完成任务呢?

Zhè kě zěnme bàn? Wǒ zěnme cái néng zài xiàbān zhīqián wánchéng rènwu ne?

B 내가 있는데 무슨 걱정이니? 내가 도와주면 되는 거 아니야?

有我在呢，怕什么?* 我帮你完成不就得了吗?

Yǒu wǒ zài ne, pà shénme? Wǒ bāng nǐ wánchéng bú jiù dé le ma?

활용 2

A 짜증 나! 이미 몇 번이나 거절했는데, 엄마가 또 선 보라고 하셔.

气死我了，我已经拒绝了N次，妈还逼我去相亲。

Qìsǐ wǒ le, wǒ yǐjīng jùjué le ēn cì, mā hái bī wǒ qù xiāngqīn.

B 화내지 마. 내가 너 대신 엄마를 설득하면 되잖아.

先别生气，我帮你说服妈就得了。

Xiān bié shēngqì, wǒ bāng nǐ shuōfú mā jiù dé le.

활용 3

A 회사에서 월급이 아직 안 나와서 집세를 못 내고 있어.

公司还没有发工资，我付不了房租。

Gōngsī hái méiyǒu fā gōngzī, wǒ fùbuliǎo fángzū.

B 내가 1만 위안 빌려주면 되잖아! 월급 받으면 줘.

我借你一万不就得了吗? 发了工资再还。

Wǒ jiè nǐ yí wàn bú jiù dé le ma? Fā le gōngzī zài huán.

어휘 feel⁺

- 拒绝 jùjué [동] 거절하다
- 相亲 xiāngqīn [동] 선을 보다
- 说服 shuōfú [동] 설득하다
- 房租 fángzū [명] 집세
  (房东 fángdōng 집주인)

표현 tip*

- 내가 있는데 무슨 걱정이야?
  有我在呢，怕什么呀?
  Yǒu wǒ zài ne, pà shénme ya?

패턴을 담은 대화

■ 다음 대화를 중국어로 말해보고, 실제 회화문과 비교해보세요.

小赵　무슨 일이냐면, 집에 갑자기 일이 생겨서 가봐야 하는데, 할 일이 너무 많아.

小康　내가 너 대신 해주면 되는 거 아니야? 얼른 다녀와!

小赵　넌 정말 의리가 있어! 그럼 나 대신 좀 봐 줘!

　　　나 얼른 다녀올게!

★ 충격요법!! 이렇게 말하는 거 아닌가요?

1. 무슨 일이냐면……	➡	"什么事呢……" ✕
2. 나 대신 좀 봐 줘.	➡	"替我看一下。" ✕
3. 얼른 다녀올게!	➡	"我马上就来!" ✕

▶ 다음 페이지의 진짜 회화체 분석에서 확인하세요.

小赵　무슨 일이냐면, 집에 갑자기 일이 생겨서 가봐야 하는데,

是这样★，家里突然有事儿，我得去一趟，
Shì zhèyàng, jiāli tūrán yǒu shìr, wǒ děi qù yí tàng,

할 일이 너무 많아.

但手里有很多事要做嘛。
dàn shǒuli yǒu hěn duō shì yào zuò ma.

小康　내가 너 대신 해주면 되는 거 아니야? 얼른 다녀와!

我替你做不就得了吗？快去吧！
Wǒ tì nǐ zuò bú jiù dé le ma? Kuài qù ba!

小赵　넌 정말 의리가 있어! 그럼 나 대신 좀 봐 줘!

你真够意思！那你就帮我盯着点儿★！
Nǐ zhēn gòu yìsi! Nà nǐ jiù bāng wǒ dīngzhe diǎnr!

나 얼른 다녀올게!

我去去就回★！
Wǒ qùqu jiù huí!

어휘 feel⁺

- **一趟**　yí tàng 한번

  趟은 동작의 횟수를 세는 양사인 동량사로 일반적으로 왕복의 의미를 가지며, 주로 동사 来, 去, 回와 함께 쓰인다.

  • 你来我办公室一趟吧。
    Nǐ lái wǒ bàngōngshì yí tàng ba.
    너 내 사무실로 좀 왔다 가라.

  • 我明天去一趟上海。
    Wǒ míngtiān qù yí tàng Shànghǎi.
    나는 내일 상하이에 다녀올게.

- **手里**　shǒuli 명 수중에, 손 안에

★(真짜)회화체 집중 분석!

1. **"是这样"** 매우 간단한 표현이지만, 학습자들이 잘 활용하지 못하는 표현이기도 합니다. **어떤 상황을 설명하기 전에 습관처럼 말하는 표현으로** '무슨 일이냐면', '다른 게 아니라', '그러니까 말이야' 등의 의미를 나타냅니다.

> 무슨 일이냐면, 어제 여친이 나한테 헤어지자고 했어.
>
> 是这样，昨天女朋友跟我说要分手。
>
> Shì zhèyàng, zuótiān nǚpéngyou gēn wǒ shuō yào fēnshǒu.

2. **"帮我盯着点儿"** 누군가에게 자신의 업무 혹은 사람을 부탁할 때 사용하는 표현입니다. **你帮我盯一下**, 혹은 **盯** 대신 **看**을 사용하여 **你替我看着点儿**이라고도 표현합니다.

> 나 잠깐 나갔다 와야 해. 여기 잠깐 좀 봐 줘.
>
> 我得出去一趟，你帮我盯着点儿。
>
> Wǒ děi chūqù yí tàng, nǐ bāng wǒ dīngzhe diǎnr.

3. **"去去就回"** '금방 다녀올게'라는 뜻으로 비슷하게는 **去去就来**라고도 표현할 수 있습니다. 이제까지 사용했던 **马上就来** 대신 활용해 보세요.

> 밖에 손님이 오셨네. 금방 다녀올게.
>
> 外面来客人了，我去去就回。
>
> Wàimian lái kèrén le, wǒ qùqu jiù huí.

입말 패턴 22 Upgrade

哪儿来的 nǎr lái de 어디서 온(생긴) / 웬

어떤 사물의 출처를 모를 때와 상대가 너무 많은 핑계, 문제, 이유 등을 댈 때 사용합니다. 주로 **哪儿来的这么多……** / **哪儿来的那么多……** 의 형식으로 사용합니다.

패턴 활용

활용 1

A 짜잔! 널 위해 서프라이즈를 준비했어!

铛铛铛铛! 我为你准备了一个惊喜!

Dāng dāng dāng dāng! Wǒ wèi nǐ zhǔnbèi le yí ge jīngxǐ!

B 맙소사! 어디서 생긴 돈이야? 설마 훔친 건 아니지?

我的天啊! 哪儿来的这么多钱? 该不会是偷的吧?

Wǒ de tiān a! Nǎr lái de zhème duō qián? Gāi bú huì shì tōu de ba?

활용 2

A 죄송해요. 이런 이유 때문에 저는 못 할 것 같아요.

对不起, 就因为这些理由, 我可能做不了。

Duìbuqǐ, jiù yīnwèi zhèxiē lǐyóu, wǒ kěnéng zuòbuliǎo.

B 웬 이유가 그렇게 많아요? 시끄러운 소리 하지 말고, 당장 가서 해요!

哪儿来的那么多理由啊? 你废话少说*, 立刻去做!

Nǎr lái de nàme duō lǐyóu a? Nǐ fèihuà shǎo shuō, lìkè qù zuò!

활용 3

A 저도 어디서 생긴 문제인지 모르겠어요.

我也不知道这是哪儿来的问题。

Wǒ yě bù zhīdào zhè shì nǎr lái de wèntí.

B 당신이 모르면 누가 알아요? 명심해요. 당신이 책임져야 해요!

你不知道谁知道啊? 记住! 你得承担这责任!

Nǐ bù zhīdào shéi zhīdào a? Jìzhù! Nǐ děi chéngdān zhè zérèn!

어휘 feel+

- 理由 lǐyóu 명 이유

- 废话 fèihuà 명 쓸데없는 말

- 立刻 lìkè 부 당장, 바로

- 你不 + V + 谁 + V
  네가 ~하지 않으면 누가 ~하니?
  (네가 해야 한다)

  • A 我可不想跟他说。
  Wǒ kě bù xiǎng gēn tā shuō.
  나는 걔한테 말하기 싫어.

  B 你不跟他说谁跟他说呀?
  Nǐ bù gēn tā shuō shéi gēn tā shuō ya?
  네가 말 안 하면 누가 하냐?

- 承担 chéngdān 통 책임지다

표현 tip*

- 시끄러운 소리 하지 마!
  (쓸데없는 소리 그만 해!)
  废话少说!
  Fèihuà shǎo shuō!

🎤 패턴을 담은 대화

■ 다음 대화를 중국어로 말해보고, 실제 회화문과 비교해보세요.

部长 무슨 짓을 했는지 좀 보세요! 고객들이 엄청 화가 났어요!

慧善 저는 할 말을 했을 뿐이에요!

部长 어떻게 이런 기본적인 실수를 해요? 고객이 싫다는데, 왜 그렇게 말이 많아요?

 사장님이 찾으시니까 각오 단단히 해요!

★ 충격요법!! 이렇게 말하는 거 아닌가요?

1. 무슨 짓을 했는지 봐! ➡ "看你做的事吧！" ✕

2. 각오(마음의 준비) 단단히 해! ➡ "你的心里应该准备！" ✕

▶ 다음 페이지의 진짜 회화체 분석에서 확인하세요.

110

部长 무슨 짓을 했는지 좀 보세요! 고객들이 엄청 화가 났어요!

看看你干的好事★! 那些顾客都气疯了!

Kànkan nǐ gàn de hǎo shì! Nàxiē gùkè dōu qìfēng le!

慧善 저는 할 말을 했을 뿐이에요!

我只是说了该说的话罢了!

Wǒ zhǐshì shuō le gāi shuō de huà bàle!

部长 어떻게 이런 기본적인 실수를 해요?

你怎么能犯这种低级的错误啊?

Nǐ zěnme néng fàn zhè zhǒng dījí de cuòwù a?

고객이 싫다는데, 왜 그렇게 말이 많아요?

顾客说不喜欢, 你哪儿来的那么多废话呀, 你!

Gùkè shuō bù xǐhuan, nǐ nǎr lái de nàme duō fèihuà ya, nǐ!

사장님이 찾으시니까 각오 단단히 해요!

老板找你, 你先做好心理准备★!

Lǎobǎn zhǎo nǐ, nǐ xiān zuòhǎo xīnli zhǔnbèi!

어휘 feel+

- 气疯了 qìfēng le 미칠 듯이 화가 나다

- 只是…罢了 zhǐshì…bàle
단지 ~할 뿐이다

별로 중요하지 않다는 의미로 사용되며, 只是는 只不过是로 바꿔 사용할 수 있다.
(= 只是…而已 éryǐ)

- 他只是朋友罢了。
Tā zhǐshì péngyou bàle.
걔는 단지 친구일 뿐이야.

- 低级 dījí 형 저급하다

★ 真짜 회화체 집중 분석!

1. **"看看你干的好事"** 이 표현은 감정을 살려서 화난 표정으로 리얼하게 말해야 합니다. 글자만 보면 긍정문인 것 같지만, 강한 긍정으로 비아냥거리는 부정적인 의미를 나타냅니다. **这是谁干的好事?** '이거 누가 한 짓이야?'도 같은 의미의 표현입니다.

> 네가 한 짓 좀 봐라! 어떻게 처리할래?
>
> 看看你干的好事, 你打算怎么处理啊?
>
> Kànkan nǐ gàn de hǎo shì, nǐ dǎsuàn zěnme chǔlǐ a?

2. **"做好心理准备"** 단어만 봐서는 뭔가 전문적이고 무거운 표현 같지만, 전혀 그렇지 않습니다. 실제 회화에서 매우 자주 쓰이며, 우리말의 '각오'와 잘 맞아떨어지는 표현입니다. 문장 속 **好**는 **결과보어**로 동사 뒤에 붙어 '잘 ~하다'라는 뜻입니다. 그래서 '마음의(심리적인) 준비를 하다'라는 표현이 됩니다.

> 다음 주면 곧 결과를 알게 되니까 다들 마음의 준비를 합시다!
>
> 下周就要知道结果了, 大家做好心理准备吧!
>
> Xiàzhōu jiù yào zhīdào jiéguǒ le, dàjiā zuòhǎo xīnli zhǔnbèi ba!

是不是有点儿 shì bu shì yǒudiǎnr 좀 ~하지 않아?

상대방에게 무언가를 형용할 때 질문의 형태로 말하는 방식입니다. '춥다', '덥다', '많다' 등의 형용사를 是不是 뒤에 붙여 질문의 형태로 바꾸어 좀 더 친근하게 대화할 수 있는 표현입니다.

패턴 활용

활용 1

A 왜 그래? 표정이 왜 그렇게 이상해?

怎么了？你的表情怎么怪怪的呀？

Zěnme le? Nǐ de biǎoqíng zěnme guàiguài de ya?

B 이 음식 맛이 좀 짜지 않니?

你说，这道菜味道是不是有点儿咸？

Nǐ shuō, zhè dào cài wèidào shì bu shì yǒudiǎnr xián?

활용 2

A 오늘 회의는 여기까지 하죠. 각자 자기 위치로!

今天的会议到此为止*，散会！

Jīntiān de huìyì dào cǐ wéi zhǐ, sànhuì!

B 오늘 부장님 좀 이상하지 않아? 평소랑은 좀 달라.

今天部长是不是有点儿不对劲儿？跟平时不一样。

Jīntiān bùzhǎng shì bu shì yǒudiǎnr bú duìjìnr? Gēn píngshí bù yíyàng.

활용 3

A 이 옷은 좀 나이 들어 보이지 않아?

你看，这身衣服是不是有点儿显老啊？

Nǐ kàn, zhè shēn yīfu shì bu shì yǒudiǎnr xiǎnlǎo a?

B 나는 오히려 네가 성숙해 보이는 것 같아.

我倒觉得*，你穿着这件衣服显得很成熟。

Wǒ dào juéde, nǐ chuānzhe zhè jiàn yīfu xiǎnde hěn chéngshú.

어휘 feel⁺

- 怪 guài 형 괴상하다, 이상하다

- 散会 sànhuì 동 회의를 끝내다

- 不对劲儿 bú duìjìnr 형 이상하다

- 身 shēn 양 벌, 착(옷을 세는 단위)

- 显老 xiǎnlǎo 동 늙어 보이다

- 显得 xiǎnde 동 ~하게 보이다

  뒤에 형용사가 온다. (= 看起来 보기에)

  • 穿成这样显得很年轻。
  Chuānchéng zhèyàng xiǎnde hěn niánqīng.
  이렇게 입으니 젊어 보인다.

- 成熟 chéngshú 형 성숙하다

표현 tip*

- 나는 오히려 ~라고 생각한다
  我倒觉得…
  Wǒ dào juéde…

- (수업, 회의 등을) 여기까지 하다
  到此为止
  dào cǐ wéi zhǐ

■ 다음 대화를 중국어로 말해보고, 실제 회화문과 비교해보세요.

娜娜   예쁘긴 한데, 나한테 잘 안 어울리는 것 같아. 좀 꽉 끼지 않아?

慧善   완전 반대야! 나는 오히려 네가 여성스러워 보이는 걸.

       입고 나가면 사람들이 다 뒤돌아 볼 거야!

娜娜   종업원! 이 옷 얼마예요?

★ 충격요법!! 이렇게 말하는 거 아닌가요?

1. 완전 반대야.   →   "完全不一样。" ✕

2. 사람들이 다 쳐다볼 거야.   →   "人们都看。" ✕

▶ 다음 페이지의 진짜 회화체 분석에서 확인하세요.

娜娜　예쁘긴 한데, 나한테 잘 안 어울리는 것 같아.

好看是好看，但我觉得不太适合我，
Hǎokàn shì hǎokàn, dàn wǒ juéde bú tài shìhé wǒ,

좀 꽉 끼지 않아?

是不是有点儿紧?
shì bu shì yǒudiǎnr jǐn?

慧善　완전 반대야! 나는 오히려 네가 여성스러워 보이는 걸.

恰恰相反★，我倒觉得，显得你很有女人味儿。
Qiàqià xiāngfǎn, wǒ dào juéde, xiǎnde nǐ hěn yǒu nǚrénwèir.

입고 나가면 사람들이 다 뒤돌아 볼 거야!

穿着这件衣服出去回头率肯定特高★!
Chuānzhe zhè jiàn yīfu chūqù huítóulǜ kěndìng tè gāo!

娜娜　종업원! 이 옷 얼마예요?

服务员! 这件衣服怎么卖呀?
Fúwùyuán! Zhè jiàn yīfu zěnme mài ya?

어휘 feel⁺

- A是A, 但是　A는 A이지만
  A라는 사실을 인정하지만, 但是와 함께 이어지는 반전의 내용을 강조한다.

  • 她漂亮是漂亮，但没有礼貌。
  Tā piàoliang shì piàoliang, dàn méiyǒu lǐmào.
  걔는 예쁘긴 하지만 예의가 없어.

- 适合　shìhé 동 적합하다
  ➡ STEP3 스킬어법5 참고

- 紧　jǐn 형 팽팽하다

- 恰恰　qiàqià 부 꼭, 바로, 마침

- 特　tè 부 매우

★ 真짜 회화체 집중 분석!

1. **"恰恰相反"**　생각, 상황 등이 **정반대**일 때 사용하는 표현입니다. **完全不一样**은 정반대이거나 전혀 다르거나 아주 많이 다를 때 사용하며, **恰恰相反**보다는 범위가 더 큰 표현입니다. 상황에 따라 더 알맞은 표현을 사용하세요.

   │ 걔들 둘의 성격은 정반대야.

   　他们俩的性格恰恰相反。
   　Tāmen liǎ de xìnggé qiàqià xiāngfǎn.

2. **"回头率肯定特高"**　외모나 복장 등이 '사람들의 시선을 끌다'라는 표현으로 回头率 '고개를 돌리는 확률'을 사용합니다. 보는 사람들이 고개를 돌려서 다시 볼 정도로 시선을 끈다는 뜻이죠.

   │ 나 새 차 샀는데, 사람들이 엄청 쳐다보더라.

   　我买了新车，回头率特别高。
   　Wǒ mǎi le xīnchē, huítóulǜ tèbié gāo.

Upgrade
입말 패턴 24

又不是不知道 yòu bú shì bù zhīdào 모르는 것도 아니면서

어떤 사실을 이미 잘 알고 있다는 전제 아래 사용하는 표현으로 '알면서 왜 그러느냐'라는 의미가 있습니다.

패턴 활용

활용 1

A 내가 이미 너 대신 대답했어.

我已经替你答应了。

Wǒ yǐjīng tì nǐ dāying le.

B 왜 그랬어? 내가 가기 싫어하는 걸 모를것도 아니면서!

为什么呀？你又不是不知道我不愿意去！

Wèi shénme ya? Nǐ yòu bú shì bù zhīdào wǒ bú yuànyì qù!

활용 2

A 너는 왜 하기 싫은지 타당한 이유를 말해 봐.

你跟我说不想做的合适的理由。

Nǐ gēn wǒ shuō bù xiǎng zuò de héshì de lǐyóu.

B 하기 싫은 게 아니라 못 하는 거야! 내가 얼마나 바쁜지 알면서!

不是不想做，而是不能做！你又不是不知道我多忙！

Bú shì bù xiǎng zuò, érshì bù néng zuò! Nǐ yòu bú shì bù zhīdào wǒ duō máng!

활용 3

A 어떻게 나 몰래 그녀에게 고백을 할 수 있어?

你怎么能背着我*跟她表白了呢？

Nǐ zěnme néng bèizhe wǒ gēn tā biǎobái le ne?

B 너도 알잖아. 감정이라는 게 누구도 마음대로 할 수 없는 거야.

你又不是不知道，感情的事，谁都不能控制。

Nǐ yòu bú shì bù zhīdào, gǎnqíng de shì, shéi dōu bù néng kòngzhì.

어휘 feel+

- 答应 dāying 통 대답하다, 승낙하다

- 不是A而是B búshì A érshì B
  접 A가 아니라 B이다

  • 他不是普通朋友而是我男朋友。
  Tā búshì pǔtōng péngyou érshì wǒ nán péngyou.
  그는 보통 친구가 아니라 내 남자친구야.

- 背 bèi 통 등지다

표현 tip*

- 나 몰래…
  背着我…
  bèizhe wǒ…

■ 다음 대화를 중국어로 말해보고, 실제 회화문과 비교해보세요.

娜娜   마리라고 내 친구가 있는데, 걔가 너한테 첫눈에 반했대.

그래서 내일 1시에 만나기로 약속했으니까 늦지 마!

小康   너는 내 마음 속에 혜선이 밖에 없다는 거 알면서 무슨 헛소리야?

娜娜   내가 생각이 짧았네! 관두자. 말 안 한 거로 하자! 지금 가서 취소할게.

★ 충격요법!! 이렇게 말하는 거 아닌가요?

1. 내 생각이 짧았다.   ➡   "我想的不足。" ✗

2. 말 안 한 거로 하자.   ➡   "你想我没有说吧。" ✗

▶ 다음 페이지의 진짜 회화체 분석에서 확인하세요.

娜娜 마리라고 내 친구가 있는데, 걔가 너한테 첫눈에 반했대.

我有一个朋友叫玛丽，她对你一见钟情了。

Wǒ yǒu yí ge péngyou jiào Mǎlì, tā duì nǐ yíjiàn zhōngqíng le.

그래서 내일 1시에 만나기로 약속했으니까 늦지 마!

所以跟她约好了明天中午一点见面，别迟到!

Suǒyǐ gēn tā yuēhǎo le míngtiān zhōngwǔ yī diǎn jiànmiàn, bié chídào!

小康 너는 내 마음 속에 혜선이 밖에 없다는 거 알면서

你又不是不知道在我心中只有慧善，

Nǐ yòu bú shì bù zhīdào zài wǒ xīnzhōng zhǐyǒu Huìshàn,

무슨 헛소리야?

胡说什么呀?

húshuō shénme ya?

娜娜 내가 생각이 짧았네! 관두자. 말 안 한 거로 하자!

我欠考虑了★! 算了，当我没说吧★!

Wǒ qiàn kǎolǜ le! Suàn le, dàng wǒ méi shuō ba!

지금 가서 취소할게.

我这就去取消。

Wǒ zhè jiù qù qǔxiāo.

어휘 feel⁺

- **一见钟情** yíjiàn zhōngqíng
  성 첫눈에 반하다

- **胡说** húshuō 동 헛소리 하다
  (= 胡说八道 húshuō bādào,
  胡扯 húchě, 乱说 luàn shuō)

  • 别胡说(胡扯)了!
  Bié húshuō (húchě) le!
  헛소리 하지 마!

  • 别胡说八道了!
  Bié húshuō bādào le!
  허튼 소리 하지 마!

  • 别乱说了!
  Bié luàn shuō le!
  함부로 말하지 마!

- **算了** suàn le 됐다, 그만하다

- **欠** qiàn 동 부족하다, 모자라다

★ 真짜 회화체 집중 분석!

1. **"我欠考虑了"** 생각을 충분히 하지 못했다는 의미로 欠은 欠缺 qiànquē '모자라다'의 뜻입니다. 반대 의미의 周全 zhōuquán, 周到 zhōudào를 써서 **考虑得不太周全** '생각이 세심하지 못 했다'라고도 표현할 수 있습니다.

2. **"当我没说吧"** 当은 '~로 여기다', '~로 삼다'라는 의미로 쓰여 当我没看 '못 본 거로 하자', 我当你 没说吧 '네가 말 안 한 거로 해줄게', 你当我没说过吧 '내가 말한 적 없는 거로 하자' 등으로 표현합니다.

   | 어제 내가 술을 많이 마셨어. 아무 일 없었던 거로 하자.

   昨天我喝多了，就当昨天什么事都没发生吧。

   Zuótiān wǒ hēduō le, jiù dàng zuótiān shénme shì dōu méi fāshēng ba.

要学会 yào xuéhuì ~하는 법을 배워야 한다

상대방에게 **충고할 때** 주로 사용하는 표현이며, **你要懂得 '너는 ~하는 법을 알아야 해'**도 같은 의미의 표현입니다. 이런 표현을 사용하여 상대방을 설득한다면 제법 어른스럽게 보여질 거예요.

패턴 활용

어휘 feel+

- 凶 xiōng 형 사납다, 흉악하다, 모질다
- 懂得 dǒngde 동 알다, 이해하다
- 感受 gǎnshòu 명 느낌
- 辞职 cízhí 동 사직하다
- 下属 xiàshǔ 명 부하 직원, 아랫사람

활용 1

A 잘 들어! 너는 가족을 소중히 여기는 법을 배워야 해.

我跟你说，你要学会珍惜家人。

Wǒ gēn nǐ shuō, nǐ yào xuéhuì zhēnxī jiārén.

B 그게 네 말처럼 그렇게 쉽지가 않아.

这不像你说的那么简单。

Zhè bú xiàng nǐ shuō de nàme jiǎndān.

활용 2

A 진짜 어이 없어! 쟤는 왜 저렇게 화를 내는 거야?

我就纳了闷儿了！他干嘛那么凶啊？

Wǒ jiù nà le mènr le! Tā gàn má nàme xiōng a?

B 내가 볼 때, 너는 다른 사람의 감정을 고려하는 법을 좀 알아야 해.

我看，你要懂得考虑别人的感受。

Wǒ kàn, nǐ yào dǒngde kǎolù biérén de gǎnshòu.

활용 3

A 최근에 적지 않은 직원들이 회사를 나갔어요.

最近不少员工辞职了。

Zuìjìn bù shǎo yuángōng cízhí le.

B 너는 부하 직원의 의견을 많이 들어주는 법을 배워야 해.

你呀，要学会多听下属的意见。

Nǐ ya, yào xuéhuì duō tīng xiàshǔ de yìjiàn.

패턴을 담은 대화

■ 다음 대화를 중국어로 말해보고, 실제 회화문과 비교해보세요.

慧善   나 사흘 동안 출장 다녀올 거야.

　　　책 본다고 끼니 거르지 말고 밥 꼭 챙겨 먹어.

　　　너는 건강을 챙길 줄 알아야 해!

娜娜   조심히 다녀와! 네 말 들을게. 역시 넌 날 잘 알아!

慧善   이제 알았니?

★ 충격요법!! 이렇게 말하는 거 아닌가요?

1. 역시 넌 날 잘 알아!　　➡　　"我觉得你最知道我！"　✗

2. 이제 알았니?　　➡　　"现在知道吗？"　✗

▶ 다음 페이지의 진짜 회화체 분석에서 확인하세요.

패턴을 담은 真짜 대화

慧善 나 사흘 동안 출장 다녀올 거야.

我要去出差三天，
Wǒ yào qù chūchāi sān tiān,

책 본다고 끼니 거르지 말고, 밥 꼭 챙겨 먹어.

你别光顾着看书连饭都不吃，记得吃饭*，
nǐ bié guāng gùzhe kànshū lián fàn dōu bù chī, jìde chīfàn,

너는 건강을 챙길 줄 알아야 해!

你要学会照顾自己的身体！
nǐ yào xuéhuì zhàogù zìjǐ de shēntǐ!

娜娜 조심히 다녀와! 네 말 들을게. 역시 넌 날 잘 알아!

路上小心*！我听你的，还是你最懂我★！
Lùshàng xiǎoxīn! Wǒ tīng nǐ de, háishi nǐ zuì dǒng wǒ!

慧善 이제 알았니?

才知道啊★？
Cái zhīdào a?

어휘 feel⁺

- 光顾着… guāng gùzhe… ~만 신경쓰다

- 连…都… lián…dōu… [접] ~조차도 ~하다

  • 我过生日，他连礼物都没送。
    Wǒ guò shēngrì, tā lián lǐwù dōu méi sòng.
    내 생일인데, 그는 선물도 안 줬어.

표현 tip*

- 밥 챙겨 먹어!

  记得吃饭！
  Jìde chīfàn!

- 길 조심해!

  路上小心！
  Lùshàng xiǎoxīn!

★ 真짜 회화체 집중 분석!

1. **"还是你最懂我"** 还是는 상황에 따라 여러 가지 의미로 쓰입니다. 일반적으로 주어 뒤에 놓이면 '여전히'라는 의미를 나타내지만, 주어 앞에 놓이면 '역시'라는 의미를 나타냅니다. 懂은 사람 앞에 쓰이면 '잘 알다'라는 의미로 사용되며, 理解로 바꾸어 사용하기도 합니다.

┃ 콜라에 얼음 없지? 역시 넌 날(내 입맛을) 잘 알아.

可乐里没有冰块儿吧？还是你最懂我。
Kělè lǐ méiyǒu bīngkuàir ba? Háishi nǐ zuì dǒng wǒ.

2. **"才知道啊？"** 才는 쓰임새가 다양하여 상황에 따라 적재적소에 써야 하는 부사입니다. 여기서 才는 시간상으로 '너무 늦었다'라는 의미를 나타냅니다.

┃ 너는 왜 이제서야 오니?

你怎么才来啊？
Nǐ zěnme cái lái a?

┃ 내가 한참을 말했는데, 넌 지금에서야 알았니?

我说了半天，你现在才知道啊？
Wǒ shuō le bàn tiān, nǐ xiànzài cái zhīdào a?

강의 영상 보기

입말 패턴 ^{Upgrade} 26

我有点儿好奇 wǒ yǒudiǎnr hàoqí 나 궁금한 게 있는데

'궁금하다', '알고 싶다'를 我想知道라고 해도 틀린 표현은 아닙니다. 하지만 우리가 추구하는 회화는 조금이라도 더 중국어다운 진짜 회화이므로 이 표현을 사용해 보세요.

패턴 활용

활용 1

A 궁금한 게 있는데, 그 여자가 금융업에 종사한다는 게 사실이야?

我有点儿好奇，她在从事金融行业是真的吗？

Wǒ yǒudiǎnr hàoqí, tā zài cóngshì jīnróng hángyè shì zhēn de ma?

B 그래? 어쩐지 씀씀이가 무척 헤프더라!

是吗？怪不得呢！她花钱大手大脚的！

Shì ma? Guàibude ne! Tā huāqián dàshǒu dàjiǎo de!

활용 2

A 궁금한 게 있는데, 넌 왜 이렇게 목숨 걸고 돈을 모으는 거야?

我有点儿好奇，你到底为什么这么拼命地攒钱？

Wǒ yǒudiǎnr hàoqí, nǐ dàodǐ wèi shénme zhème pīnmìng de zǎnqián?

B 내가 원해서 그러는 거 같아? 학비를 내려면 어쩔 수 없어.

你以为我愿意吗*？要交学费我只能这样做。

Nǐ yǐwéi wǒ yuànyì ma? Yào jiāo xuéfèi wǒ zhǐnéng zhèyàng zuò.

활용 3

A 궁금한 게 있는데, 걔는 어떻게 그렇게 많은 돈을 벌게 된 거야?

我有点儿好奇，他怎么能赚到那么多钱呢？

Wǒ yǒudiǎnr hàoqí, tā zěnme néng zhuàndào nàme duō qián ne?

B 걔는 친구를 잘 사귀더라고, 주위에 많은 친구들이 도와주나 봐.

他特别善于交朋友，周围的很多朋友都帮助他吧。

Tā tèbié shànyú jiāo péngyou, zhōuwéi de hěn duō péngyou dōu bāngzhù tā ba.

어휘 feel⁺

- 从事 cóngshì 동 종사하다

- 金融行业 jīnróng hángyè 명 금융업

- 大手大脚 dàshǒu dàjiǎo 씀씀이가 크다

- 拼命 pīnmìng 동 목숨을 걸다

- 攒 zǎn 동 (돈을) 모으다, 축적하다

- 只能 zhǐnéng 부 어쩔 수 없이

- 善于 shànyú 동 ~에 능숙하다, ~을 잘하다

  • 我不太善于喝酒。
  Wǒ bú tài shànyú hē jiǔ.
  저는 술을 잘 못 마셔요.

표현 tip*

- 내가 원해서 그러는 것 같니?
  你以为我愿意吗？
  Nǐ yǐwéi wǒ yuànyì ma?

🎩 패턴을 담은 대화

■ 다음 대화를 중국어로 말해보고, 실제 회화문과 비교해보세요.

| 玛丽 | 궁금한 게 있는데, 회화 공부하는 비결이 뭐야? |

이번 시험에서도 합격하지 못하면 엄마한테 뭐라 할 말이 없어.

| 慧善 | 나도 잘 못하는데 뭐 비결이라고 할 것까지는 없어. |

그냥 중국 드라마를 보면서 배우 목소리를 많이 흉내 내는 것뿐이야.

| 玛丽 | 너무 겸손하다! |

★ 충격요법!! 이렇게 말하는 거 아닌가요?

1. 엄마한테 뭐라고 할 말이 없어. ➡ "我没有跟妈妈说的话。" ✕

2. 잘하지 못해. (아직 멀었어.) ➡ "我的水平很低。" ✕

▶ 다음 페이지의 진짜 회화체 분석에서 확인하세요.

🗣 **패턴을 담은 真짜 대화**

玛丽 궁금한 게 있는데, 회화 공부하는 비결이 뭐야?

我有点儿好奇，你学口语的秘诀是什么？
Wǒ yǒudiǎnr hàoqí, nǐ xué kǒuyǔ de mìjué shì shénme?

이번 시험에서도 합격하지 못하면 엄마한테 뭐라 할 말이 없어.

如果这次考试再不及格，我没法儿跟妈妈交代★。
Rúguǒ zhè cì kǎoshì zài bù jígé, wǒ méifǎr gēn māma jiāodài.

慧善 나도 잘 못하는데 뭐 비결이라고 할 것까지는 없어.

我也还差得远呢★，所以谈不上什么秘诀。
Wǒ yě hái chà de yuǎn ne, suǒyǐ tánbushàng shénme mìjué.

그냥 중국 드라마 보면서 배우 목소리를 많이 흉내 내는 것뿐이야.

只不过是看中国电视剧多模仿演员的声音罢了。
Zhǐ búguò shì kàn Zhōngguó diànshìjù duō mófǎng yǎnyuán de shēngyīn bàle.

玛丽 너무 겸손하다!

你太谦虚了！
Nǐ tài qiānxū le!

어휘 feel⁺

- 秘诀 mìjué [명]비결

- 及格 jígé [동]합격하다

- 没法儿 méifǎr [동]방법이 없다

- 交代 jiāodài [동]설명하다, 진술하다

- 谈不上 tánbushàng ~라고 말할 수 없다

  • 谈不上什么经验。
  Tánbushàng shénme jīngyàn.
  뭐 경험이라고 할 것까지는 없어요.

  • 我就是认识他，谈不上朋友。
  Wǒ jiùshì rènshi tā, tánbushàng péngyou.
  그냥 아는 사이야. 친구라고 할 수 없어.

- 只不过是…罢了 zhǐ búguò shì…bàle
  단지 ~일 뿐이다

- 模仿 mófǎng [동]모방하다

- 谦虚 qiānxū [형]겸손하다

★ 真짜 회화체 집중 분석!

1. **"我没法儿跟妈妈交代"** 어떤 잘못된 행동이나 결과, 상황에 대해 당당하지 못하고 면목이 없음을 나타내는 표현입니다. **我不能跟他说**는 어떤 사실이나 이야기를 '그에게 말할 수 없다'라는 뜻으로 이 상황에 딱 맞는 표현은 아닙니다.

   ┃ 네가 안 오면 사장님께 뭐라 할 말이 없어.(네가 안 오면 사장님께 뭐라고 말해?)
   你若不来，我没法儿跟老板交代。
   Nǐ ruò bùlái, wǒ méifǎr gēn lǎobǎn jiāodài.

2. **"还差得远呢"** 칭찬을 들었을 때 '아직 부족해요', '아직 멀었어요'라고 겸손하게 대답하는 표현입니다.

   ┃ A : 와! 너 중국어 정말 잘한다!
   哇塞！你的中文说得真棒！
   Wāsài! Nǐ de Zhōngwén shuō de zhēn bàng!

   ┃ B : 아직 멀었어요.
   还差得远呢。
   Hái chà de yuǎn ne.

别再跟 bié zài gēn 다시는 ~에게 ~하지 마라 / 이제 그만해라

더 이상 누군가에게 어떤 행동을 하지 말라고 단호하게 말할 때 사용합니다. **再**와 함께 쓰여 어떠한 행동이 여러 번 진행된 후에 앞으로는 하지 말 것을 당부하는 표현입니다.

패턴 활용

활용 1

A 너 다시는 나한테 돈 이야기하지 마! 내가 네 ATM이냐?

你别再跟我提钱! 我是你的提款机吗*?

Nǐ bié zài gēn wǒ tí qián! Wǒ shì nǐ de tíkuǎnjī ma?

B 너 진짜 너무한다!

你太过分了!

Nǐ tài guòfèn le!

활용 2

A 다시는 우리 둘 일을 부모님께 말하지 마. 알겠어?

你别再跟父母乱说咱俩之间的事，行吗?

Nǐ bié zài gēn fùmǔ luàn shuō zán liǎ zhījiān de shì, xíng ma?

B 알았어. 화내지 마.

我知道了，你别生气嘛。

Wǒ zhīdào le, nǐ bié shēngqì ma.

활용 3

A 이제 그 사람한테 그만 따져.

你别再跟他计较。

Nǐ bié zài gēn tā jìjiào.

B 그럴 수 없지. 너는 참견하지 마. 이 일은 나한테 맡겨!

不行，你别管我，这事就交给我吧!

Bù xíng, nǐ bié guǎn wǒ, zhè shì jiù jiāogěi wǒ ba!

어휘 feel⁺

- 提款机 tíkuǎnjī 명 현금인출기, ATM

- 乱 luàn 부 함부로, 막

  주로 1음절 동사와 결합하여 '함부로 ~하다'라는 의미를 나타낸다.

  • 别乱说!
  Bié luàn shuō!
  헛소리하지 마!

  • 别乱写!
  Bié luàn xiě!
  낙서하지 마!

  • 别乱想!
  Bié luàn xiǎng!
  이상한 생각하지 마!

- 嘛 ma 어기조사(여기서는 부탁의 어기를 나타냄)

- 计较 jìjiào 동 하나하나 따지다

표현 tip*

- 내가 네 돈 뽑는 기계니?
  我是你的提款机吗?
  Wǒ shì nǐ de tíkuǎnjī ma?

124

패턴을 담은 대화

■ 다음 대화를 중국어로 말해보고, 실제 회화문과 비교해보세요.

慧善　잘 들어. 너 다시는 다른 사람한테 내 험담하지 마!

　　　내가 모를 거라고 생각하지 마!

玛丽　사람은 말할 권리가 있어! 내가 하고 싶은 말을 하는데, 네가 무슨 상관이야?

慧善　살기 싫으면 그럼 어디 또 해 봐! 사람이 정도껏 해야지!

★충격요법!! 이렇게 말하는 거 아닌가요?

| 1. 네가 무슨 상관이야? | → | "你为什么管?" ✗ |
| 2. 사람이 정도껏 해야지. | → | "人应该知道程度。" ✗ |

▶ 다음 페이지의 진짜 회화체 분석에서 확인하세요.

慧善　잘 들어. 너 다시는 다른 사람한테 내 험담하지 마!

我告诉你。你别再跟别人说我的闲话!

Wǒ gàosu nǐ. Nǐ bié zài gēn biérén shuō wǒ de xiánhuà!

내가 모를 거라고 생각하지 마!

你别以为我什么都不知道*!

Nǐ bié yǐwéi wǒ shénme dōu bù zhīdào!

玛丽　사람은 말할 권리가 있어!

人人都有说话的权利!

Rénrén dōu yǒu shuōhuà de quánlì!

내가 하고 싶은 말을 하는데, 네가 무슨 상관이야?

我爱说什么就说什么*,你管得着吗★?

Wǒ ài shuō shénme jiù shuō shénme, nǐ guǎndezháo ma?

慧善　살기 싫으면 그럼 어디 또 해 봐!

你不想活了那就再去试试!

Nǐ bù xiǎng huó le nà jiù zài qù shìshi!

사람이 정도껏 해야지!

人做事得注意分寸★!

Rén zuòshì děi zhùyì fēncùn!

어휘 feel[+]

- 闲话　xiánhuà 명 험담

- 人人　rénrén 모든 사람
　　　　(＝每个人 / 所有人 / 任何人)

　• 人人都有梦想。
　　Rénrén dōu yǒu mèngxiǎng.
　　사람은 누구나 꿈이 있다.

- 分寸　fēncùn 명 정도, 분수

표현 tip[*]

- 내가 모를 거라고 생각하지 마!
　你别以为我什么都不知道!
　Nǐ bié yǐwéi wǒ shénme dōu bù zhīdào!

- 나는 말하고 싶은 대로 말해.
　我爱说什么就说什么。
　Wo ài shuō shénme jiù shuō shénme.

★ 真짜 회화체 집중 분석!

1. **"你管得着吗?"** '참견하지 마'라는 의미로 要你管? '누가 네 관심을 원하냐?', 管不着 '참견할 수 없다', 不关你的事 '너와 상관없다' 등으로 표현합니다.

2. **"人做事得注意分寸"** '정도를 주의해야 한다'라는 得注意分寸을 활용하여 说话得注意分寸 '말조심해라'로 표현합니다. 또한 分寸을 활용하여 别担心，我也知道分寸 '걱정하지 마. 나도 정도껏 할 줄 알아' 등으로 말합니다.

> 어제 너무 심했어! 정도껏 했어야지!
> 昨天你太不靠谱了!人做事得注意分寸!
> Zuótiān nǐ tài bú kàopǔ le! Rén zuòshì děi zhùyì fēncùn!

也不迟 yě bù chí ~해도 늦지 않다

어떠한 행위를 하기에 시간상으로 늦지 않았음을 강조하는 표현입니다. 주로 문장 끝에 쓰여 생략해도 상관없지만 있으면 좀 더 자연스러운 회화체가 됩니다. 迟 대신 晚을 사용해도 되며, 也不迟와 같은 쓰임새인 '~해도 좋다'의 也行, 也好도 사용할 수 있습니다.

패턴 활용

활용 1

A 꾸물거리지 말고! 어서 가자! 이러다가 늦겠어!

别磨磨蹭蹭的！赶紧走吧！快来不及了！

Bié mómó cèngcèng de! Gǎnjǐn zǒu ba! Kuài láibují le!

B 괜찮아. 밥 먹고 출발해도 늦지 않아.

没事儿，吃完了饭再出发也不迟。

Méi shìr, Chīwán le fàn zài chūfā yě bù chí.

활용 2

A 나 걔한테 남자친구가 되어 주겠다고 할 거야.

我打算答应做她男朋友。

Wǒ dǎsuàn dāying zuò tā nánpéngyou.

B 너무 서둘러 결정하지 마. 며칠 고민해보고 결정해도 늦지 않아.

别太快做决定，考虑几天后再决定也不迟。

Bié tài kuài zuò juédìng, kǎolǜ jǐ tiān hòu zài juédìng yě bù chí.

활용 3

A 안 되겠어! 나 지금 가서 만나야겠어!

不行！我这就去见他！

Bù xíng! Wǒ zhè jiù qù jiàn tā!

B 일단 걔한테도 생각할 시간을 좀 주자. 내일 가서 만나도 늦지 않잖아.

你还是先给他考虑的时间吧。明天去见也不迟吧。

Nǐ háishi xiān gěi tā kǎolǜ de shíjiān ba. Míngtiān qù jiàn yě bù chí ba.

어휘 feel⁺

- 磨磨蹭蹭 mómó cèngcèng 꾸물대다

- 做决定 zuò juédìng 결정을 하다

- 还是…吧 háishi…ba ~하는 게 좋다
  상대방에게 무언가를 건의할 때 사용한다.
  (= 最好)

  • 你还是先回家休息吧。
    Nǐ háishi xiān huíjiā xiūxi ba.
    너는 먼저 집에 가서 쉬도록 해.

  • 最好不要去。
    Zuìhǎo búyào qù.
    안 가는 게 좋아.

■ 다음 대화를 중국어로 말해보고, 실제 회화문과 비교해보세요.

娜娜 전에 그 친구가 여기저기서 네 뒷담화를 하던데,

다시는 뒷담화 안 한다고 하지 않았니?

慧善 걔 진짜 못 말리겠다! 지금 당장 걔를 찾아서 따져야겠어! 도저히 못 참겠어!

娜娜 지금은 안 돼! 일단 마음을 좀 진정시키고 가도 늦지 않아!

▶ 다음 페이지의 진짜 회화체 분석에서 확인하세요.

娜娜　전에 그 친구가 여기저기서 네 뒷담화를 하던데,

之前那个朋友到处都说你闲话，
Zhīqián nàge péngyou dàochù dōu shuō nǐ xiánhuà,

다시는 뒷담화 안 한다고 하지 않았니?

她不是跟你说好了再也不说吗？
tā bú shì gēn nǐ shuōhǎo le zài yě bù shuō ma?

慧善　걔 진짜 못 말리겠다! 지금 당장 걔를 찾아서 따져야겠어!

真拿她没办法★! 我现在去找她理论!
Zhēn ná tā méi bànfǎ! Wǒ xiànzài qù zhǎo tā lǐlùn!

도저히 못 참겠어!

实在咽不下这口气★!
Shízài yànbuxià zhè kǒuqì!

娜娜　지금은 안 돼! 일단 마음을 좀 진정시키고 가도 늦지 않아!

现在不行! 你先平复情绪再去也不迟!
Xiànzài bù xíng! Nǐ xiān píngfù qíngxù zài qù yě bù chí!

어휘 feel⁺

- 再也不　zài yě bù 더이상 ~하지 않다

- 理论　lǐlùn 동 따지다 명 이론

- 咽　yàn 동 삼키다, 넘기다

- 口气　kǒuqì 명 숨, 입김, 입심

- 平复　píngfù 동 (감정·기분 등을) 진정하다
　　　　　진정시키다, 식히다

　情绪, 心情 등과 결합하여 '어떤 상태가
　가라앉다'라는 의미를 나타내며, 病情과
　결합하여 '회복되다'라는 의미를 나타낸다.

• 情绪渐渐平复了。
　Qíngxù jiànjiàn píngfù le.
　기분(흥분)이 점점 가라앉았다.

★ 真짜 회화체 집중 분석!

1. **"真拿她没办法"** '너 정말 못 말린다'라는 말은 真拿你没办法로 표현합니다. 상대방의 행동 혹은 말 등이 도저히 방법이 없을 정도로 심할 때 사용하는 표현입니다.

   | 또 친구를 때렸니? 응? 정말 너 못 말리겠다!
   ### 你又打了朋友? 啊? 拿你真没办法!
   Nǐ yòu dǎ le péngyou? A? Ná nǐ zhēn méi bànfǎ!

2. **"咽不下这口气"** 咽不下는 '삼킬 수 없다'라는 의미로 '화를 참을 수 없다'라는 표현입니다. 비슷한 표현으로는 气死我了 '화가 나서 죽겠다'가 있습니다.

   | 걔를 어떻게 손을 봐야 좋을까? 나는 도저히 못 참겠어!
   ### 我应该怎么收拾他好呢? 我实在咽不下这口气!
   Wǒ yīnggāi zěnme shōushi tā hǎo ne? Wǒ shízài yànbuxià zhè kǒuqì!

   收拾 shōushi 동 정리하다, 손을 보다

입말 패턴 Upgrade 29

这就等于 zhè jiù děngyú 이건 ~라는 뜻이다

두 문장 사이에 위치하여 앞 문장을 다시 설명하는 표현입니다. 더 강조하여 말하고 싶다면 부정부사를 넣어서 A这不就等于B吗?라고 말합니다. 等于 대신 说明 shuōmíng, 代表 dàibiǎo 를 사용할 수 있습니다.

패턴 활용

활용 1

A 걔는 나한테 왜 그런 말을 한 거지?

他到底为什么跟我说那种话?

Tā dàodǐ wèi shénme gēn wǒ shuō nà zhǒng huà?

B 너에게 그런 말을 했다는 건 너한테 관심이 있다는 뜻 아니니?

他说那种话，这不就等于他对你有意思吗?

Tā shuō nà zhǒng huà, zhè bú jiù děngyú tā duì nǐ yǒu yìsi ma?

활용 2

A 남친이 생일도 안 챙겨줬다는 건 너를 싫어한다는 뜻이야.

男朋友没陪你过生日，这就等于他嫌弃你呗。

Nánpéngyou méi péi nǐ guò shēngrì, zhè bú jiù děngyú tā xiánqì nǐ bei.

B (설마) 그건 아니겠지!

不至于吧*!

Bú zhìyú ba!

활용 3

A 곧 수업 시작하는데, 학생들이 왜 안 오지?

快要上课了，学生们怎么不来呢?

Kuàiyào shàngkè le, xuéshengmen zěnme bù lái ne?

B 그들이 안 온다는 건 수업을 듣기 싫다는 거야.

他们不来，这就说明他们不想听课。

Tāmen bù lái, zhè jiù shuōmíng tāmen bù xiǎng tīngkè.

어휘 feel⁺

- 等于 děngyú 통 ~과 같다

- 嫌弃 xiánqì 통 싫어하다

  사람이나 사물이 싫어서 원하지 않을 때 사용한다. 특히, 뒤에 사람이 오면 '싫어한다'라는 뜻으로 不喜欢과 같은 의미이다.

  • 希望您不嫌弃。
  Xīwàng nín bù xiánqì.
  마음에 드셨으면 좋겠어요.
  (싫어하지 않으면 좋겠어요.)

- 不至于 bú zhìyú 통 ~에 이르지 못하다

표현 tip*

- (설마) 그 정도는 아니겠지!
  不至于吧!
  Bú zhìyú ba!

130

패턴을 담은 대화

■ 다음 대화를 중국어로 말해보고, 실제 회화문과 비교해보세요.

娜娜 혜선이랑 알고 지낸지도 좀 됐는데, 고백할 때가 되지 않았니?

    듣기로는 혜선이는 잘생긴 남자가 싫대. 잘생긴 남자는 불안하대.

小康 그럼 나도 기회가 있네! 그런데, 혜선이 눈만 보면 말이 안 나와.

娜娜 긴장하는 건 네가 자신감이 부족하다는 뜻이야.

    운에 맡겨!

★ 충격요법!! 이렇게 말하는 거 아닌가요?

1. 불안해.	➔	"不安。" ✕
2. 운에 맡겨!	➔	"希望运气吧！" ✕

▶ 다음 페이지의 진짜 회화체 분석에서 확인하세요.

패턴을 담은 真짜 대화

娜娜 혜선이랑 알고 지낸지도 좀 됐는데, 고백할 때가 되지 않았니?

你跟慧善相处有一段时间了*，该表白了吧?

Nǐ gēn Huìshàn xiāngchǔ yǒu yí duàn shíjiān le, gāi biǎobái le ba?

듣기로는 혜선이는 잘생긴 남자가 싫대.

听说，她不喜欢长得太帅的男人，

Tīngshuō, tā bù xǐhuan zhǎng de tài shuài de nánrén,

잘생긴 남자는 불안하대.

她说长得太帅的男人不踏实★。

tā shuō zhǎng de tài shuài de nánrén bù tāshi.

小康 그럼 나도 기회가 있네!

那我也有机会!

Nà wǒ yě yǒu jīhuì!

그런데, 혜선이 눈만 보면 말이 안 나와.

不过，我一看她的眼睛就说不出话。

Búguò, wǒ yí kàn tā de yǎnjing jiù shuōbuchū huà.

娜娜 긴장하는 건 네가 자신감이 부족하다는 뜻이야.

你太紧张，这就等于你很缺乏信心，

Nǐ tài jǐnzhāng, zhè jiù děngyú nǐ hěn quēfá xìnxīn,

운에 맡겨!

碰碰运气*呗!

pèngpeng yùnqì bei!

어휘 feel⁺

- 相处 xiāngchǔ 图 함께 지내다

- 该…了吧 gāi…le ba ~할 때가 되었다

  该…了 '~할 때이다'보다 완곡한 표현이다.

  • 你该结婚了吧?
    Nǐ gāi jiéhūn le ba?
    너 결혼할 때가 되지 않았니?

- 踏实 tāshi 图 마음이 놓이다, 안정되다

- 一…就… yī…jiù… ~하면 ~하다

- 说不出话 shuōbuchū huà
            말을 할 수가 없다, 말이 나오지 않다

- 缺乏 quēfá 图 모자라다, 결핍되다

  주로 뒤에 추상명사가 온다.

  • 缺乏热情
    quēfá rèqíng
    열정이 모자라다

  • 缺乏营养
    quēfá yíngyǎng
    영양이 결핍되다

표현 tip*

- 시간이 좀 됐어. (시간이 한참 지나다)

  有一段时间了。
  Yǒu yíduàn shíjiān le.

★ 真짜 회화체 집중 분석!

1. **"不踏实"** 여기에 쓰인 踏实는 '마음이 놓이다', '안정되다'라는 중요한 어휘입니다. 여러 가지 형태의 표현법이 있지만, 자주 사용하는 표현으로는 **心里不踏实** '마음이 불안하다'가 있습니다.

   네가 내 옆에 있으면 내 마음이 편안해!
   你在我的身边，我的心里就很踏实!
   Nǐ zài wǒ de shēnbiān, wǒ de xīnli jiù hěn tāshi!

2. **"碰碰运气"** '부딪치다'라는 碰을 중첩하여 '행운에 부딪혀 봐라'라는 표현이 됩니다. 또한 중국인이 자주 사용하는 인사말 중에 '행운을 빌게'는 祝你好运 zhù nǐ hǎoyùn 이라고 표현합니다.

강의 영상 보기

입말 패턴 Upgrade 30

可倒好 kě dào hǎo 오히려/정반대로

STEP2의 마지막 표현을 소개합니다. 일반적으로 두 개의 사물이나 상황을 비교할 때 사용하며, 반어법과 유사한 표현입니다. 비교 대상을 주어로 사용하여 **他可倒好, 你可倒好, 我女朋友可倒好** 등으로 말합니다.

패턴 활용

활용 1

A 너희 둘 도대체 왜 헤어지려는 거야?

你们俩到底为什么闹分手*啊?

Nǐmen liǎ dàodǐ wèi shénme nào fēnshǒu a?

B 여친이 생일이면 보통 남친들은 선물을 주는데, 걔는 오히려 내 생일을 잊어버렸어!

女朋友过生日, 一般男朋友都会送女朋友生日礼物, 他可倒好, 居然忘了我的生日。

Nǚpéngyou guò shēngrì, yìbān nánpéngyou dōu huì sòng nǚpéngyou shēngrì lǐwù, tā kě dào hǎo, jūrán wàng le wǒ de shēngrì.

활용 2

A 나는 네 생일이라 아침 일찍 일어나서 미역국을 끓였는데, 너는 오히려 맛이 없다고 말해?

今天你过生日, 我一大早就起来为你做了海带汤, 你可倒好, 居然说不好喝?

Jīntiān nǐ guò shēngrì, wǒ yídàzǎo jiù qǐlái wèi nǐ zuò le hǎidàitāng, nǐ kě dào hǎo, jūrán shuō bù hǎohē?

B 자기야, 한 번 먹어 봐. 너무 짠 거 아니야?

亲爱的, 你也尝一尝, 这个太咸了吧?

Qīn'ài de, nǐ yě cháng yi cháng, zhège tài xián le ba?

어휘 feel+

- **一大早** yídàzǎo 새벽부터

  이른 아침을 강조한 표현으로 회화체에서 주로 사용한다.

  • **他一大早就出门了。**
  Tā yídàzǎo jiù chūmén le.
  그는 아침 일찍 나갔다.

- **尝** cháng 통 맛보다

표현 tip*

- 헤어지자고 하다

  闹分手
  nào fēnshǒu

- 이혼하자고 하다

  闹离婚
  nào líhūn

📢 패턴을 담은 대화

■ 다음 대화를 중국어로 말해보고, 실제 회화문과 비교해보세요.

老板　우리 회사에서 실습한 지 어느 정도 지났는데, 회사에 불만이 있으면 얼마든지 찾아와요.

慧善　무례하지만 여쭤볼 게 있는데요. 5.1절에 다른 회사는 보너스도 준다는데,

　　　저희 회사는 오히려 그날도 출근을 한다는 게 사실인가요?

　　　인턴은 할 필요 없죠?

老板　자네도 예외는 아니지!

★ 충격요법!! 이렇게 말하는 거 아닌가요?

1. 무례하지만 여쭤볼 게 있어요.　　➡　　"不礼貌地问一下。"　✕

2. 자네도 예외는 아니지!　　➡　　"你也包括！"　✕

▶ 다음 페이지의 진짜 회화체 분석에서 확인하세요.

134

패턴을 담은 真짜 대화

어휘 feel⁺

老板　우리 회사에서 실습한 지 어느 정도 지났는데,

你在我们公司实习有一段时间了,
Nǐ zài wǒmen gōngsī shíxí yǒu yí duàn shíjiān le,

회사에 불만이 있으면 얼마든지 찾아와요.

对公司有什么意见, 尽管找我。
duì gōngsī yǒu shénme yìjiàn, jǐnguǎn zhǎo wǒ.

慧善　무례하지만 여쭤볼 게 있는데요.

我冒昧地问一下★,
Wǒ màomèi de wèn yíxià,

5.1절에 다른 회사는 보너스도 준다는데,

别的公司在五一的时候, 给员工发奖金,
biéde gōngsī zài wǔyī de shíhou, gěi yuángōng fā jiǎngjīn,

저희 회사는 오히려 그날도 출근을 한다는 게 사실인가요?

我们公司可倒好, 那天也要上班, 是不是真的呀?
Wǒmen gōngsī kě dào hǎo, nà tiān yě yào shàngbān, shì bu shì zhēnde ya?

인턴은 할 필요 없죠?

实习生不用上班吧?
Shíxíshēng bú yòng shàngbān ba?

老板　자네도 예외는 아니지!

你也不例外★!
Nǐ yě bú lìwài!

- 实习　shíxí 동 실습하다

- 对…有意见　duì…yǒu yìjiàn
　　　　　　　~에 대해 (다른) 의견이 있다
　무언가에 대해 의견, 건의사항 혹은 불만이
　있다는 표현이다.

　• 对这次决定有意见吗?
　　Duì zhè cì juédìng yǒu yìjiàn ma?
　　이번 결정에 불만이라도 있나요?

- 尽管　jǐnguǎn 부 얼마든지

- 冒昧　màomèi 형 주제넘다, 경솔하다

- 例外　lìwài 명 예외 동 예외로 하다

★ 真짜 회화체 집중 분석!

1. **"冒昧地问一下"** 상대에게 약간은 실례가 될 수 있는 질문을 던지기 전에 하는 표현으로 "我冒昧地问一句"라고 말하기도 합니다. 여성의 나이를 묻거나, 상대의 수입 등을 물을 때 꼭 앞에 사용하세요.

　질문이 있는데요. 남자친구 있어요?

　冒昧地问一下, 你有男朋友吗?
　Màomèi de wèn yíxià, nǐ yǒu nánpéngyou ma?

2. **"你也不例外"** '예외가 아니다'라는 표현입니다. 제외 대상에 해당하는 주어만 바꾸어 활용해 보세요.

STEP

3

스킬 어법 1

대명사 怎么

주로 '어떻게'라는 의미로 알고 있는 怎么는 회화에서 빠질 수 없는 중요한 어휘입니다. 여러 상황에서 쓰이는 다양한 표현들을 정리해 보세요.

어법 포인트

1. 怎么의 쓰임새

❶ 【怎么】: 왜, 무엇 때문에

이유를 물을 때 사용하며, 주로 묻는 이가 약간 의외라고 생각하는 상황에서 사용합니다.

▶ 怎么了?

　Zěnme le?

　왜 그래?

▶ 你怎么能说出这种话呢?

　Nǐ zěnme néng shuōchū zhè zhǒng huà ne?

　너 어떻게 그런 말을 할 수 있어?

❷ 【怎么 + 동사】: 어떻게

동사 앞에 위치하며, 주로 방식을 물을 때 사용합니다.

▶ 这个词用中文怎么说?

　Zhège cí yòng Zhōngwén zěnme shuō?

　이 단어는 중국어로 어떻게 말해요?

❸ 【怎么个 + 동사 + 法儿】: 어떻게 하는 거냐?

❷번의 '어떻게'라는 방식을 물을 때 회화체에서 사용하는 표현법입니다.

▶ 怎么个做法儿?

　Zěnme ge zuòfǎr?

　어떻게 하는 거야?

138

❹ 【怎么 + (동사 / 형용사) + 也 + 동사 (부정격식)】: 아무리 ~해도 ~하다

행위나 정도가 아무리 변해도 결과는 변하지 않음을 강조하기 위해 사용합니다.

▶ 我怎么(找)也找不到。

Wǒ zěnme zhǎo yě zhǎobudào.

아무리 찾아도 못 찾겠다.

▶ 中国生活怎么辛苦我也不会放弃的。

Zhōngguó shēnghuó zěnme xīnkǔ wǒ yě bú huì fàngqì de.

중국 생활이 아무리 힘들어도 나는 포기하지 않을 것이다.

❺ 【不怎么 + 형용사(정도) / 동사(횟수)】: 그다지, 별로

▶ 他长得不怎么帅。

Tā zhǎng de bù zěnme shuài.

그는 그다지 잘생기지 않았다.

▶ 他最近不怎么过来。

Tā zuìjìn bù zěnme guòlái.

그는 요즘 잘 오지 않는다.

■ 다음 대화를 중국어로 말해보고, 실제 회화문과 비교해보세요.

慧善	저기요, 여기에서 가장 특색 있는 요리 2인분 주세요.
服务员	두 분, 꺼리시는 음식이 있으신가요?
慧善	맞다! 고수는 절대 넣지 마세요.
小康	너는 중국에 4년이나 살았는데, 어떻게 고수도 안 먹어?
慧善	이 고수는 아무리 먹어도 입에 안 맞아. 냄새도 이상해. 너는 고수 자주 먹니?
小康	나도 잘 먹진 않아.
服务员	음식 다 나왔습니다. 맛있게 드세요!
小康	자, 우리 이제 먹자. 따뜻할 때 먹어.
	식으면 맛이 없어.

1. 우리 이제 먹자. ➔ "我们现在吃吧。" ✗

2. 따뜻할 때 먹어. 식으면 맛 없어. ➔ "热的时候吃吧，凉以后不好吃。" ✗

▶ 다음 페이지의 진짜 회화체 분석에서 확인하세요.

■ 혜선이와 샤오캉이 함께 중국 식당에 가다. (1)

慧善 저기요, 여기에서 가장 특색 있는 요리 2인분 주세요.

服务员，来两份你们店的招牌菜吧。

Fúwùyuán, lái liǎng fèn nǐmen diàn de zhāopáicài ba.

服务员 두 분, 꺼리시는 음식이 있으신가요?

请问二位*，有什么忌口的吗？

Qǐngwèn èr wèi, yǒu shénme jìkǒu de ma?

慧善 맞다! 고수는 절대 넣지 마세요.

对了！千万别放香菜。

Duì le! Qiānwàn bié fàng xiāngcài.

小康 너는 중국에 4년이나 살았는데, 어떻게 고수도 안 먹어?

你在中国都呆四年了，怎么连香菜都不吃？

Nǐ zài Zhōngguó dōu dāi sì nián le, zěnme lián xiāngcài dōu bù chī?

慧善 이 고수는 아무리 먹어도 입에 안 맞아. 냄새도 이상해.

这个香菜呢，怎么吃也吃不惯，味儿也怪怪的。

Zhège xiāngcài ne, zěnme chī yě chībuguàn. wèir yě guàiguài de.

너는 고수 자주 먹니?

你经常吃香菜吗？

Nǐ jīngcháng chī xiāngcài ma?

小康 나도 잘 먹진 않아.

我也不怎么吃。

Wǒ yě bù zěnme chī.

服务员 음식 다 나왔습니다. 맛있게 드세요!

你们的菜上齐了，请慢用！

Nǐmen de cài shàngqí le, qǐng mànyòng!

小康 자, 우리 이제 먹자. 따뜻할 때 먹어. 식으면 맛이 없어.

来，开动吧★。趁热吃，凉了就不好吃了★。

Lái, kāidòng ba. Chèn rè chī, liáng le jiù bù hǎo chī le.

어휘 feel⁺

- 来　lái 동 (음식을) 주세요

- 招牌菜　zhāopáicài 명 제일 잘하는 요리

- 忌口　jìkǒu 동 음식을 가리다

- 呆　dāi 동 머물다(=待 dāi)

- 连…都…　lián…dōu… 접 ~조차도 ~한다

- V + 不惯　V+buguàn
　　　　　　습관이 되지 않아 ~할 수 없다

- 上齐了　shàngqí le (음식이) 다 나오다

표현 tip*

- 두 분 (직접 얼굴을 보며 말할 때)
　二位
　èr wèi

- 천천히 드세요.
　请慢用。
　Qǐng mànyòng.

★ (真짜) 회화체 집중 분석!

1. **"开动吧"** 식사를 하기 전에 항상 사용하는 표현입니다. **开动**은 원래 '차량을 출발시키다', '기계를 가동 시키다'라는 의미가 있지만, 식사 자리에서는 '젓가락 혹은 숟가락을 움직이다'라는 의미, 즉 '밥 먹자', '식사 합시다'로 사용합니다.

> 자, 먹자. 이건 다 널 위해서 내가 직접 만든 거야.
>
> 来，开动吧。这些都是我为你亲自做的。
>
> Lái, kāidòng ba. Zhèxiē dōu shì wǒ wèi nǐ qīnzì zuò de.

2. **"趁热吃，凉了就不好吃了"** '식기 전에 따뜻할 때 먹어라'라는 의미입니다. 따뜻한 음식을 제공 할 때 항상 사용하는 표현이므로 꼭 기억하세요. 여기서 **趁**은 '~(기회, 시기 등)을 틈타'라는 전치사입니다.

스킬 어법 2

부사 都

都의 의미로 '모두'만 알고 있나요? 사실 회화에서 都는 매우 빈번하게 사용하는 단어이며, '모두'라는 뜻으로 만 쓰이지 않습니다. 都의 다양한 쓰임을 살펴볼까요?

어법 포인트

1. 都의 쓰임새

❶ '모두'

복수 뒤에 사용하며, 주로 每, 所有 등과 함께 사용합니다.

▶ 每个人都有自己的想法。
  Měi ge rén dōu yǒu zìjǐ de xiǎngfǎ.
  모든 사람은 다 자기 생각을 갖고 있다.

❷ '이미', '벌써'

보통 나이, 시간 등과 함께 사용합니다.

▶ 都凌晨两点了，你还不睡干嘛呢？
  Dōu língchén liǎng diǎn le, nǐ hái bú shuì gàn má ne?
  벌써 새벽 2시인데, 아직도 안 자고 뭐 해?

❸ '~조차도'

앞부분에 连을 함께 쓰기도 합니다.

▶ 她去哪儿，连自己的父母都不知道。
  Tā qù nǎr, lián zìjǐ de fùmǔ dōu bù zhīdào.
  그녀가 어디에 갔는지는 그의 부모조차도 모른다.

❹ '~도', '~든'

주로 의문대명사 뒤에 사용합니다.

▶ 我昨天哪儿都没去。
  Wǒ zuótiān nǎr dōu méi qù.
  나는 어제 어디에도 가지 않았다.

▸ 什么时候都可以找我。

Shénme shíhou dōu kěyǐ zhǎo wǒ.

언제든 나를 찾아와도 돼.

❺ '~때문이다'

都是 형태로 자주 사용합니다.

▸ 都是你，报名太晚了。

Dōushì nǐ, bàomíng tài wǎn le.

네가 등록을 늦게 했기 때문이야.

■ 다음 대화를 중국어로 말해보고, 실제 회화문과 비교해보세요.

慧善   그런데 이거 어떻게 먹는 거야? 전에 먹어본 적이 없어.

小康   잘 보고, 내가 먹는 것처럼 먹으면 돼.

慧善   천천히 좀 먹어! 누가 쫓아오니?

小康   너 때문이야. 너랑 같이 먹으니까 뭐든 맛있잖아!

        그래서 말인데, 이 밥은 내가 살 테니까 그렇게 알아!

        저기요, 계산이요! 얼마예요?

★ 충격요법!! 이렇게 말하는 거 아닌가요?

1. 누가 쫓아오니?   →   "谁追你吗？" ✕

2. 이 밥은 내가 살 테니, 그렇게 알아.   →   "我请客，知道吧。" ✕

▶ 다음 페이지의 진짜 회화체 분석에서 확인하세요.

■ 혜선이와 샤오캉이 함께 중국 식당에 가다. (2)

慧善 그런데 이거 어떻게 먹는 거야?

不过，这些菜都怎么个吃法儿啊？

Búguò, zhèxiē cài dōu zěnme ge chīfǎr a?

전에 먹어본 적이 없어.

之前我没吃过。

Zhīqián wǒ méi chīguo.

小康 잘 보고, 내가 먹는 것처럼 먹으면 돼.

看好了*，你照着我吃就可以。

Kànhǎo le, nǐ zhàozhe wǒ chī jiù kěyǐ.

慧善 천천히 좀 먹어! 누가 쫓아오니?

你慢点儿吃！没人跟你抢★！

Nǐ màn diǎnr chī! Méi rén gēn nǐ qiǎng!

小康 너 때문이야. 너랑 같이 먹으니까 뭐든 맛있잖아!

都是你，跟你一起吃，什么都好吃嘛！

Dōu shì nǐ, gēn nǐ yìqǐ chī, shénme dōu hǎochī ma!

그래서 말인데, 이 밥은 내가 살 테니까 그렇게 알아.

所以说呢*，这顿饭我请，你别跟我抢★。

Suǒyǐ shuō ne, zhè dùn fàn wǒ qǐng, nǐ bié gēn wǒ qiǎng.

저기요, 계산이요! 얼마예요?

服务员，买单！多少钱？

Fúwùyuán, mǎidān! Duōshao qián?

어휘 feel⁺

- 照着　zhàozhe ~대로

- …就可以　…jiù kěyǐ ~하면 된다

- V + 光了　V+guāng le
　　　　　　 남김없이 다 ~해 버렸다

　光了는 더 이상 아무것도 남지 않았다는
　뜻의 결과보어이다.

　• 卖光了。
　　Màiguāng le.
　　(남김없이) 다 팔았다.

- 买单　mǎidān 동 계산하다

표현 tip*

- 잘 봐!

　看好了！
　Kànhǎo le!

- 그래서 말인데…

　所以说呢…
　Suǒyǐ shuō ne…

★ (真짜) 회화체 집중 분석!

1. **"没人跟你抢"** 문장을 그대로 해석하면 '너에게서 뺏으려는 사람이 없다', '너와 경쟁하는 사람이 없다' 입니다. 상대가 조급해하거나 급하게 행동할 때 '누가 쫓아 오니?', '아무도 쫓아오지 않아'라고 말하는 표현 입니다. 앞이나 뒤에 [慢点儿 + V] '천천히 ~해라'라는 말을 덧붙이기도 합니다.

> ▍ 천천히 좀 걸어! 아무도 안 쫓아 온다고!
>
> ## 你慢点儿走! 没人跟你抢!
>
> Nǐ màn diǎnr zǒu! Méi rén gēn nǐ qiǎng!

2. **"这顿饭我请，你别跟我抢"** 회식이나 친구와의 식사 자리에서 자신이 계산하겠다는 표현입니다. 뒤에 오는 **你别跟我抢** '나와 앞다투지 마라'는 자신이 나서서 하겠다는 뜻입니다. **今天我请客** 대신 사용 해 보세요.

스킬 어법 3

부사 就

학습자들이 어렵게 느끼는 단어 중 하나가 바로 **就**입니다. **就**는 회화에서 출현 빈도수가 가장 높은 단어이며, 사전에도 10개가 넘는 용법이 있지만 다 익힐 필요는 없습니다. 회화에서 주로 사용되는 3~4개의 활용법만 확실히 익혀도 충분합니다.

어법 포인트

1. 就의 쓰임새

❶ '바로'

보통 **就是**로 사용합니다.

▶ 这就是你致命的缺点。

　Zhè jiù shì nǐ zhìmìng de quēdiǎn.

　이것이 바로 너의 치명적인 단점이야.

❷ '곧 ~할 것이다'

뒤에 **要**를 동반하여 단기간 내에 이루어질 상황을 설명합니다. 비슷한 표현으로 **快要……了**가 있습니다.

▶ 我下周就要离开北京了。

　Wǒ xià zhōu jiù yào líkāi Běijīng le.

　나는 다음 주에 곧 베이징을 떠난다.

❸ '~하자마자 ~할 것이다'

一…就… 형태로 쓰여 두 동작 사이에 시간적 간격이 거의 없을 정도로 어떤 행위가 바로 이어짐을 나타냅니다.

▶ A 你怎么知道我是韩国人呢?

　　Nǐ zěnme zhīdào wǒ shì Hánguórén ne?

　　내가 한국인인지 어떻게 알았어요?

▶ B 我一听你的发音就知道。

　　Wǒ yì tīng nǐ de fāyīn jiù zhīdào.

　　네 발음을 들으면 바로 알 수 있어.

➍ '단지', '그냥'

只, 仅, 光과 같은 쓰임새로 사용합니다.

▶ 我就想知道你有没有男友，没有别的意思。

Wǒ jiù xiǎng zhīdào nǐ yǒu méiyǒu nányǒu, méiyǒu biéde yìsi.

난 그냥 네가 남친이 있는지 궁금했어. 다른 뜻은 없어.

➎ '설령 ~ 할지라도'

뒤에 주로 也를 동반하며, 유사 접속사로는 **即使**jíshǐ, **哪怕**nǎpà 등이 있습니다.

▶ 就算你赞成，我也不同意。

Jiùsuàn nǐ zànchéng, wǒ yě bù tóngyì.

설령 네가 찬성해도 나는 죽어도 반대야.

패턴을 담은 대화

■ 다음 대화를 중국어로 말해보고, 실제 회화문과 비교해보세요.

慧善 　이거 지난 시즌 상품이죠? 보자마자 딱 알겠어요. 좀 깎아줄 수 있어요?

服务员 　이미 충분히 싼 가격이에요.

慧善 　다음에 손님들 끌고 올 테니까 좀 깎아줄 수 없어요?

服务员 　설령 손님들을 데려온다 해도 더 싸게는 불가능해요.

小康 　아니면, 내가 돈 내줄게. 그냥 사주고 싶어서 말이야.

慧善 　안 살래! 가격이 말이 안 돼! 마음만 받을게.

★ 충격요법!! 이렇게 말하는 거 아닌가요?

1. 말이 안 된다.   ➜   "你的话不对。" ✕

2. 마음만 받을게.   ➜   "我接受你的心吧。" ✕

▶ 다음 페이지의 진짜 회화체 분석에서 확인하세요.

■ 혜선이와 나나, 샤오캉이 함께 쇼핑을 하다. (1)

慧善 이거 지난 시즌 상품이죠? 보자마자 딱 알겠어요.

这是旧款吧? 我一看就知道*,

Zhè shì jiùkuǎn ba? Wǒ yí kàn jiù zhīdào,

좀 깎아줄 수 있어요?

能便宜点儿吗?

néng piányi diǎnr ma?

服务员 이미 충분히 싼 가격이에요.

已经够便宜了。

Yǐjīng gòu piányi le.

慧善 다음에 손님들 끌고 올 테니까 좀 깎아줄 수 없어요?

我可以给您拉些顾客来*, 能不能再便宜点儿?

Wǒ kěyǐ gěi nín lāxiē gùkè lái, néng bù néng zài piányi diǎnr?

服务员 설령 손님들을 데려온다 해도 더 싸게는 불가능해요.

就算您带人过来, 也不能再便宜了。

Jiùsuàn nín dài rén guòlái, yě bù néng zài piányi le.

小康 아니면, 내가 돈 내줄게. 그냥 사주고 싶어서 말이야.

要不, 我来付钱吧! 我就想送给你。

Yàobù, wǒ lái fùqián ba! Wǒ jiù xiǎng sònggěi nǐ.

慧善 안 살래! 가격이 말이 안 돼!

我不买, 这价格太不靠谱了*!

Wǒ bù mǎi, zhè jiàgé tài bú kàopǔ le!

마음만 받을게.

你的好意我心领了*。

Nǐ de hǎoyì wǒ xīnlǐng le.

어휘 feel⁺

- 旧款 jiùkuǎn [명] 지난 시즌 상품

- 拉 lā [동] 끌다, 끌어들이다

- 靠谱 kàopǔ [형] 믿을 수 있다

- 好意 hǎoyì [명] 호의, 선의

- 心领 xīnlǐng [동] 고맙습니다,
　　　　　　　마음을 받겠습니다

표현 tip*

- 딱 보면 안다.
　一看就知道。
　Yí kàn jiù zhīdào.

- 다음에 손님들 끌고 올게요.
　我可以给您拉些顾客来。
　Wǒ kěyǐ gěi nín lāxiē gùkè lái.

★ 真짜 회화체 집중 분석!

1. **"太不靠谱了"** 가격, 생김새, 말, 행동 등이 합리적이지 않거나 만족스럽지 않을 때 '합당하지 않다', '신뢰할 수 없다'라는 의미로 **不靠谱**를 사용합니다. 반대로, 칭찬하고 싶을 때는 **很靠谱**라고 말합니다.

> 잘 들어! 네가 어제 한 행동은 정말 말도 안 돼!

我告诉你，你昨天的行动太不靠谱了！

Wǒ gàosu nǐ, nǐ zuótiān de xíngdòng tài bú kàopǔ le!

> 그 상점의 옷 가격이 정말 착해!

那家商店的衣服价格真靠谱！

Nà jiā shāngdiàn de yīfu jiàgé zhēn kàopǔ!

2. **"你的好意我心领了"** 선물을 받는 상황 혹은 도움을 받는 상황에서 실질적인 것은 사양하며 단지 마음만 받겠다는 표현입니다.

> 네 마음만 받을게. 선물은 가져가.

你的好意我心领了，礼物呢，你拿走吧。

Nǐ de hǎoyì wǒ xīnlǐng le, lǐwù ne, nǐ názǒu ba.

152

스킬 어법 4

대명사 我们·咱们·人家

대표적인 인칭대명사로 '우리'라는 공통된 의미가 있지만 상황에 따라 의미와 쓰임이 다릅니다. 我们과 咱们, 그리고 '나', '그', '다른 사람'도 나타내는 人家에 대해 정확하게 알아둘 필요가 있습니다.

어법 포인트

1. 我们 vs 咱们

❶ 공통점 : '우리'를 의미합니다.

▶ 我们(咱们)俩无疑是好哥们儿。
　Wǒmen(zánmen) liǎ wúyí shì hǎo gēmenr
　우리가 좋은 친구라는 것은 의심할 필요가 없다.

❷ 차이점 :

> 我们 : 말하는 사람과 듣는 사람 이외에도 그 밖에 사람들이 포함될 수 있다.
> 咱们 : 말하는 사람과 듣는 사람만 포함한다.

▶ 妈妈，我跟姐姐一起在外边吃了饭再回家，别等我们。
　Māma, wǒ gēn jiějie yìqǐ zài wàibian chī le fàn zài huíjiā, bié děng wǒmen.
　엄마, 나 언니랑 밖에서 밥 먹고 들어갈게요. 우리 기다리지 마세요.

▶ 咱们(我们)就约个地方呗!
　Zánmen(wǒmen) jiù yuē ge dìfang bei!
　우리 어디서 만날지 약속 장소를 정하자!

2. 人家

❶ "나"

我에 상당하는 표현으로, 주로 여자들의 애교 섞인 말투 속에서 등장합니다.

▶ 人家病了，你怎么不来看看我呢?
　Rénjia bìng le, nǐ zěnme bù lái kànkan wǒ ne?
　내가 아픈데, 어떻게 날 보러 안 올 수가 있어?

❷ "그, 그 사람"

이미 앞에서 언급한 사람을 다시 언급할 때 他라는 지시대명사 대신 사용되는 표현으로, 뒤에 사람의 이름 혹은 신분 등을 붙이기도 합니다.

▸ 人家医生说，你最好少吃肉。

    Rénjiā yīshēng shuō, nǐ zuìhǎo shǎo chī ròu.

    그 의사 선생님이 그러는데, 너는 고기를 많이 먹지 않는 게 좋대.

❸ "남, 다른 사람"

别人과 유사한 표현입니다.

▸ 人家说什么和我无关，我做好我该做的事就可以。

    Rénjiā shuō shénme hé wǒ wúguān, wǒ zuòhǎo wǒ gāi zuò de shì jiù kěyǐ.

    남들이 뭐라고 하든 나랑은 상관없어(무관해). 나는 내가 할 일만 잘하면 돼.

패턴을 담은 대화

■ 다음 대화를 중국어로 말해보고, 실제 회화문과 비교해보세요.

慧善 한 번에 이렇게 많이 샀는데 당연히 더 할인해줘야죠!

服务员 다른 곳과 비교하면 저희가 가장 저렴하다고 다들 말해요.

慧善 아가씨! 장사를 너무 못하는 거 아니에요?

娜娜 그만하면 됐어. 우리 판매원 그만 난처하게 하자.

　　　저 사람이 사장도 아니잖아.

★ 충격요법!! 이렇게 말하는 거 아닌가요?

1. 당연히 ~해야 맞는 거지!	➜	"当然应该……!" ✕
2. 그만하면 됐어.	➜	"那样已经够了。" ✕

▶ 다음 페이지의 진짜 회화체 분석에서 확인하세요.

■ 혜선이와 나나, 샤오캉이 함께 쇼핑을 하다. (2)

慧善 한번에 이렇게 많이 샀는데 당연히 더 할인해줘야죠!

我一次性买了这么多，你应该再给我便宜点儿
Wǒ yícìxìng mǎi le zhème duō, nǐ yīnggāi zài gěi wǒ piányi diǎnr

才对啊★!
cái duì a!

服务员 다른 곳과 비교하면 저희가 가장 저렴하다고 다들 말해요.

人家都说，跟其他商店相比，我们这儿是
Rénjiā dōu shuō, gēn qítā shāngdiàn xiāngbǐ, wǒmen zhèr shì

最便宜的。
zuì piányi de.

慧善 아가씨, 장사를 너무 못하는 거 아니에요?

你太不会做生意了吧*?
Nǐ tài bú huì zuò shēngyì le ba?

娜娜 그만하면 됐어. 우리 판매원 그만 난처하게 하자.

差不多就得了★。咱们别再为难售货员了。
Chàbuduō jiù dé le. Zánmen bié zài wéinán shòuhuòyuán le.

저 사람이 사장도 아니잖아.

人家又不是老板。
Rénjiā yòu bú shì lǎobǎn.

어휘 feel⁺

- 一次性 yícìxìng 일회성, 일회용

- 跟…相比 gēn…xiāngbǐ ~와 비교하다

  • 跟他相比，你更帅。
    Gēn tā xiāngbǐ, nǐ gèng shuài.
    그와 비교하면 네가 훨씬 잘 생겼다.
    (= 比他更帅。)

  • 跟韩国相比，中国更冷。
    Gēn Hánguó xiāngbǐ, Zhōngguó gèng lěng.
    중국은 한국보다 훨씬 춥다.
    (= 中国比韩国更冷。)

- 生意 shēngyì 명 장사

- 为难 wéinán 동 난처하게 하다

표현 tip*

- 너 너무 예쁜 거 아니야?

  你太漂亮了吧?
  Nǐ tài piàoliang le ba?

★真짜 회화체 집중 분석!

1. "应该……才对啊!" '~해야 이치에 맞다'라는 표현입니다. 보통 应该만 사용하게 되지만, 뒤에 才对를 붙이면 당위성이 더욱 강조됩니다.

> 네가 (당연히) 현장에 먼저 와 있어야지!
> 你应该先到现场才对啊!
> Nǐ yīnggāi xiān dào xiànchǎng cái duì a!

2. "差不多就得了" 어떤 행동을 이제 그만하라고 할 때 사용합니다. '웬만큼 했으면 됐다'의 의미입니다.

> 아이가 울잖아! 이만하면 됐어!
> 孩子都哭了! 差不多就得了!
> Háizi dōu kū le! Chàbuduō jiù dé le!

강의 영상 보기

스킬 어법 5

认为vs以为·合适vs适合·不一定vs说不定

진짜 회화를 구사하기 위해서는 회화 속 출현 빈도가 높은 어휘들을 반드시 알아야 합니다. 문제는 이 어휘들과 비슷하지만, 어법적으로 완전히 다른 표현들이 자주 헷갈린다는 점입니다. 그 대표적인 어휘 6개를 정확하게 이해하고 사용해 보세요.

어법 포인트

1. 认为 VS 以为

두 어휘 모두 '여기다', '알다', '생각하다'라는 의미가 있지만, 쓰임새에 분명한 차이가 있으므로 구분하여 사용해야 합니다.

> 认为 : 생각하다(생각이 틀렸는지는 알 수 없다)
>
> 以为 : 잘못 생각하다(누군가의 생각이 틀렸다는 것을 전제한다)

▶ 很多人认为手机只给我们带来便利。
　Hěn duō rén rènwéi shǒujī zhǐ gěi wǒmen dàilái biànlì.
　많은 사람들이 휴대전화가 우리에게 편리함만 가져다준다고 생각한다.

- 给A带来B　gěi A dàilái B
  A에게 B를 가져다주다
  A가 B의 영향을 받는 상황에 쓰인다.

▶ 他一直以为自己能保持最好的状态。
　Tā yìzhí yǐwéi zìjǐ néng bǎochí zuìhǎo de zhuàngtài.
　그는 줄곧 자신이 최상의 컨디션을 유지할 수 있다고 잘못 생각해 왔다.

- 保持 bǎochí [동] 유지하다
  뒤에 주로 사람의 힘으로 할 수 있는 명사 卫生 wèishēng, 安静 ānjìng, 联系 liánxì 등이 온다.

▶ 什么? 他是韩国人? 我还以为他是中国人呢!
　Shénme? Tā shì Hánguórén? Wǒ hái yǐwéi tā shì Zhōngguórén ne!
　뭐? 걔가 한국인이라고? 난 또 중국인인 줄 알았네!

2. 合适 VS 适合

학습자들이 자주 혼동하는 표현입니다. 두 어휘의 성분 차이만 이해해도 적절하게 사용할 수 있습니다.

> 合适 : [형] 적당하다, 적합하다
>
> 　　 형용사이므로 뒤에 목적어를 동반할 수 없다. 주로 …很合适 / 合适的… 형태로 사용한다.
>
> 适合 : [동] 적당하다, 적합하다.
>
> 　　 동사이므로 뒤에 목적어를 동반할 수 있다. 주로 很适合你의 형태로 사용한다.

▸ 我觉得他担任这个任务很合适。

Wǒ juéde tā dānrèn zhège rènwù hěn héshì.

그가 이 임무를 맡는 것은 매우 적절하다고 생각해.

> • 担任 dānrèn [동] 맡다, 담당하다
> 주로 뒤에 任务 rènwù, 经理 jīnglǐ,
> 工作 gōngzuò 등이 온다.

▸ 这种产品适合5岁以上的儿童。

Zhè zhǒng chǎnpǐn shìhé wǔ suì yǐshàng de értóng.

이런 상품은 5세 이상의 아동이 사용하기 적합하다.

3. 不一定 VS 说不定

이 두 표현은 학습자들이 자주 틀리는 표현입니다. '불확실하다', 혹은 '정확하지 않다'라는 표현으로 무조건 不一定이라고 말했다면, 이제는 说不定을 사용해 보세요.

> 不一定 : 부정을 강조하는 '~가 아닐 수도 있다'
> 说不定 : 긍정을 강조하는 '~일 수도 있다'

▸ 父母喜欢的不一定是最好的。

Fùmǔ xǐhuan de bù yídìng shì zuì hǎo de.

부모님이 원하는 게 꼭 좋은 것이 아닐 수도 있다.

▸ 跟他表白吧，说不定他会答应你。

Gēn tā biǎobái ba, shuōbúdìng tā huì dāying nǐ.

고백해 봐. 걔가 받아줄 수도 있잖아.

■ 다음 대화를 중국어로 말해보고, 실제 회화문과 비교해보세요.

娜娜 　너 요즘 좀 이상해. 무슨 고민이라도 있니?

慧善 　다른 게 아니라, 어제 문오빠가 나한테 고백을 했거든. 그래서 무척 고민이야.

　　　문오빠는 좋은 사람인 것 같은데, 네 생각은 어때?

娜娜 　그건 아닐 수도 있지. 너한테 자상하면 다 좋은 사람이라고 생각하지 마.

　　　내 생각에 그 사람은 네 남친이 되기에 적합하지 않아.

　　　(은근슬쩍 작은 목소리로) 샤오캉이 네 짝일 수도 있어.

★ 충격요법!! 이렇게 말하는 거 아닌가요?

1. 나 무척 고민 중이야. 　➡　 "我真的正在想一想。" ✕

2. 그건 아닐 수도 있어. 　➡　 "那可能不是。" ✕

▶ 다음 페이지의 진짜 회화체 분석에서 확인하세요.

패턴을 담은 真짜 대화

■ 혜선이가 나나에게 고민을 털어놓다. (1)

娜娜 너 요즘 좀 이상해. 무슨 고민이라도 있니?

我看，你最近有点儿不对劲儿，有什么烦心事吗?

Wǒ kàn, nǐ zuìjìn yǒudiǎnr bú duìjìnr, yǒu shénme fánxīnshì ma?

慧善 다른 게 아니라, 어제 문오빠가 나한테 고백을 했거든.

是这样，昨天文哥跟我表白了，

Shì zhèyàng, zuótiān Wén gē gēn wǒ biǎobái le,

그래서 무척 고민이야. 문오빠는 좋은 사람인 것 같은데, 네 생각은 어때?

所以我好纠结★。我觉得他是个好人，你说呢?

suǒyǐ wǒ hǎo jiūjié. Wǒ juéde tā shì ge hǎorén, nǐ shuō ne?

娜娜 그건 아닐 수도 있지. 너한테 자상하면 다 좋은 사람이라고 생각하지 마.

那倒不一定★，你别以为对你体贴的都是好人。

Nà dào bù yídìng, nǐ bié yǐwéi duì nǐ tǐtiē de dōu shì hǎorén.

내 생각에 그 사람은 네 남친이 되기에 적합하지 않아.

我个人觉得*他不适合做你的男朋友。

Wǒ gèrén juéde tā bú shìhé zuò nǐ de nánpéngou.

샤오캉이 네 짝일 수도 있어.

说不定小康最适合你。

Shuōbúdìng Xiǎo Kāng zuì shìhé nǐ.

어휘 feel⁺

- 烦心事 fánxīnshì 몡 걱정되는 일
- 纠结 jiūjié 동 고민하다, 뒤엉키다
- 体贴 tǐtiē 형 자상하다
- 个人 gèrén 몡 개인

표현 tip*

- 내 (개인적인) 생각으로는…

  我个人觉得…

  Wǒ gèrén juéde…

★真짜 회화체 집중 분석!

1. **"我好纠结"** 고민이 되는 모든 상황에서 사용할 수 있습니다. 예를 들면, 别纠结! '고민하지 마!', 纠结什么呀? '뭘 고민해?' 등으로 활용합니다. 비슷한 표현으로는 我在考虑当中이 있습니다.

2. **"那倒不一定"** '꼭 그렇지 않을 수도 있다'라는 표현입니다. 여기서 倒는 '오히려'라는 의미로 어감을 강조할 때 사용하는 회화 요소입니다.

   > 꼭 그렇다고 볼 수 없어. 결과가 나오기 전까지는 누구도 단정 지을 수 없어.
   >
   > 那倒不一定，结果出来之前，谁都不能断定。
   >
   > Nà dào bù yídìng, jiéguǒ chūlái zhīqián, shéi dōu bù néng duàndìng.

스킬 어법 6

이합동사(离合动词)

우리가 알고 있는 동사의 기본 어법은 '뒤에 목적어를 동반하고, 과거형이 있고, 중첩을 할 수 있다'이죠. 하지만, '이합동사'에 대해서는 종종 잘못 알고 있는 경우가 많습니다. 이합동사를 바르게 사용하지 못하면 절대 중국어 실력을 인정받을 수 없죠!

어법 포인트

1. 이합동사의 특징

❶ 이합동사는 AB로 구성된 동사이며, A는 동사, B는 목적어(명사)입니다.

▎자주 사용하는 이합동사

· 帮忙 bāng//máng 돕다	· 吃醋 chī//cù 질투하다
· 聊天 liáo//tiān 한담하다	· 开车 kāi//chē 운전하다
· 签名 qiān//míng 서명하다	· 跳舞 tiào//wǔ 춤추다
· 让座 ràng//zuò 자리를 양보하다	· 生气 shēng//qì 화내다
· 请假 qǐng//jià 휴가내다	· 散步 sàn//bù 산책하다
· 送礼 sòng//lǐ 선물하다	· 睡觉 shuì//jiào 잠자다
· 洗澡 xǐ//zǎo 샤워하다	· 游泳 yóu//yǒng 수영하다
· 吵架 chǎo//jià 싸우다	· 唱歌 chàng//gē 노래하다
· 撒谎 sā//huǎng 거짓말하다	· 吃亏 chī//kuī 손해보다
· 吃惊 chī//jīng 놀라다	· 吃苦 chī//kǔ 고생하다
· 用力 yòng//lì 힘쓰다	· 创业 chuàng//yè 창업하다
· 操心 cāo//xīn 걱정하다	· 道歉 dào//qiàn 사과하다
· 回信 huí//xìn 회신하다	· 让路 ràng//lù 길 양보하다
· 订婚 dìng//hūn 약혼하다	· 加班 jiā//bān 야근하다
· 敬酒 jìng//jiǔ 술을 드리다	· 敲门 qiāo//mén 노크하다
· 放假 fàng//jià 방학하다	· 上课 shàng//kè 수업하다
· 叹气 tàn//qì 한숨 쉬다	· 消气 xiāo//qì 화를 풀다

❷ 동량사, 시량사, 의문대명사, 동태조사(예:了, 过, 什么, 一个小时, 两次)등 다른 성분이 이합동사와 결합하면 이합동사의 A와 B 중간에 위치합니다.

▶ 我昨天跟他见过面。
　 Wǒ zuótiān gēn tā jiànguo miàn.
　 나는 어제 그와 만난 적이 있다.

▶ 我昨天在他的家里聊了三个小时的天。
　 Wǒ zuótiān zài tā de jiāli liáo le sān ge xiǎoshí de tiān.
　 나는 어제 그의 집에서 세 시간 동안 이야기를 했다.

❸ 이합동사 뒤에는 어떠한 목적어도 위치할 수 없습니다.

▶ 见面他了。 그를 만났다. (X)

▶ 帮忙他了。 그를 도와주었다. (X)

❹ 이합동사의 중첩은 A만 중첩합니다.

▶ 干嘛呢? 出来跟我散散步吧。
　 Gàn má ne? Chūlái gēn wǒ sànsànbù ba.
　 뭐 해? 나와서 나랑 산책하자.

🗣 패턴을 담은 대화

■ 다음 대화를 중국어로 말해보고, 실제 회화문과 비교해보세요.

慧善   그 정도는 아니지 않니? 설마 너 나 질투하니?

娜娜   무슨 헛소리야? 네가 내 절친만 아니면 나도 참견하기 귀찮거든?

그냥 내 생각이니까 참고만 해. 어쨌든 난 할 말 다 했어.

허락할지 말지 네 마음대로 해.

慧善   농담이야! 네가 날 위해서

하는 말인 거 나도 알지. 화 풀어!

친구야~
농담이야.
화풀어~

흥!

★ 충격요법!! 이렇게 말하는 거 아닌가요?

1. 내 생각이니까 참고만 해.   ➜   "这是我的想法，你参考吧。" ✕

2. 난 할 말 다 했어.   ➜   "我说完了我的话。" ✕

3. 네 마음대로 해.   ➜   "你自己随便做吧。" ✕

▶ 다음 페이지의 진짜 회화체 분석에서 확인하세요.

■ 혜선이가 나나에게 고민을 털어놓다. (2)

慧善　그 정도는 아니지 않니? 설마 너 나 질투하니?

不至于吧！你该不会在吃我的醋吧？

Búzhìyú ba! Nǐ gāi bú huì zài chī wǒ de cù ba?

娜娜　무슨 헛소리야? 네가 내 절친만 아니면 나도 참견하기 귀찮거든?

胡说什么呀？你要不是我的闺蜜，

Húshuō shénme ya? Nǐ yào bú shì wǒ de guīmì,

我也懒得管你，好不好？

wǒ yě lǎnde guǎn nǐ, hǎo bu hǎo?

그냥 내 생각이니까 참고만 해.

这些都是我的看法，仅供参考★。

Zhèxiē dōu shì wǒ de kànfǎ, jǐn gōng cānkǎo.

어쨌든 난 할 말 다 했어.

不管怎么样★，我该说的都说了★，

Bùguǎn zěnmeyàng, wǒ gāi shuō de dōu shuō le,

허락할지 말지 네 마음대로 해.

答不答应，你自己看着办吧★。

dā bu dāying, nǐ zìjǐ kànzhe bàn ba.

慧善　농담이야! 날 위해서 하는 말인 거 나도 알지. 화 풀어!

开玩笑啦！我也知道你是为我好，消消气！

Kāi wánxiào la! Wǒ yě zhīdào nǐ shì wèi wǒ hǎo, xiāoxiāo qì!

어휘 feel+

- 吃醋　chīcù [동] 질투하다, 시기하다

- 闺蜜　guīmì [명] 친한 친구

- 懒得　lǎnde [동] ~하기 귀찮다
  무언가를 하기 싫을 때 혹은 귀찮을 때, 뒤
  에 붙는 표현에 따라 다양하게 쓰인다.

  • 我懒得跟他说。
  Wǒ lǎnde gēn tā shuō.
  나는 그 인간에게 말하기 귀찮아.

- 参考　cānkǎo [동] 참고하다, 참조하다

표현 tip*

- 어쨌든
  不管怎么样
  bùguǎn zěnmeyàng

★ (真짜) 회화체 집중 분석!

1. **"这些都是我的看法，仅供参考"** 누군가에게 본인의 생각 혹은 본인이 생각하는 방법 등을 일러
주고 겸손하게 말하는 멋진 표현입니다. 이 정도의 표현을 격식 있는 자리에서 사용한다면 진짜 중국어의 고
수입니다!

2. **"该说的都说了"** [该 + V + 的都 + V + 了]의 형식으로 '해야 할 것은 이미 다 했다'라는 의미입니다.

> ▍ 와야 할 사람이 다 왔군요.
> ## 该来的都来了。
> Gāi lái de dōu lái le.

> ▍ 사야 할 것을 다 샀다.
> ## 该买的都买了。
> Gāi mǎi de dōu mǎi le.

> ▍ 봐야 할 건 다 봤어요.
> ## 该看的都看完了。
> Gāi kàn de dōu kànwán le.

3. **"你自己看着办吧"** 상대에게 책임을 미루는, 혹은 본인은 잘 모르겠다는 의미가 섞여 있는 표현입니
다. 전적으로 책임을 상대에게 맡길 때 주로 사용합니다. 이 표현 외에도 더 멋지게 '네가 알아서 잘 처리해!'
라고 말하고 싶다면 사자성어 **好自为之** hǎo zì wéi zhī **吧**라고 표현하세요.

스킬 어법 7
동량사 遍·頓·趟·把 & 차용 동량사

명사의 양을 세는 단위인 양사에 대해서는 너무나 익숙하죠. 하지만 행동의 양, 즉 동사의 양을 세는 동량사에 대해서는 잘 모르는 경우가 많습니다. 동사의 양을 무조건 次 '번'로 사용했다면, 이제는 행동의 종류에 따라 달라지는 동량사를 정복해 보세요.

어법 포인트

1. 대표적인 동량사

遍 biàn	시작과 끝이 있고 완성된 동작	这本书我看过三遍。 Zhè běn shū wǒ kànguo sān biàn. 이 책을 나는 세 번 읽었다.	· 文章 글 · 书 책 · 音乐 음악 · 电影 영화
頓 dùn	욕 혹은 구타 행위	他一进教室就打了我一顿。 Tā yí jìn jiāoshì jiù dǎ le wǒ yí dùn. 그는 교실에 들어오자마자 나를 한 대 때렸다.	· 骂 욕하다 · 批评 비평하다 · 打 때리다
趟 tàng	왕복을 표현하는 행위	我刚去了上海一趟。 Wǒ gāng qù le Shànghǎi yí tàng. 저는 막 상하이에 다녀왔어요.	· 去. 来 · 出去. 回来
把 bǎ	손과 관련된 동작 * 수사는 오직 一와 결합한다.	他突然就推了我一把。 Tā tūrán jiù tuī le wǒ yì bǎ. 그가 갑자기 나를 한차례 밀었다.	· 拉 당기다 · 推 밀다 · 帮 돕다

2. 차용 동량사

좀 더 편하고 친근한 표현을 위해 원래의 동량사 대신 다른 단어를 빌려 동량사로 쓰기도 하는데, 이런 단어를 바로 차용 동량사라고 합니다. 이때 원래의 의미는 없어지고, '번', '회'라는 의미를 갖게 됩니다. 차용 동량사는 크게 '인체'와 '도구'로 분류할 수 있습니다.

▌인체 차용 동량사

口 kǒu	입과 관련된 행위	我刚吃了一口。 Wǒ gāng chī le yì kǒu. 나는 방금 한 입 먹었다.
眼 yǎn	눈과 관련된 행위	我只看了一眼。 Wǒ zhǐ kàn le yì yǎn. 나는 딱 한 번 봤다.
巴掌 bāzhang	손바닥과 관련된 행위	我打了他一巴掌。 Wǒ dǎ le tā yì bāzhang. 나는 그를 한 대 때렸다.
腿 tuǐ 脚 jiǎo	발과 관련된 행위	我踢了他一脚(腿)。 Wǒ tī le tā yì jiǎo(tuǐ). 나는 그를 한 번 찼다.

▌도구 차용 동량사

声 shēng	소리를 사용하는 행위	走之前跟我说一声。 Zǒu zhīqián gēn wǒ shuō yì shēng. 가기 전에 나에게 말해라.
刀 dāo	칼을 사용하는 행위	给我切一刀。 Gěi wǒ qiē yì dāo. 한 번 잘라주세요.
针 zhēn	바늘을 사용하는 행위	我昨天去医院打了一针。 Wǒ zuótiān qù yīyuàn dǎ le yì zhēn. 나는 어제 병원에 가서 주사를 맞았다.

패턴을 담은 대화

■ 다음 대화를 중국어로 말해보고, 실제 회화문과 비교해보세요.

部长　자! 우리 한 잔 하지!!

　　　혜선 씨, 뭘 그리 멍하니 있어요? 잔 들어요!

慧善　부장님, 제가 술을 잘 못 마셔서요. 딱 한 입만 마실게요. 괜찮죠?

部长　그래요! 마실 수 있는 만큼만 마셔요!

慧善　부장님, 제가 드릴 말씀이 있는데,

　　　잠깐 다른 곳에서 말씀드려도 될까요?

部长　그럼 잠깐 나갔다 오지.

★ 충격요법!! 이렇게 말하는 거 아닌가요?

1. 우리 한 잔 하자. ➡ "我们喝一杯吧。" ✕

2. 뭘 그리 멍하니 있어요? ➡ "你为什么站着什么都不做呀？" ✕

3. 잠깐 다른 곳에서 말씀드려도 될까요? ➡ "可以去别的地方说话吗？" ✕

▶ 다음 페이지의 진짜 회화체 분석에서 확인하세요.

■ 혜선이가 회식 자리에 참석하다. (1)

어휘 feel⁺

部长 　자! 우리 한 잔 하지!

　　　来！咱们走一个★！

　　　Lái! Zánmen zǒu yí ge!

- 愣 lèng 图 멍해지다

　　　혜선 씨, 뭘 그리 멍하니 있어요? 잔 들어요!

　　　慧善，还愣着干嘛★？举个杯！

　　　Huìshàn, hái lèngzhe gàn má? Jǔ ge bēi!

- 举 jǔ 图 들다

- 善于 shànyú ~에 능숙하다

慧善 　부장님, 제가 술을 잘 못 마셔서요. 딱 한 입만 마실게요. 괜찮죠?

　　　部长，我不太善于喝酒，就喝一口行吗？

　　　Bùzhǎng, wǒ bú tài shànyú hē jiǔ, jiù hē yì kǒu xíng ma?

- 能…多少就…多少

　　　　　　　　　~할 수 있는 만큼 ~해라

• 你能吃多少就点多少。
　Nǐ néng chī duōshao jiù diǎn duōshao.
　먹을 수 있는 만큼 시켜.

部长 　그래요! 마실 수 있는 만큼만 마셔요!

　　　可以呀！能喝多少就喝多少吧！

　　　Kěyǐ ya! Néng hē duōshao jiù hē duōshao ba!

• 你别浪费，能吃多少就买多少。
　Nǐ bié làngfèi, néng chī duōshao jiù mǎi duōshao.
　낭비하지 말고, 먹을 수 있는 만큼만 사.

慧善 　부장님, 제가 드릴 말씀이 있는데, 잠깐 다른 곳에서 말씀드려도 될까요?

　　　部长，我有话跟您说，能借一步说话吗★？

　　　Bùzhǎng, wǒ yǒu huà gēn nín shuō, néng jiè yí bù shuōhuà ma?

部长 　그럼 잠깐 나갔다 오지.

　　　那咱就出去一趟呗。

　　　Nà zán jiù chūqù yí tàng bei.

★ 真짜 회화체 집중 분석!

1. **"走一个"** 우리도 술자리에서 '자! 가자!'라고 하면 '한 잔 하자'라는 의미가 있듯이, 중국어로도 이렇게 표현합니다.

2. **"还愣着干嘛?"** 상대방이 어떤 말이나 행동을 이어가지 못하고 멍하니 있을 때 툭 던지는 표현입니다. 비슷한 표현으로 **发呆** fādāi를 사용하여 **发什么呆呀?** '무슨 멍을 때리냐?'라고 말하기도 합니다.

> 뭘 그리 멍해 있어요? 어서 나가요!
>
> 你还愣着干嘛? 快出去!
>
> Nǐ hái lèng zhe gàn má? Kuài chūqù!

3. **"借一步说话"** 주로 자기보다 나이가 많거나 직급이 높은 누군가와 따로 이야기를 나누고 싶을 때 사용하기 적절한 고급 표현입니다. 단어 그대로 해석해서 '한 걸음을 빌려서 대화한다'라는 의미를 생각하면 기억하기 쉽겠죠?

> 사장님, 여기는 사람이 너무 많은데, 저쪽으로 가서 말씀드려도 될까요?
>
> 老板, 这儿人太多, 可以借一步说话吗?
>
> Lǎobǎn, zhèr rén tài duō, kěyǐ jiè yí bù shuōhuà ma?

스킬 어법 8

조사 了

그 어떤 것보다 학습자들이 가장 어렵게 느끼고, 가장 헷갈리는 어법입니다. 이제 了의 사용법과 위치를 이해하고 적시 적소에 사용해 보세요.

어법 포인트

1. 了의 다양한 사용

❶ 동사 뒤에 쓰여 과거를 나타냅니다.

▶ 他已经从公司辞职了。
Tā yǐjīng cóng gōngsī cízhí le.
그는 이미 회사를 그만두었다.

❷ 형용사 혹은 문장 끝에 쓰여 '~해 졌다', '~하게 되었다'의 변화를 나타내며, 조동사와 함께 쓰여도 변화를 나타냅니다.

▶ 我本来想回国,可是不能回了。
Wǒ běnlái xiǎng huíguó, kěshì bù néng huí le.
원래 귀국하려고 했는데, 못 가게 됐어.

2. 了의 특별한 위치들

일반적으로 了는 동사 뒤에 쓰이지만, 동사가 2개 이상일 경우, 첫 번째 동사 뒤에 오는 了와 마지막 동사 뒤에 오는 了의 쓰임은 다릅니다.

❶ 문장이 과거일 때, 了는 마지막 동사 뒤에 위치합니다.

▶ 他下课就给我联系了。
Tā xiàkè jiù gěi wǒ liánxì le.
그는 수업이 끝나고 나에게 연락을 했다.

❷ 문장이 미래일 때, 了는 첫 번째 동사 뒤에 위치합니다.

동사와 동사 사이에 就(~면), 再(~하고 나서), 才(비로소)가 위치하여 각각 다른 의미를 나타냅니다.

▶ 明天他来了我就告诉他。
Míngtiān tā lái le wǒ jiù gàosu tā.
내일 그가 오면 내가 그에게 말할게.

▶ 看完了这本书再跟你联系。
Kànwán le zhè běn shū zài gēn nǐ liánxì.
이 책을 다 보고 나서 너에게 연락할게.

▶ 下了课，我才能出去玩儿。
Xià le kè, wǒ cái néng chūqù wánr.
나는 수업이 끝나야 비로소 나가 놀 수 있어.

Q&A

Q 吃了饭과 吃饭了의 차이가 뭔가요?

A 了의 위치에 대한 질문들을 많이 받는데, 사실 아주 간단합니다. 목적어가 한 단어(1음절 혹은 2음절 이상)라면 了의 위치는 동사의 뒤에나 문장의 끝, 모두 상관없습니다. 하지만 목적어가 두 단어 이상의 조합이라면 了는 무조건 동사 뒤에 와야 합니다.

▶ 我跟他一起吃了饭。（= 吃饭了）
Wǒ gēn tā yìqǐ chī le fàn.
나는 그와 함께 밥을 먹었다.

▶ 我今天吃了很多饭。（✕ 吃很多饭了）
Wǒ jīntiān chī le hěn duō fàn.
나는 오늘 밥을 많이 먹었다.

■ 다음 대화를 중국어로 말해보고, 실제 회화문과 비교해보세요.

部长   혜선 씨, 이제 듣는 사람 없으니까 말해봐요.

        도대체 무슨 일인데 이렇게 비밀스러워요?

慧善   한 가지 여쭤볼게요. 이번 달 월급을 가불할 수 있을까요?

部长   혜선 씨 정말 대단하네! 회사 온 지 이제 막 몇 개월 지났는데, 가불이라니?

慧善   정말 죄송해요. 제가 말 못 할 사정이 있어서요. 부탁 좀 드릴게요.

部长   딱 이번뿐이에요. 다음엔 안 돼요!

        사장님께서 출장에서 돌아오시면 말씀드릴게요.

부탁 좀 드릴게요~

1. 너 정말 대단하다! (부정적인 의미)   ➔   "你太厉害！" ✕

2. 딱 이번뿐이고, 다음엔 안 돼요.   ➔   "就有这一次，下次不行。" ✕

▶ 다음 페이지의 진짜 회화체 분석에서 확인하세요.

■ 혜선이가 회식자리에 참석하다. (2)

部长 혜선 씨, 이제 듣는 사람 없으니까 말해봐요.

慧善，你说吧，现在没人听了，

Huìshàn, nǐ shuō ba, xiànzài méi rén tīng le,

도대체 무슨 일인데 이렇게 비밀스러워요?

到底是什么事，神神秘秘的!

dàodǐ shì shénme shì, shénshén mìmì de!

慧善 한 가지 여쭤볼게요. 이번 달 월급을 가불할 수 있을까요?

冒昧地问一下，这个月的工资能给我预支吗?

Màomèi de wèn yíxià, zhège yuè de gōngzī néng gěi wǒ yùzhī ma?

部长 혜선 씨 정말 대단하네!

我真服了你了★!

Wǒ zhēn fú le nǐ le!

회사 온 지 이제 막 몇 개월 지났는데, 가불이라니?

来公司刚过几个月，你居然就要预支?

Lái gōngsī gāng guò jǐ ge yuè, nǐ jūrán jiù yào yùzhī?

慧善 정말 죄송해요. 제가 말 못 할 사정이 있어서요. 부탁 좀 드릴게요.

实在对不起，我有自己的苦衷。拜托您了。

Shízài duìbuqǐ, wǒ yǒu zìjǐ de kǔzhōng. Bàituō nín le.

部长 딱 이번뿐이에요. 다음엔 안 돼요!

仅此一次，下不为例★!

Jǐn cǐ yí cì, xià bù wéi lì!

사장님께서 출장에서 돌아오시면 말씀드릴게요.

老板出差回来了，我就跟他说吧。

Lǎobǎn chūchāi huílái le, wǒ jiù gēn tā shuō ba.

어휘 feel⁺

- 神神秘秘 shénshén mìmì 신비롭다

  행동이나 말이 약간 비밀스러울 때 사용하며, 중첩 뒤에 的를 붙여 독립적으로 사용한다. (= 鬼鬼祟祟的 guǐguǐ suìsuì de)

  • 他神神秘秘的，有点儿不对劲儿。
    Tā shénshén mìmì de, yǒudiǎnr bú duìjìnr.
    그는 뭔가 숨기는 듯한 게 좀 이상하다.

- 预支 yùzhī 동 가불하다

- 服 fú 동 탄복하다

- 苦衷 kǔzhōng 명 고충

★ 真짜 회화체 집중 분석!

1. **"真服了你了"** 상대방의 행동이나 말이 황당하거나 어처구니가 없을 때, 어이없는 감정을 전달하는 가장 적절한 표현입니다. 服는 '(싸움에서) 지다'라는 의미로, 문장 그대로 해석하면 '내가 너에게 졌다'라는 뜻입니다. 비슷한 표현으로는 **我真佩服你**가 있습니다.

   > 너 진짜 대박이다! 또 술 마셨어?

   真服了你了! 你又喝酒了?
   Zhēn fú le nǐ le! Nǐ yòu hē jiǔ le?

2. **"仅此一次，下不为例"** 직장 상사 혹은 윗사람이 아랫사람에게 한 번의 기회를 더 줄 때 사용하는 표현입니다. 앞 문장을 생략하고, 그냥 **下不为例**라고 말해도 어느 정도의 어감은 전달할 수 있습니다. '실수', '지각', '잘못'에 대해 넓은 아량을 보여줄 때 이 표현을 마지막에 던져보세요!

스킬 어법 9

조사 着·过

着와 过는 了와 더불어 회화체에서 빼놓을 수 없는 역할을 하는 두 개의 동태조사입니다. 着는 동사 뒤에 위치하여 진행형을 나타내고, 过는 동사 뒤에 위치하여 경험을 나타냅니다. 기본적인 쓰임 외에 회화에서 자주 등장하는 형태를 살펴보겠습니다.

어법 포인트

1. 着의 쓰임새

❶ 【동사(a) + 着 + 동사(b)】: ~하면서 ~하다(동작의 동시 발생)

▶ 他笑着跟我说 "我爱你"。
Tā xiàozhe gēn wǒ shuō "wǒ ài nǐ".
그는 웃으면서 나에게 사랑한다고 말했다.

❷ 【동사(a) + 着 + 동사(a) + 着 ······ + 동사(b) + 了】: ~하다가 ~하다

▶ 孩子哭着哭着就睡着了。
Háizi kūzhe kūzhe jiù shuìzháo le.
아이는 울다가 울다가 잠이 들었다.

❸ 【형용사 + 着呢】: ~하다(형용사 강조)

▶ 结什么婚啊？还早着呢！
Jié shénme hūn a? Hái zǎozhe ne!
무슨 결혼이야? 아직 너무 이르잖아!

❹ 【의문대명사 + 来着】: ~였더라(알고 있던 것이나 이전에 들었던 것을 기억하지 못함)

▶ 前几天你跟我说什么来着？
Qián jǐ tiān nǐ gēn wǒ shuō shénme láizhe?
며칠 전에 네가 나한테 뭐라고 했더라?

2. 过의 쓰임새

❶ 【从来没有 + V + 过】: 여태껏 V한 적이 없다

▶ 我从来没有受过什么委屈。
Wǒ cónglái méiyǒu shòuguo shénme wěiqu.
나는 여태껏 어떤 억울함을 당해본 적이 없다.

❷ 【S + V + 不过 + O】: S는 O를 V로 이길 수 없다

▶ 我根本就说不过他。
Wǒ gēnběn jiù shuōbuguò tā.
나는 절대 그를 말로 이길 수가 없다.

▶ 我打不过他。
Wǒ dǎbuguò tā.
나는 그를 싸워서 이길 수가 없다.

▶ 我比不过你。
Wǒ bǐbuguò nǐ.
나는 너와 비교할 수 없다.(나는 너를 못 당한다.)

패턴을 담은 대화

■ 다음 대화를 중국어로 말해보고, 실제 회화문과 비교해보세요.

慧善 그냥 오지, 뭘 돈을 썼어?

娜娜 샤오캉이 네가 요즘 돈이 없을 거라고 해서 말이야. 그래서 꼭 사야 한다잖아.

너도 알잖아. 내가 말로는 샤오캉을 못 이겨.

慧善 샤오캉이 어떻게 알았지?

娜娜 바로 네가 며칠 전에 울면서 우리한테 말했잖아!

그날 술 마셨구나?

慧善 고마워. 샤오캉!

생각하는 게 정말 꼼꼼하구나!

★ 충격요법!! 이렇게 말하는 거 아닌가요?

1. 그냥 오지, 뭘 돈을 썼어?   ➡   "就来，为什么花钱了？" ✕

2. 요즘 돈이 없어.   ➡   "最近没有钱。" ✕

▶ 다음 페이지의 진짜 회화체 분석에서 확인하세요.

■ 나나와 샤오캉이 혜선이의 집을 방문하다. (1)

慧善 그냥 오지, 뭘 돈을 썼어?

来就来呗，还破费什么呀★?

Lái jiù lái bei, hái pòfèi shénme ya?

娜娜 샤오캉이 네가 요즘 돈이 없을 거라고 해서 말이야.

小康说你最近手头有点儿紧★,

Xiǎo Kāng shuō nǐ zuìjìn shǒutóu yǒudiǎnr jǐn,

그래서 꼭 사야 한다잖아. 너도 알잖아. 내가 말로는 샤오캉을 못 이겨.

所以非要给你买。你也很清楚，我说不过他。

suǒyǐ fēiyào gěi nǐ mǎi. Nǐ yě hěn qīngchu, wǒ shuōbuguò tā.

慧善 샤오캉이 어떻게 알았지?

小康他是怎么知道的呀？

Xiǎo Kāng tā shì zěnme zhīdào de ya?

娜娜 바로 네가 며칠 전에 울면서 우리한테 말했잖아!

是你前几天哭着跟我们说了嘛！

Shì nǐ qián jǐ tiān kūzhe gēn wǒmen shuō le ma!

그날 술 마셨구나?

那天你是不是喝酒了呀？

Nà tiān nǐ shì bu shì hē jiǔ le ya?

慧善 고마워. 샤오캉! 생각하는 게 정말 꼼꼼하구나!

谢谢，小康！你想得真周到！

Xièxie, Xiǎo Kāng! Nǐ xiǎng de zhēn zhōudào!

어휘 feel⁺

- 破费 pòfèi [동] (돈을) 들이다
- 手头 shǒutóu [명] 주머니 (경제적) 사정
- 紧 jǐn [형] 빠듯하다, 넉넉지 못하다
- 非要 fēiyào [부] 하여간, 기어이, 꼭
- 说不过 shuōbuguò 말로는 이길 수 없다
  (↔ 说得过)
- 周到 zhōudào [형] 빈틈없다, 꼼꼼하다

  • 服务周到
    fúwù zhōudào
    서비스가 빈틈없다

  • 考虑得周到
    kǎolǜ de zhōudào
    생각이 빈틈없다

★真짜 회화체 집중 분석!

1. **"来就来呗！还破费什么呀"** 친구나 손님이 집에 방문하면서 선물을 사 왔을 때 가볍게 던지는 인사말입니다. 문장을 그대로 해석하면 '오려면 그냥 오지, 뭘 또 낭비하고 그래'입니다.

2. **"手头有点儿紧"** 紧은 紧张의 줄임말입니다. 紧张의 여러 가지 의미 중에 '부족하다', '모자라다'의 의미를 나타내며, 有点儿紧张이라고 하면 '약간 긴장된다'라는 의미도 있지만 '(물건이) 약간 모자라다'라는 의미도 있습니다. 비슷한 표현으로 手头儿有点儿拮据 jiéjū가 있습니다.

스킬 어법 10

전치사 在·跟·向

중국어에서 전치사는 매우 중요한 어법 중 하나입니다. 30여 개가 넘는 전치사의 쓰임이 모두 다르므로 각각의 상황에 맞는 전치사를 사용하기란 외국인 학습자 입장에서 쉬운 일은 아닙니다. 하지만 회화에서 주로 사용하는 단 몇 개의 전치사만 정복해도 중국어가 예전보다 만만해질 거예요.

어법 포인트

1. 회화에 자주 등장하는 在 패턴

❶ 【在……呢】: ~하고 있다(진행형 강조)

▶ 我在跟男朋友看电影呢。
Wǒ zài gēn nánpéngyou kàn diànyǐng ne.
나는 지금 남친이랑 영화 보고 있어.

❷ 【在 + 방면/범위 + 上】: ~면에, ~에서

▶ 他经常在学习上帮助我。
Tā jīngcháng zài xuéxí shàng bāngzhù wǒ.
그는 공부하는 데 있어서 자주 나를 도와준다.

▶ 他在会议上充分发表了自己的意见。
Tā zài huìyì shàng chōngfèn fābiǎo le zìjǐ de yìjiàn.
그는 어제 회의에서 자신의 의견을 충분히 발표했다.

❸ 【在……的时候/之前】: ~할 때, ~하기 전에

▶ 在跟别人道歉的时候要注意态度。
Zài gēn biérén dàoqiàn de shíhou yào zhùyì tàidù.
다른 사람에게 사과할 때 태도를 조심해라.

▶ 你在离开之前必须得跟我说一声。
Nǐ zài líkāi zhīqián bìxū děi gēn wǒ shuō yì shēng.
떠나기 전에 꼭 나에게 알려줘야 해요.

❹ 【在A和B之间】: A와 B 사이에

▶ 在感情和工作之间发生了问题。
Zài gǎnqíng hé gōngzuò zhījiān fāshēng le wèntí.
사랑과 일 사이에 문제가 발생했다.

2. 회화에 자주 등장하는 跟 패턴

❶ 【跟 A 似的】: ~와 같다(비유법)

▶ 他在我的面前跟个孩子似的。

Tā zài wǒ de miànqián gēn ge háizi shìde.

그는 내 앞에서 꼭 아이와 같다.

❷ 【跟 A 说/要求/借钱】: ~에게 말하다/요구하다/돈 빌리다

▶ 别再跟我说你家里的事，行吗?

Bié zài gēn wǒ shuō nǐ jiāli de shì, xíng ma?

너희 집 일은 더이상 나에게 말하지 마. 알겠어?

▶ 经理突然跟我要求在明天之前完成报告。

Jīngli tūrán gēn wǒ yāoqiú zài míngtiān zhīqián wánchéng bàogào.

사장이 갑자기 나에게 내일까지 당장 보고서를 완성하라고 요구했다.

❸ 【跟 A 学】: ~에게, ~한테

▶ 这些骂人话，你到底跟谁学的?

Zhèxiē màrén huà, nǐ dàodǐ gēn shéi xué de?

너는 이런 욕을 도대체 누구에게 배운 거니?

3. 회화에 자주 등장하는 向 패턴

❶ 【向 A 说/要求/借钱】: ~에게 말하다/요구하다/돈 빌리다

▶ 他动不动就向我借钱。

Tā dòng bu dòng jiù xiàng wǒ jièqián.

그는 걸핏하면 나에게 돈을 빌린다.

❷ 【向 A 学习】: ~을 본받다

▶ 你如果想要成功，要多向我学习。

Nǐ rúguǒ xiǎng yào chénggōng, yào duō xiàng wǒ xuéxí.

성공하고 싶으면, 나를 많이 본받아라.

패턴을 담은 대화

■ 다음 대화를 중국어로 말해보고, 실제 회화문과 비교해보세요.

慧善 오기 전에 연락을 줬어야지!! 방도 치우지 않았단 말이야.

오늘은 무슨 바람이 불어서 왔어?

娜娜 제일 친한 친구로서 너 돈 문제가 걱정돼서, 그래서 왔어.

慧善 역시 제일 좋은 친구네! 원래는 동료한테 돈을 좀 빌리려고 했는데, 다들 여유가 없나 봐.

회사에 가불을 요청했는데, 가능성은 별로 없어.

小康 혜선아! 저기…… 내가 마침 이번에 장학금을 받았거든.

너만 괜찮으면, 이 돈 너에게 빌려줄게.

娜娜 대박! 이 절친도 못 빌려주는데……

慧善 야! 샤오캉 좀 본받아라!

고마워. 샤오캉!

★ 충격요법!! 이렇게 말하는 거 아닌가요?

1. 오늘은 무슨 바람이 불어서 왔어? ➡ "今天为什么来了？" ✕

2. 역시 내 제일 좋은 친구야! ➡ "你是我的好朋友！" ✕

▶ 다음 페이지의 진짜 회화체 분석에서 확인하세요.

■ 나나와 샤오캉이 혜선이의 집을 방문하다. (2)

慧善 오기 전에 연락을 줬어야지! 방도 치우지 않았단 말이야.

在来之前跟我说一声才对啊！房间都没收拾呢。
Zài lái zhīqián gēn wǒ shuō yì shēng cái duì ā! Fángjiān dōu méi shōushi ne.

오늘은 무슨 바람이 불어서 왔어?

今天什么风把你们吹来的呀★?
Jīntiān shénme fēng bǎ nǐmen chuī lái de ya?

娜娜 제일 친한 친구로서 너 돈 문제가 걱정돼서, 그래서 왔어.

作为你的闺蜜，我担心你借钱的事儿，
Zuòwéi nǐ de guīmì, wǒ dānxīn nǐ jiè qián de shìr,

所以才*来的呀！
suǒyǐ cái lái de ya!

慧善 역시 제일 좋은 친구네! 원래는 동료한테 돈을 좀 빌리려고 했는데,

不愧是我的好闺蜜★! 我本来想跟同事借点儿钱，
Búkuì shì wǒ de hǎo guīmì! Wǒ běnlái xiǎng gēn tóngshì jiè diǎnr qián,

다들 여유가 없나 봐.

但他们手头儿也比较紧。
dàn tāmen shǒutóur yě bǐjiào jǐn.

회사에 가불을 요청했는데, 가능성은 별로 없어.

我已经跟公司要求预支了，可能性不大。
Wǒ yǐjīng gēn gōngsī yāoqiú yùzhī le, kěnéngxìng bú dà.

小康 혜선아! 저기…… 내가 마침 이번에 장학금을 받았거든.

慧善! 那个…… 我正好拿到了奖学金，
Huìshàn! Nàge…… wǒ zhènghǎo nádào le jiǎngxuéjīn,

너만 괜찮으면, 이 돈 너에게 빌려줄게.

若你不介意的话，这笔钱，借给你吧。
ruò nǐ bú jièyì dehuà, zhè bǐ qián, jiègěi nǐ ba.

어휘 feel⁺

- 收拾　shōushi [동] 정리하다
- 作为　zuòwéi [개] ~(신분)으로서
  주로 누군가의 신분을 강조하여 표현할 때 쓴다. 동사일 때는 '여기다'라는 의미이다.
  - 你作为一个老师，应该多关照学生。
    Nǐ zuòwéi yígè lǎoshī, yīnggāi duō guānzhào xuéshēng.
    너는 선생으로서 학생을 잘 돌봐야 한다.
- 不愧　búkuì [동] 손색이 없다, 자격이 있다
- 若　ruò [접] 만약~하면
- 介意　jièyì [동] 개의하다, 신경 쓰다
- 拿不出　nábuchū 내놓을 수 없다

표현 tip*

- 그래서 이러는 거야.
  所以才这样。
  Suǒyǐ cái zhèyàng.

娜娜　대박! 이 절친도 못 빌려주는데……

哇塞! 我这个闺蜜都拿不出钱……
Wāsài! Wǒ zhège guīmì dōu nábuchū qián……

慧善　야! 샤오캉 좀 본 받아라! 고마워. 샤오캉!

你呀! 多向他学习! 谢谢，小康!
Nǐ ya! Duō xiàng tā xuéxí! Xièxie, Xiǎo Kāng!

★ 真짜 회화체 집중 분석!

1. **"什么风把你们吹来的呀"**　오랜만에 찾아온 친구나 손님에게 '웬일로 왔어?'라고 말할 때 사용하는 표현입니다. 你怎么来了? 혹은 你为什么来了?가 조금 식상하게 여겨질 때 한번 사용해보세요.

2. **"不愧是我的……"**　상대방의 기분을 좋게 할 수 있는 표현으로 뒤에 다양한 대상을 넣어서 사용할 수 있습니다.

> 역시 내 남편이야!
> 不愧是我的好老公!
> Búkuì shì wǒ de hǎo lǎogōng!

> 역시 내 친구야!
> 不愧是我的好哥们儿!
> Búkuì shì wǒ de hǎo gēmenr!

> 역시 우리 사장님이셔!
> 不愧是我的好老板!
> Búkuì shì wǒ de hǎo lǎobǎn!

스킬 어법 11

전치사 以·对

전치사의 어법 중 비교적 난이도가 있지만, 회화에서 사용하면 문장 수준을 확 달라지게 하는 어휘들입니다. 어떤 상황에서, 어떤 구조로 쓰이는지 확인하고, 자주 사용하는 문장을 통째로 외우는 것이 회화 표현을 빠르게 습득하는 지름길입니다.

어법 포인트

1. 以의 쓰임

가장 기본적인 의미는 '~(으)로'입니다.

❶ 【以 + 资格/身份/经验/能力/方式】

▶ 以我的经验来看，这件事有点儿不靠谱。
Yǐ wǒ de jīngyàn lái kàn, zhè jiàn shì yǒudiǎnr bú kàopǔ.
내 경험으로 보면, 이 일은 비현실적이다.

· 以…来看 yǐ…lái kàn ~으로 보면

▶ 我也不知道以什么样的方式解决问题。
Wǒ yě bù zhīdào yǐ shénmeyàng de fāngshì jiějué wèntí.
나도 무슨 방식으로 문제를 해결할지 잘 모르겠다.

❷ 【以 + A + 为 + B】: A로 B를 삼다(A를 B로 여기다)

▶ 他以当老师为人生的奋斗目标。
Tā yǐ dāng lǎoshī wéi rénshēng de fèndòu mùbiāo.
그는 선생님이 되는 것을 인생의 목표로 삼았다.
(그의 인생의 목표는 선생님이 되는 것이다.)

❸ 【以 + A + 为主】: A를 위주로 하다(A를 가장 중요한 것으로 삼다)

▶ 学汉语的时候应该以语法为主。
Xué Hànyǔ de shíhou yīnggāi yǐ yǔfǎ wéi zhǔ.
중국어를 공부할 때는 어법을 위주로 해야 한다.

2. 对의 쓰임

对는 '~에 대하여'라는 대표적인 의미 외에도 다양한 쓰임새가 있다.

❶ 【사람 + 对 + 사람 + 태도/감정】: ~에게

> ▶ 他平时对我特别好。
>
> Tā píngshí duì wǒ tèbié hǎo.
>
> 그는 평소에 저에게 무척 잘해줘요.

❷ 【对 + 대상 + 来说】: ~의 입장에서 보면

> ▶ 这对我来说是一个天大的好机会。
>
> Zhè duì wǒ láishuō shì yí ge tiāndà de hǎo jīhuì.
>
> 이것은 내 입장에서 굉장한 기회이다.

❸ 【对 + 대상 + 很重要】: ~에게 매우 중요하다

> ▶ 这次结果对他很重要，是因为这是最后一次。
>
> Zhè cì jiéguǒ duì tā hěn zhòngyào, shì yīnwèi zhè shì zuìhòu yí cì.
>
> 이 결과는 그에게 매우 중요해. 왜냐하면, 이번이 마지막이거든.

❹ 【对 + 대상 + 有/没有 + ……】: ~에 ~가 있다/없다

> ▶ 昨天你的行动对你的职场生活没有好处。
>
> Zuótiān nǐ de xíngdòng duì nǐ de zhíchǎng shēnghuó méiyǒu hǎochù.
>
> 어제 너의 행동은 직장생활에 도움이 안 돼.

■ 다음 대화를 중국어로 말해보고, 실제 회화문과 비교해보세요.

小赵 아직도 혜선이랑 진전이 없어? 왕쿤도 혜선이한테 관심 있는 것 같더라고.

小康 진짜야? 이 자식! 내가 혜선이 좋아하는 거 분명히 알면서 어떻게 그래?

그게 사실이면 그 자식 가만 안 둔다!

小赵 내가 한참을 참고 말 못 한 게 있는데, 너는 혜선이가 뭐가 그렇게 좋냐?

나는 걔 이기적인 태도가 거슬리던데.

小康 네가 뭘 알아?

그게 바로 혜선이의 매력이거든?

나한테 걔는 여신이야!

왕쿤이
혜선이를
좋아한대~

1. 그 자식 가만 안 둔다!	➡ "我要打他!"	✕
2. 눈에 거슬려!	➡ "不喜欢看!"	✕

▶ 다음 페이지의 진짜 회화체 분석에서 확인하세요.

패턴을 담은 真짜 대화

■ 샤오캉이 샤오짜오와 혜선이 이야기를 하다.

小赵   아직도 혜선이랑 진전이 없어?

跟慧善还没有进展吗?
Gēn Huìshàn hái méiyǒu jìnzhǎn ma?

왕쿤도 혜선이한테 관심 있는 것 같더라고.

好像王坤他也对慧善有意思。
Hǎoxiàng Wáng Kūn tā yě duì Huìshàn yǒu yìsi.

小康   진짜야? 이 자식! 내가 혜선이 좋아하는 거 분명히 알면서 어떻게 그래?

真的假的? 臭小子! 他明明知道我喜欢慧善,
Zhēn de jiǎ de? Chòu xiǎozi! Tā míngmíng zhīdào wǒ xǐhuan Huìshàn,

怎么能这样?
zěnme néng zhèyàng?

그게 사실이면 그 자식 가만 안 둔다!

若这是事实,我就跟他没完★!
Ruò zhè shì shìshí, wǒ jiù gēn tā méiwán!

小赵   내가 한참을 참고 말 못 한 게 있는데, 너는 혜선이가 뭐가 그렇게 좋냐?

我有一些话憋了很久*,你到底喜欢她什么地方?
Wǒ yǒu yìxiē huà biē le hěn jiǔ, nǐ dàodǐ xǐhuan tā shénme dìfang?

나는 걔 이기적인 태도가 거슬리던데.

我呢,看不顺眼★她那种以自我为中心的态度。
Wǒ ne, kàn bú shùnyǎn tā nà zhǒng yǐ zìwǒ wéi zhōngxīn de tàidù.

小康   네가 뭘 알아? 그게 바로 혜선이의 매력이거든?

你懂什么呀? 那就是她的魅力,好不好?
Nǐ dǒng shénme ya? Nà jiù shì tā de mèilì, hǎo bu hǎo?

나한테 걔는 여신이야!

对我来说,她是女神!
Duì wǒ láishuō, tā shì nǚshén!

어휘 feel+

- 进展   jìnzhǎn [명] 진전

- 憋   biē [동] 참다
  - 憋气 biēqì 숨을 참다
  - 憋尿 biēniào 소변을 참다
  - 憋不住 biēbuzhù (화, 숨, 소변 등을)
    참을 수 없다

표현 tip*

- 내가 오랫동안 참고 못 한 말이 있어.
  我有一些话憋了很久。
  Wǒ yǒu yìxiē huà biē le hěn jiǔ.

★ 真짜 회화체 집중 분석!

1. "我就跟他没完" 화가 났을 때 혹은 협박을 할 때 사용하는 표현으로 한국어 느낌으로 보자면 '조용히 해! 그렇지 않으면 가만 안 둔다!' 라는 표현입니다. 비슷한 표현으로 **我就跟你翻脸** wǒ jiù gēn nǐ fānliǎn '너에게 좋은 얼굴로 대하지 않을 거야', **我就跟你拼了** wǒ jiù gēn nǐ pīn le '너랑 끝까지 싸울 거야', **我不会放过你的** wǒ bú huì fàngguò nǐ de '너를 놓아주지 않을 거야' 등이 있습니다.

> 너 오늘 안 오면, 나 너랑 끝장 볼 거야!
>
> ## 你今天不来，我就跟你拼了！
>
> Nǐ jīntiān bù lái, wǒ jiù gēn nǐ pīn le!

翻脸 fānliǎn 동 태도를 바꾸다, 정색하다 | 拼 pīn 동 필사적으로 하다 | 放过 fàngguò 동 놓아주다, 용서하다

2. "看不顺眼" 누군가가 눈엣가시처럼 너무 맘에 들지 않을 때 사용하는 '눈에 거슬리다'라는 표현입니다.

> 나는 걔만 보면 눈에 거슬려. 앞으로 같은 사무실에서 일해야 하는데, 어떡하지?
>
> ## 我看他不顺眼，以后在一个办公室里工作，怎么办？
>
> Wǒ kàn tā bú shùnyǎn, yǐhòu zài yí ge bàngōngshì lǐ gōngzuò, zěnme bàn?

스킬 어법 12

특수구문① ─ 把·被

회화 수준을 높이는 방법 중 하나는 특수구문을 잘 사용하는 것입니다. 특수구문 중 사용 빈도가 가장 높은 **把**자문과 **被**자문은 학습자들이 애써 이 표현을 피하는 것처럼 느껴질 정도로 써야 할 곳에서 쓰지 않는 경우가 많습니다. 더 이상 **把**자문과 **被**자문을 피하지 마세요!

어법 포인트

1. 把자문 기본구조

중국어 문장에서 목적어의 기본 위치는 동사 뒤입니다. 하지만 목적어와 기타성분을 강조하기 위해 把자문을 사용하여 목적어를 동사 앞으로 옮기게 됩니다.

❶ 【주어(A) + 把(~을/를) + 목적어(B) + 동사(C) + 기타성분(了/着/보어)(D)】
: A는 B를 C해서 D하게 하다 ➡ 보어: 스킬어법 18,19,20 참고

　　　　　　　　　　　목적어　　　　동사　기타성분-결과보어
▶ 我已经把老师给我买的书 看 完了。
Wǒ yǐjīng bǎ lǎoshī gěi wǒ mǎi de shū kànwán le.
나는 선생님이 나에게 사주신 책을 이미 다 보았다.

　　　　　　　목적어　　동사　기타성분-방향보어
▶ 你把那本书 拿 过来吧。
Nǐ bǎ nà běn shū ná guòlái ba.
너는 그 책을 가져와라.

　　　　　　목적어　　동사　기타성분-결과보어
▶ 他把我的手机 弄 坏了。
Tā bǎ wǒ de shǒujī nònghuài le.
그는 내 휴대전화를 고장 냈다.

❷ 부정형은 把 앞에 온다.

　　　　　목적어　동사　기타성분-결과보어
▶ 我没有把作业 做 完。
Wǒ méiyǒu bǎ zuòyè zuòwán.
나는 숙제를 다 하지 못했다.

190

간단히 말하면, '~을(를) ~하다'라는 문장에서 '목적어를 더 강조하고 싶다! 단, 동사 뒤에 뭔가가 따라온다! '이게 바로 把자문입니다. 예를 들어, '나는 방을 청소했다.'는 "我打扫房间了。"이고, 이때 '방을' 청소했다는 것과 청소했는데 '깨끗하다'는 것을 강조하고 싶다면 把자문을 사용하여 "我把房间打扫干净了。"라고 표현합니다. 즉 '무엇을 어떻게 했는데, 어떻게 되었다'가 바로 가장 기본적인 把자문의 표현 방식입니다.

2. 把자문 특수구조

❶ 【주어 + 把 + 목적어 + 동사 + 成/为 + 대상】: ~을 ~으로 ~하다

▶ 你把这里当成自己的家。
Nǐ bǎ zhèli dāngchéng zìjǐ de jiā.
너는 이곳을 자기 집으로 여겨라.

▶ 我想把这件衣服换成别的衣服。
Wǒ xiǎng bǎ zhè jiàn yīfu huànchéng biéde yīfu.
저는 이 옷을 다른 옷으로 바꾸고 싶어요.

❷ 【주어 + 把 + 목적어 + 동사 + 在 + 장소】: ~을 ~에 놓다

▶ 你把这本书放在桌子上。
Nǐ bǎ zhè běn shū fàngzài zhuōzi shàng.
너는 이 책을 책상 위에 놓아라.

▶ 你把那件衣服挂在墙上。
Nǐ bǎ nà jiàn yīfu guàzài qiáng shàng.
너는 그 옷을 벽에 걸어라.

❸ 【주어 + 把 + 목적어 + 동사 + 到 + 장소】: ~을 ~로 ~하다

▶ 他把我送到医院。
Tā bǎ wǒ sòngdào yīyuàn.
그는 나를 병원에 데려다 주었다.

▶ 你把我的儿子带到那儿。
Nǐ bǎ wǒ de érzi dàidào nàr.
너는 내 아들을 그곳에 데려다 주어라.

❹ 【주어 + 把 + 목적어 + 동사 + 进 + 장소】: ~을 ~로 ~해 넣다

▶ 你把这笔钱装进书包里。
Nǐ bǎ zhè bǐ qián zhuāngjìn shūbāo lǐ.
너는 이 돈을 가방에 넣어라.

▶ 别把狗带进屋子里。
Bié bǎ gǒu dàijìn wūzi lǐ.
개를 방에 데리고 들어가지 말아라.

❺ 【주어 + 把 + 목적어 + 동사 + 给 + 대상】: ~을 ~에게 ~해주다

▶ 你把这本书还给他。
Nǐ bǎ zhè běn shū huángěi tā.
너는 이 책을 그에게 돌려주어라.

▶ 我要把这块手表送给男朋友。
Wǒ yào bǎ zhè kuài shǒubiǎo sònggěi nánpéngyou.
나는 이 손목 시계를 남친에게 선물로 주려고 해.

3. 被자문 기본구조

把자문을 이해했다면 被자문도 쉽게 이해할 수 있습니다. 두 구문의 어법은 매우 비슷해서 차이점만 확실히 알면 됩니다. 把자문이 '~을 ~해서 ~하다'라는 의미라면, 被자문은 피동형을 강조하는 형태로 '~이 ~에 의하여 ~당하다'라는 의미입니다.

> 把자문 : [가해자 + 把 + 피해자] (가바피)
> 被자문 : [피해자 + 被 + 가해자] (피빼가)

❶ 【주어(피해자)(A) + 被 + 가해자(B) + 동사(C) + 기타성분(了/过/보어)(D)】
: A는 B에 의하여 C함을 당해 D하게 되다 (가해자 B 생략 가능)

▶ 我的手机被(他)弄坏了。
Wǒ de shǒujī bèi (tā) nònghuài le.
내 휴대전화는 (그에 의하여) 고장이 났다.

▶ 我被(他)骗了。
Wǒ bèi (tā) piàn le.
나는 (그에 의하여) 사기를 당했다.

▶ 他被别人当成坏人。
Tā bèi biérén dāngchéng huàirén.
그는 다른 사람들에 의하여 나쁜 놈이라고 여김을 당했다.

패턴을 담은 대화

■ 다음 대화를 중국어로 말해보고, 실제 회화문과 비교해보세요.

小康　걔 나오라고 해 봐! 얼굴 보고 확실히 물어봐야겠어.

　　　 (샤오캉이 왕쿤을 불러낸다.)

王坤　무슨 일이야? 왜 이렇게 심각해?

小康　네가 혜선이에게 관심이 있다고 했다던데, 사실이야? 솔직히 말해 봐!

王坤　누가 그래? 너 나를 대체 뭐로 보는 거야?

　　　 하늘에 맹세코 걔는 절대 내 스타일이 아니거든?

小康　(당황해하며) 미안해! 샤오짜오가 알려줬어.

王坤　네가 놀림당한 거잖아!

뭐라는 거야?!

너 이자식!
강히 혜선이를 좋아해?
가만 안둬!

★ 충격요법!! 이렇게 말하는 거 아닌가요?

1. 나를 대체 뭐로 보는 거야?　　➡　　"你到底看我是什么？" ✕

2. 하늘에 맹세코!　　➡　　"我发誓！" ✕

▶ 다음 페이지의 진짜 회화체 분석에서 확인하세요.

■ 샤오캉이 왕쿤을 찾아가다.

小康 걔 나오라고 해 봐! 얼굴 보고 확실히 물어봐야겠어.

你把他约出来！我要当面问清楚。

Nǐ bǎ tā yuē chūlái! Wǒ yào dāngmiàn wèn qīngchu.

(잠시 후)

王坤 무슨 일이야? 왜 이렇게 심각해?

什么事？怎么这么严肃？

Shénme shì? Zěnme zhème yánsù?

小康 네가 혜선이에게 관심이 있다고 했다던데, 사실이야?

听说，你对慧善有意思，是真的吗？

Tīngshuō, nǐ duì Huìshàn yǒu yìsi, shì zhēn de ma?

솔직히 말해 봐!

老实告诉我吧！

Lǎoshi gàosu wǒ ba!

王坤 누가 그래? 너 나를 대체 뭐로 보는 거야?

谁说的*？你到底把我当(成)什么了★？

Shéi shuō de? Nǐ dàodǐ bǎ wǒ dāng(chéng) shénme le?

하늘에 맹세코 걔는 절대 내 스타일이 아니거든?

我对天发誓★，她绝对不是我喜欢的类型，好不好？

Wǒ duì tiān fāshì, tā juéduì bú shì wǒ xǐhuan de lèixíng, hǎo bu hǎo?

小康 미안해! 샤오짜오가 알려줬어.

不好意思！是小赵告诉我的。

Bù hǎo yìsi! Shì Xiǎo Zhào gàosu wǒ de.

王坤 네가 놀림당한 거잖아!

你被他耍了嘛！

Nǐ bèi tā shuǎ le ma!

어휘 feel⁺

- 当面 dāngmiàn [부] 얼굴을 직접 마주하다

- 严肃 yánsù [형] 진지하다

- 绝对 juéduì [부] 절대

- 发誓 fāshì [동] 맹세하다

- 耍 shuǎ [동] 가지고 놀다, 놀리다

- 老实人 lǎoshirén 성실한 사람

  • 你呢，在这儿老老实实地工作。
  Nǐ ne, zài zhèr lǎolǎo shíshí de gōngzuò.
  너는 여기서 성실히 일해라.

  • 老老实实地回答。
  Lǎolǎo shíshí de huídá.
  고분고분 대답해라.

표현 tip*

- 누가 그래?
  谁说的？
  Shéi shuō de?

★ 真짜 회화체 집중 분석!

1. **"你到底把我当(成)什么了"** 把자문 어법 중 특수구조에서 학습했던 **把…当成…** '~을 ~으로 여기다(생각하다)'의 형태입니다. **成**은 회화에서 종종 생략하기도 합니다.

2. **"对天发誓"** 누군가에게 본인의 떳떳함과 당당함을 표현할 때 사용하는 대표적인 표현법으로 우리가 말하는 '하늘에 맹세코'와 같습니다. 같은 표현으로 **向天发誓**가 있습니다. 보통 중국인들은 이 멘트를 할 때 엄지와 새끼손가락을 접고, 나머지 손가락 세 개를 위로 하는 손짓을 합니다.

> 하늘에 맹세코 나는 그런 말을 한 적이 없어.
>
> ## 对天发誓，我真没有说过这种话。
>
> Duì tiān fāshì, wǒ zhēn méiyǒu shuōguo zhè zhǒng huà.

스킬 어법 13

특수구문 ② — 사역동사 让·叫·令

다른 사람에게 무슨 일을 시켜야 할 때, 다른 사람이 나에게 무슨 일을 시킬 때, 누군가 나를 감동하게 했을 때 등의 상황에서 무조건 사용하는 특수구문입니다. 把, 被와 함께 학습자들이 뛰어넘어야 할 필수 관문이죠!

어법 포인트

1. 让/叫/令 구문 기본구조

이 세 개의 사역동사는 기본적으로 '~가 ~로 하여금 ~하도록 하다'의 의미가 있지만 구체적인 행동을 누군가에게 시킬 경우에는 让, 叫를 사용하여 '~가 ~에게 ~을 시키다'로 해석하며, 감동, 기쁨, 실망 등과 관련된 상황일 경우에는 令을 사용하여 '~가 ~을 ~하게 만들다'로 해석합니다. 부정형을 표현할 때는 不가 사역동사 앞에 위치합니다.

> 让 : [사람/사물 + 让 + 사람 + 동사 + (목적어)]
> 叫 : [사람/사물 + 叫 + 사람 + 동사 + (목적어)]
> 令 : [사람/사물 + 令 + 사람 + 감정동사]

▶ 爸爸让(叫)我给老师联系了。
　　Bàba ràng(jiào) wǒ gěi lǎoshī liánxì le.
　　아버지가 선생님께 연락하라고 하셨어요.

▶ 昨天你的行动太让(叫)我失望了。
　　Zuótiān nǐ de xíngdòng tài ràng(jiào) wǒ shīwàng le.
　　어제 네 행동은 나를 정말 실망하게 했어.

▶ 我喜欢听令(让/叫)人感动的故事。
　　Wǒ xǐhuan tīng lìng(ràng/jiào) rén gǎndòng de gùshì.
　　나는 사람을 감동하게 하는 이야기를 듣는 것을 좋아해.

▶ 我男朋友不让(叫)我跟那个朋友联系。
　　Wǒ nánpéngyou bú ràng(jiào) wǒ gēn nàge péngyou liánxì.
　　남자친구가 그 친구에게 연락 못 하게 해요.

🗣 패턴을 담은 대화

■ 다음 대화를 중국어로 말해보고, 실제 회화문과 비교해보세요.

慧善 오래 기다렸지? 정말 미안해! 길이 너무 막혔어.

小康 아니, 아니, 아니, 안 기다렸어. 나도 방금 왔어.

오늘 왜 갑자기 나오라고 했어? 무슨 일 있는 거야?

慧善 그런 건 아니고, 지난번에 내가 너한테 신세 졌잖아.

그래서 오늘 맛있는 거 사주면서 신세 갚으려고 해.

小康 친구끼리 신세라고 말할 수는 없지!! (신세라니!)

그때 장학금 아니었으면 못 도와줬을 거야.

★ 충격요법!! 이렇게 말하는 거 아닌가요?

1. 오래 기다렸지? ➡ "等很长时间了吧？" ✗

2. 내가 너한테 신세를 졌어. ➡ "谢谢你帮助我。" ✗

3. ~라고 말할 수는 없지. ➡ "不能说……" ✗

▶ 다음 페이지의 진짜 회화체 분석에서 확인하세요.

■ 혜선이와 샤오캉이 만나다. (1)

慧善 오래 기다렸지? 정말 미안해! 길이 너무 막혔어.

让你久等了*! 实在不好意思! 堵车堵得太厉害。

Ràng nǐ jiǔ děng le! Shízài bù hǎo yìsi! Dǔchē dǔ de tài lìhai.

小康 아니, 아니, 아니, 안 기다렸어. 나도 방금 왔어.

不不不，没有，我也刚到。

Bù bù bù, méiyǒu, wǒ yě gāng dào.

오늘 왜 갑자기 나오라고 했어?

今天怎么突然叫我出来了呢?

Jīntiān zěnme tūrán jiào wǒ chūlái le ne?

무슨 일 있는 거야?

是不是发生了什么事?

Shì bu shì fāshēng le shénme shì?

慧善 그런 건 아니고, 지난번에 내가 너한테 신세 졌잖아.

那倒不是*。之前我欠你一个人情*嘛。

Nà dào bú shì. Zhīqián wǒ qiàn nǐ yí ge rénqíng ma.

그래서 오늘 맛있는 거 사주면서 신세 갚으려고 해.

所以我今天要请你吃个饭还人情。

Suǒyǐ wǒ jīntiān yào qǐng nǐ chī ge fàn huán rénqíng.

小康 친구끼리 신세라고 말할 수는 없지.

朋友之间，人情那倒谈不上*。

Péngyou zhījiān, rénqíng nà dào tánbushàng.

그때 장학금 아니었으면 못 도와줬을 거야.

那时要不是有奖学金，我也帮不了你的忙。

Nà shí yàobúshì yǒu jiǎngxuéjīn, wǒ yě bāngbuliǎo nǐ de máng.

어휘 feel⁺

- **突然** tūrán [부] 갑자기 [형] 갑작스럽다

  忽然 hūrán과 비슷한 의미의 표현이지만 突然은 '갑작스럽다'라는 의미의 형용사로도 쓰인다.

  • 我突然想起你了。
  Wǒ tūrán xiǎngqǐ nǐ le.
  갑자기 네 생각이 났어.

  • 幸福来得很突然。
  Xìngfú lái de hěn tūrán.
  행복은 갑자기 찾아온다.

- **欠** qiàn [동] 빚지다

- **人情** rénqíng [명] 인심, 신세

- **要不是** yàobúshì 만약 ~가 아니라면

표현 tip*

- 그런 건 아니야.
  那倒不是。
  Nà dào bú shì.

★ 真짜 회화체 집중 분석!

1. "让你久等了" 약속 시간에 늦었을 때 사용하는 예의 바른 표현입니다. 뭐라고 해야할지 몰라 **对不起,** **不好意思**만 반복하지 말고, 한번 사용해 보세요. "**久等了久等了**"라고 반복하여 말하면 미안함을 더욱 강조할 수 있습니다.

2. "那倒谈不上" 회화 고수가 되고 싶다면, 욕심내야 하는 고급 표현입니다. **倒**라는 단어가 '오히려'라는 뜻이 있다는 것을 알아도 이 단어를 실제로 활용하는 학습자들은 적습니다. 관용 표현으로 꼭 기억해서 '~라고 말할 정도는 아니지'라고 말하고 싶다면 무조건 내뱉으세요.

> A: 앞으로 잘 부탁드려요.
>
> 以后请您多关照。
> Yǐhòu qǐng nín duō guānzhào.
>
> B: 부탁은요, 무슨!
>
> 关照那倒谈不上!
> Guānzhào nà dào tánbushàng!

3. "我欠你一个人情" 누군가의 도움을 받았을 때 그냥 '고마워'라는 말만 하는 것보다 더욱 친근감 있게 '신세를 졌다'라고 고마운 마음을 표현할 때 사용합니다.

> 신세를 졌네요. 다음에 술 한 잔 살게요.
>
> 我欠你一个人情，下次我请你喝杯酒吧。
> Wǒ qiàn nǐ yí ge rénqíng, xià cì wǒ qǐng nǐ hē bēi jiǔ ba.

스킬 어법 14

특수구문 ③ ─ 有/没有 겸어문

이번에는 **有/没有** 겸어문을 정복합시다. 겸어문이란 한 단어가 문장 속에서 두 가지의 성분을 겸하고 있다는 뜻입니다. **有/没有** 겸어문은 문장 속에 **有** 혹은 **没有**가 출현하는 동시에 어떠한 단어가 두 가지의 성분을 겸하는 문형입니다.

어법 포인트

1. 有/没有 겸어문 기본구조

【有(没有) + 중심명사 + ……】

만들고자 하는 문장이 '~하는 ~이 있다/없다'나 '~할 ~이 있다/없다'로 해석된다면 겸어문 구조를 사용해야 합니다.

중심명사

▶ 我最近没钱花。
　 Wǒ zuìjìn méi qián huā.
　 나는 요즘 쓸 돈이 없다.(돈이 없다, 사용할)

중심명사

▶ 我有一件事要跟你商量。
　 Wǒ yǒu yí jiàn shì yào gēn nǐ shāngliang.
　 너와 상의해야 할 일이 하나 있다.(일 하나가 있다, 너와 상의해야 할)

중심명사

▶ 我没有话跟你说。
　 Wǒ méiyǒu huà gēn nǐ shuō.
　 너에게 할 말이 없어. (말이 없다, 너에게 할)

중심명사

▶ 没有一个人喜欢我。
　 Méiyǒu yí ge rén xǐhuan wǒ.
　 날 좋아하는 사람은 한 명도 없다. (한 명이 없다, 날 좋아하는)

중심명사

▶ 我最近特别忙，没有时间照顾孩子。
　 Wǒ zuìjìn tèbié máng, méiyǒu shíjiān zhàogù háizi.
　 요즘 너무 바빠서 아이를 돌볼 시간이 없다. (시간이 없다, 아이를 돌볼)

중심명사

▶ 公司里有好多事得处理。
　 Gōngsī lǐ yǒu hǎo duō shì děi chǔlǐ.
　 회사에 처리해야 할 일이 너무 많다. (많은 일이 있다, 처리해야 할)

패턴을 담은 대화

■ 다음 대화를 중국어로 말해보고, 실제 회화문과 비교해보세요.

慧善 그거 알아? 그날 정말 감동적이었어. 여기저기 돈을 빌리려고 했지만,

결국 돕겠다는 친구가 한 명도 없었어.

小康 친구끼리 당연히 도와야지! 게다가 큰 액수도 아니잖아.

慧善 노노노! 이건 액수와 상관이 없어.

小康 다행이야. 널 도와준 보람이 있네.

앞으로 도움이 필요하면, 제일 먼저 나한테 말해!

慧善 약속한 거다? 오케이!

앞으로 내가 매일 귀찮게 해줄게!

그때 가서 후회하지 마!

★ 충격요법!! 이렇게 말하는 거 아닌가요?

1. 널 도와준 보람이 있네. ➡ "帮你真有意义。" ✕

2. 약속한 거야. ➡ "你应该做。" ✕

▶ 다음 페이지의 진짜 회화체 분석에서 확인하세요.

■ 혜선이와 샤오캉이 만나다. (2)

慧善 그거 알아? 그날 정말 감동적이었어.

你知道吗？当时实在是太令人感动了。

Nǐ zhīdào ma? Dāngshí shízài shì tài lìng rén gǎndòng le.

여기저기 돈을 빌리려고 했지만, 결국 돕겠다는 친구가 한 명도 없었어.

我到处借钱，但最后没有一个朋友愿意帮我。

Wǒ dàochù jièqián, dàn zuìhòu méiyǒu yí ge péngyou yuànyì bāng wǒ.

小康 친구끼리 당연히 도와야지.

朋友之间本来就应该互相帮忙。

Péngyou zhījiān běnlái jiù yīnggāi hùxiāng bāngmáng.

게다가 큰 액수도 아니잖아.

再说，又不是很大的数目。

Zàishuō, yòu bú shì hěn dà de shùmù.

慧善 노노노! 이건 액수와 상관이 없어.

不不不！这跟数目没有关系。

Bù bù bù! Zhè gēn shùmù méiyǒu guānxì.

小康 다행이야. 널 도와준 보람이 있네.

太好了，我没有白帮你★。

Tài hǎo le, wǒ méiyǒu bái bāng nǐ.

앞으로 도움이 필요하면, 제일 먼저 나한테 말해!

以后你有事需要帮助的话，第一时间跟我说！

Yǐhòu nǐ yǒu shì xūyào bāngzhù dehuà, dì yī shíjiān gēn wǒ shuō!

慧善 약속한 거다? 오케이! 앞으로 내가 매일 귀찮게 해줄게!

你说的★？好吧！从今往后，我每天都纠缠你吧！

Nǐ shuō de? Hǎo ba! Cóng jīn wǎng hòu, wǒ měitiān dōu jiūchán nǐ ba!

그때 가서 후회하지 마!

到时候，你别后悔★！

Dào shíhou, nǐ bié hòuhuǐ!

어휘 feel+

- 再说 zàishuō 접 게다가
- 数目 shùmù 명 액수
- 白 bái 부 헛되이, 쓸데없이, 무료로
- 从今往后 cóng jīn wǎng hòu 오늘부터 시작해서
- 纠缠 jiūchán 동 성가시게 하다
- 后悔 hòuhuǐ 명 후회 동 후회하다

표현 tip*

- 그때 가서 후회하지 마.
  到时候，你别后悔。
  Dào shíhou, nǐ bié hòuhuǐ.

★ 真짜 회화체 집중 분석!

1. **"没有白帮你"** 白가 부사일 때, '괜히', '쓸데없이'라는 의미로 자주 쓰입니다. 앞에 没(有)를 붙여 부정하면 '쓸데없이'가 '보람 있는 일'이 되겠죠.

> 대학에 합격했구나? 널 가르친 보람이 있네!
>
> 考上大学了? 我没白教你!
>
> Kǎoshàng dàxué le? Wǒ méi bái jiāo nǐ!

2. **"你说的"** 상대방의 약속을 다시 확인할 때 사용하는 표현입니다. 같은 뜻의 관용어 표현으로 **说话算数**, **一言为定** 등이 있습니다.

> A: 월급 받으면 밥 살게.
>
> 发了工资，我就请你吃饭吧。
>
> Fā le gōngzī, wǒ jiù qǐng nǐ chīfàn ba.
>
> B: 약속한 거지?
>
> 你说的? / 说话算数。 / 一言为定。
>
> Nǐ shuō de? / Shuōhuà suànshù. / Yì yán wéi dìng.)

스킬 어법 15

특수구문④ — 비교문

일상 회화에서 비교문은 적지 않게 출현하죠. 그런데 이 모든 비교문을 比 하나로만 돌려 쓴다면 너무 뻔한 문장들만 구사하게 됩니다. 중국인들이 자주 사용하는 비교문 형태를 잘 관찰하세요. 여기서는 가장 많이 사용하는 비교문 형태 세 가지(比, 有/没有, 不如)를 학습하겠습니다.

어법 포인트

1. 비교문 "比"

❶ 【A + 比 + B + (更/还/都) + 술어(형용사/심리동사) + 차이(一点/一些/多了/得多)】

: A는 B보다 (조금/훨씬) ~하다'

부정형은 比 앞에 不를 붙이고, 更 대신 很, 非常 등의 정도부사는 올 수 없습니다.

❷ 술어 뒤에 구체적인 수량의 차이를 붙여 사용하기도 합니다.

▶ 我比他大三岁。
　Wǒ bǐ tā dà sān suì.
　나는 그보다 세 살 많다.

❸ 更 대신 还를 사용할 경우, 의외라는 어감을 나타냅니다. 更을 사용하지 않고, 차이가 큼을 표현할 때는 문장 끝에 得多/多了를 사용합니다.

▶ 我比他更(还)大。 / 我比他大得多。 / 我比他大多了。
　Wǒ bǐ tā gèng dà.
　나는 그보다 나이가 훨씬 많아요.

▶ 我比他大一点(一些)。
　Wǒ bǐ tā dà yìdiǎn(yìxiē).
　나는 그보다 나이가 약간 많아요.

❹ 비교 대상이 복수인 경우에는 보통 都를 사용합니다.

▶ 我比他们都大。
　Wǒ bǐ tāmen dōu dà.
　나는 그들보다 나이가 많다.

❺ 喜欢은 심리를 표현하는 동사로 술어가 될 수 있습니다.

▶ 我比中国人更喜欢北京。
　Wǒ bǐ Zhōngguórén gèng xǐhuan Běijīng.
　나는 중국 사람보다 훨씬 베이징을 좋아한다.

❻ 부정형은 比 앞에 不를 붙입니다.

▶ 你不比他帅。
　Nǐ bù bǐ tā shuài.
　너는 그 보다 잘생기지 않았다.

2. 비교문 "有/没有"

❶ 【A + 有/没有 + B + 这么(那么) + C】: A는 B만큼 이렇게(그렇게) C하다/C하지 않다

有는 '있다'라는 의미가 아닌 '~만큼'이라는 비교의 의미를 나타내며, 没有는 '~만큼 ~하지 않다'라는 의미를 나타냅니다.

▶ 我的成绩没有他的成绩那么高。
　Wǒ de chéngjì méiyǒu tā de chéngjì nàme gāo.
　내 성적은 그의 성적만큼 그렇게 높지는 않다.

▶ 你男朋友的工资有我的工资这么多吗?
　Nǐ nánpéngyou de gōngzī yǒu wǒ de gōngzī zhème duō ma?
　네 남친 월급이 내 월급만큼 이렇게 많아?

▶ 结果没有你说的那么严重。
　Jiéguǒ méiyǒu nǐ shuō de nàme yánzhòng.
　결과는 네가 말한 것만큼 그렇게 심각하지는 않아.

❷ 有/没有 뒤의 비교 대상이 종종 생략되기도 합니다.

▶ 有这么多吗?
　Yǒu zhème duō ma?
　이만큼 많나요?(이 정도로 많나요?)

▶ 没有那么多。
　Méiyǒu nàme duō.
　그만큼 많지는 않아요.(그 정도로 많지는 않아요.)

3. 비교문 "不如"

'~만 못하다'라는 의미의 매우 간단한 비교문입니다. 不如 자체가 술어의 의미가 있으므로 비교문 중에 유일하게 다른 술어가 필요 없습니다.

❶ 【A(명사) + 不如 + B(명사)】: A는 B만 못하다

▶ 他的水平不如你。
Tā de shuǐpíng bùrú nǐ.
그의 실력은 너만 못하다.

❷ 【A(문장) + 不如 + B(문장)】: A하는 것은 B하는 것만 못하다

▶ 坐火车不如坐飞机。
Zuò huǒchē bùrú zuò fēijī.
기차를 타는 것은 비행기를 타는 것만 못하다.

❸ 【A(명사/문장) + 不如 + B(명사/문장) + C(술어)】: A는 B만큼 C하지 않다

▶ 他不如我的孩子聪明。
Tā bùrú wǒ de háizi cōngming.
걔는 우리 아이만큼 똑똑하지 않다.

▶ 走路不如骑自行车快。
Zǒulù bùrú qí zìxíngchē kuài.
걸어가는 것은 자전거를 타고 가는 것보다 빠르지 않다.

패턴을 담은 대화

■ 다음 대화를 중국어로 말해보고, 실제 회화문과 비교해보세요.

慧善   뭘 그렇게 뚫어져라 봐? 내가 그렇게 예뻐?

娜娜   너 나한테 뭐 숨기는 거 있지? 바른대로 말해!

慧善   없어.

娜娜   너 샤오캉이랑 매일 붙어 다니니? 학교에 소문이 쫙 퍼졌어.

慧善   샤오캉이 내 생각만큼 그렇게 별로는 아니더라고.

대화도 잘 통하고, 또 친한 친구끼리

자주 만나는 건 당연하지 않니?

★ 충격요법!! 이렇게 말하는 거 아닌가요?

1. 너 나한테 뭐 숨기는 거 있지?   →   "你有跟我说的事吗？" ✗

2. 소문 쫙 났어.   →   "他们都知道。" ✗

3. 대화가 잘 통해.   →   "对话很有意思。" ✗

▶ 다음 페이지의 진짜 회화체 분석에서 확인하세요.

■ 혜선이와 샤오캉의 관계가 수상하다. (1)

慧善 뭘 그렇게 뚫어져라 봐? 내가 그렇게 예뻐?

干嘛这么盯着我呀？ 我有那么漂亮吗？

Gàn má zhème dīngzhe wǒ ya? Wǒ yǒu nàme piàoliang ma?

娜娜 너 나한테 뭐 숨기는 거 있어? 바른대로 말해!

你是不是有事瞒着我呀★？ 老实交代！

Nǐ shì bu shì yǒu shì mánzhe wǒ ya? Lǎoshi jiāodài!

慧善 없어.

没有啊。

Méiyǒu a.

娜娜 너 샤오캉이랑 매일 붙어 다니니?

你是不是每天都跟小康粘在一起啊？

Nǐ shì bu shì měitiān dōu gēn Xiǎo Kāng niánzài yìqǐ a?

학교에 소문이 쫙 퍼졌어.

在学校里传得沸沸扬扬★。

Zài xuéxiào lǐ chuán de fèifèi yángyáng.

慧善 샤오캉이 내 생각만큼 그렇게 별로는 아니더라고.

小康他没有我想的那么差，

Xiǎo Kāng tā méiyǒu wǒ xiǎng de nàme chà.

대화도 잘 통하고, 또 친한 친구끼리 자주 만나는 건 당연하지 않니?

我跟他很投缘★，再说，好朋友之间常常在一起

Wǒ gēn tā hěn tóuyuán, zàishuō, hǎo péngyou zhījiān chángcháng zài yìqǐ

不是很正常的事吗？

bú shì hěn zhèngcháng de shì ma?

어휘 feel⁺

- 盯 dīng 동 주시하다, 노려보다

- 瞒 mán 동 숨기다

- 粘 nián 동 붙이다

- V + 在一起 V+zài yìqǐ 함께 ~하다
  - 住在一起
    zhùzài yìqǐ
    함께 살다
  - 聚在一起
    jùzài yìqǐ
    함께 모이다

- 沸沸扬扬 fèifèi yángyáng
  의견이 분분한 모양

★ (真짜) 회화체 집중 분석!

1. **"你是不是有事瞒着我呀"** 상대방이 무언가를 숨기면서 말하지 않을 때 사용하는 표현입니다. 瞒은 '숨기다'라는 표현으로 **不瞒你说** '솔직히 말해서'라고도 많이 사용합니다.

   | 나는 딱 보면 알아! 너 나한테 뭐 숨기는 거 있지?

   我一看就知道，你是不是有事瞒着我呀？
   Wǒ yí kàn jiù zhīdào, nǐ shì bu shì yǒu shì mánzhe wǒ ya?

2. **"我跟他很投缘"** 投缘은 '의기투합하다' 외에도 '마음이 잘 맞다'라는 의미도 있습니다. 대화가 잘 통하고 마음이 잘 맞는다는 표현으로 **合得来** hédelái, **说得来** shuōdelái 등도 자주 쓰입니다.

3. **"传得沸沸扬扬"** 沸沸扬扬은 보통 어떤 일에 대해 많은 사람들의 입에 오르내릴 때 사용하는 표현입니다. 吵得沸沸扬扬은 떠들썩하게 이야기를 하는 모습을 표현합니다.

   | 그 소식은 회사에 소문이 쫙 퍼졌다.

   那个消息在公司里传得沸沸扬扬。
   Nàge xiāoxi zài gōngsī lǐ chuán de fèifèi yángyáng.

스킬 어법 16

특수구문⑤ ― 是……的 강조구문

是……的 강조구문은 주로 질문과 대답에서 사용하며, 특정 정보(장소, 시간, 대상, 목적, 상황, 방식 등)를 알고 싶을 때 사용하는 특수구문입니다. 是와 的 사이에 강조하려는 중요 내용을 넣으면 是……的구문이 완성됩니다.

어법 포인트

1. 구조 : 【是 + 과거 상황 + 的】

이미 완성된 정보(장소, 시간, 대상, 목적, 상황, 방식 등)를 알려주거나 물어볼 때 사용합니다. 이때 是는 생략할 수 있습니다.

▶ A 你是在哪儿买的? [장소]
　　Nǐ shì zài nǎr mǎi de?
　　너는 어디서 샀니?

　 B 我是在超市里买的。
　　Wǒ shì zài chāoshì lǐ mǎi de.
　　나는 마트에서 샀어.

▶ A 你是什么时候决定留在北京的? [시간]
　　Nǐ shì shénme shíhou juédìng liúzài Běijīng de?
　　너는 언제 베이징에 남아있기로 결정했니?

　 B 我是去年底决定的。
　　Wǒ shì qùnián dǐ juédìng de.
　　나는 작년 말에 결정했어.

2. 목적어의 위치

是……的 강조구문에서 是는 일반적으로 주어 앞에, 的는 문장의 맨 마지막에 옵니다. 만약 목적어가 있다면 목적어는 的 뒤에 옵니다.

목적어

▶ 他是在北京大学学的汉语。
　 Tā shì zài Běijīng Dàxué xué de Hànyǔ.
　 그는 베이징대학에서 중국어를 배운다.

목적어

▶ 我是三年前认识的他。
　 Wǒ shì sān nián qián rènshi de tā.
　 나는 3년 전에 그를 알았다.

패턴을 담은 真짜 대화

■ 다음 대화를 중국어로 말해보고, 실제 회화문과 비교해보세요.

娜娜   그럼 일단 한번 사귀어 봐! 걔도 너 좋아하는 것 같던데.

慧善   누가 그래? 우리는 순수한 우정이거든?

         너는 내가 잘생긴 사람 좋아하는 거 잘 알잖아.

娜娜   잘생긴 게 밥 먹여주니? 너무 잘생기면 불안해.

慧善   왜 너까지 덩달아 호들갑이야?

         다시 한번 내 입장을 명확하게 밝힐게!

         나와 샤오캉은 그냥 친구 사이야!

난 잘생긴 남자가 좋아~

샤오캉이랑은 그냥 친구야~

★ 충격요법!! 이렇게 말하는 거 아닌가요?

1. 잘생긴 게 밥 먹여주니?	➡	"长得帅不重要？" ✕
2. 왜 너까지 덩달아 호들갑이야?	➡	"为什么你也一起over呀？" ✕

▶ 다음 페이지의 진짜 회화체 분석에서 확인하세요.

■ 혜선이와 샤오캉의 관계가 수상하다. (2)

娜娜 그럼 일단 한번 사귀어 봐! 걔도 너 좋아하는 것 같던데.

那先跟他处处呗! 好像他也对你有意思。

Nà xiān gēn tā chǔchǔ bei! Hǎoxiàng tā yě duì nǐ yǒu yìsi.

慧善 누가 그래?

是谁说的?

Shì shéi shuō de?

우리는 순수한 우정이거든?

我们俩是纯粹的友谊, 好不好?

Wǒmen liǎ shì chúncuì de yǒuyì, hǎo bu hǎo?

너는 내가 잘생긴 사람 좋아하는 거 잘 알잖아.

你又不是不知道, 我喜欢长得很帅的男人。

Nǐ yòu bú shì bù zhīdào, wǒ xǐhuan zhǎng de hěn shuài de nánrén.

娜娜 잘생긴 게 밥 먹여주니? 너무 잘생기면 불안해.

长得帅能当饭吃吗★? 长得太帅不踏实。

Zhǎng de shuài néng dāng fàn chī ma? Zhǎng de tài shuài bù tāshi.

慧善 왜 너까지 덩달아 호들갑이야?

你跟着起什么哄啊★?

Nǐ gēnzhe qǐ shénme hòng a?

다시 한번 내 입장을 명확하게 밝힐게!

我再次声明一下我的立场!

Wǒ zàicì shēngmíng yíxià wǒ de lìchǎng!

나와 샤오캉은 그냥 친구 사이야!

我跟小康是普通朋友关系!

Wǒ gēn Xiǎo Kāng shì pǔtōng péngyou guānxì!

어휘 feel⁺

- 处　chǔ [동] 교제하다

- 纯粹　chúncuì [부] 순전히

- 友谊　yǒuyì [부] 순전히

- 踏实　tāshi [형] 마음이 놓이다
  - 我的心里很踏实。
    Wǒ de xīnli hěn tāshi.
    마음이 매우 편안하다.
  - 我的心踏实多了。
    Wǒ de xīn tāshi duō le.
    마음이 많이 편안해졌다.

- 起哄　qǐhòng [동] 소란을 피우다

- 声明　shēngmíng [동] (입장 등) 선언하다

- 立场　lìchǎng [명] 입장

★ 真짜 회화체 집중 분석!

1. "**长得帅能当饭吃吗**"   能当饭吃吗는 '밥으로 여기고 먹을 수 있느냐?'라는 의미로 그리 중요하지 않다는 것을 말하는 형태입니다. 앞에 오는 내용을 여러 가지로 바꾸어 사용할 수 있습니다.

> ▌ 친구가 밥 먹여주니?
>
> ## 朋友能当饭吃吗?
>
> Péngyou néng dāng fàn chī ma?

> ▌ 얼굴 예쁜 게 밥 먹여주니?
>
> ## 长得漂亮能当饭吃吗?
>
> Zhǎng de piàoliang néng dāng fàn chī ma?

2. "**你跟着起什么哄啊**"   跟着는 '(사람 등을) 따라가다'라는 의미가 있지만, 여기서는 '덩달아'라는 뜻입니다. 起哄은 이합동사로 보통 어떤 일에 대해 많은 사람이 호들갑을 떨거나, 과한 반응을 보일 때 사용하는 표현입니다.

> ▌ 뭘 너까지 덩달아 걱정하고 그래?
>
> ## 你跟着操什么心啊?
>
> Nǐ gēnzhe cāo shénme xīn a?

> ▌ 오버하지 마! 다 오해야!
>
> ## 别起哄! 都是误会!
>
> Bié qǐhòng! Dōu shì wùhuì!

스킬 어법 17

접속사 只要·只有·无论

접속사를 적절하게 사용하는 것 역시 회화 수준을 결정 짓는 중요한 요소입니다. 가장 기초적인 因为…所以…, 虽然…但是…만 사용했다면, 조건관계를 나타내는 只要, 只有, 无论을 사용해 보세요.

어법 포인트

1. 기본 구조

❶ 【只要……就……】: ~하기만 하면 ~하다

최소한의 조건을 제시하는 표현입니다.

▶ 只要你过来就可以。
Zhǐyào nǐ guòlái jiù kěyǐ.
네가 오기만 하면 돼. (최소한 오기만 해라.)

▶ 只要你跟我道歉，我就会原谅你。
Zhǐyào nǐ gēn wǒ dàoqiàn, wǒ jiù huì yuánliàng nǐ.
네가 나에게 사과만 하면 내가 널 용서해줄게. (최소한 사과는 해라.)

❷ 【只有……，才(能/会)……】: ~해야만 비로소~ (할 수 있다/할 것이다)

유일한 조건을 제시하는 표현입니다.

▶ 只有你过来，他才能高兴。
Zhǐyǒu nǐ guòlái, tā cái néng gāoxìng.
네가 와야만 그가 기뻐할 수 있다. (네가 오는 것이 유일한 조건이다.)

▶ 只有你跟我道歉，我才会原谅你。
Zhǐyǒu nǐ gēn wǒ dàoqiàn, wǒ cái huì yuánliàng nǐ.
네가 나에게 사과를 해야만 나는 비로소 너를 용서할 거야. (사과하는 것이 유일한 조건이다.)

❸ 【无论(不管)……，都(也)……】: ~하든(말든), ~하다(~를 막론하고 ~하다)

조건이 어떻든 결과는 변하지 않음을 강조하는 표현입니다.

▶ 无论别人说什么，我都不会放弃。
Wúlùn biérén shuō shénme, wǒ dōu bú huì fàngqì.
다른 사람들이 뭐라고 하든, 나는 포기하지 않을 것이다.

2. 无论의 특별한 사용법

无论은 학습자들이 사용하기 쉬운 접속사는 아닙니다. 왜냐하면, 규칙이 있는 다소 복잡한 접속사이기 때문이죠. 첫 문장 无论 바로 뒤에 나오는 문장 구조는 반드시 정반의문형, 선택의문형, 의문대명사, 혹은 두 가지 이상의 상황이 나와야 합니다. 无论과 같은 쓰임의 접속사로 不管 bùguǎn이 있습니다.

▶ 无论他帅不帅，我都喜欢他。 [정반의문형]
  Wúlùn tā shuài bu shuài, wǒ dōu xǐhuan tā.
  그가 잘생겼든 못생겼든 난 그가 좋아.

▶ 无论他是老师还是学生，我都无所谓。 [선택의문형]
  Wúlùn tā shì lǎoshī háishi xuésheng, wǒ dōu wúsuǒwèi.
  그가 선생이든 학생이든 난 상관없어.

▶ 无论他是谁，我都没关系。 [의문대명사]
  Wúlùn tā shì shéi, wǒ dōu méi guānxi.
  그가 누구든 난 상관없어.

▶ 无论他多么帅，我都不喜欢他。 [의문대명사]
  Wúlùn tā duōme shuài, wǒ dōu bù xǐhuan tā.
  그가 얼마나 잘생겼든 난 그가 싫어.

▶ 无论对你对我，都重要。 [두 가지 이상의 상황]
  Wúlùn duì nǐ duì wǒ, dōu zhòngyào.
  너에게든 나에게든 모두 다 중요해.

▶ 无论是春夏秋冬，我都喜欢。 [두 가지 이상의 상황]
  Wúlùn shì chūn xià qiū dōng, wǒ dōu xǐhuan.
  봄이든 여름이든 가을이든 겨울이든 난 다 좋아.

■ 다음 대화를 중국어로 말해보고, 실제 회화문과 비교해보세요.

慧善 아이참! 그만하면 됐어! 여기서 시간 낭비하지 말고, 네 할 일이나 해!

娜娜 친한 친구로서 충고 하나만 할게. 샤오캉에게 그런 감정 없으면 행동 조심해.

나중에 오해하지 않게 말이야.

慧善 다른 친구들이 뭐라고 하든 난 신경 안 써.

그리고 너희들이 헛소리만 안 하면 오해 생길 일 없거든?

娜娜 네 말도 맞아. 그런데, 어쨌든 누군가가 너희 둘이 썸을 탄다고 생각한다면,

네 행동 중에 부적절한 부분이 있는 거야.

★ 충격요법!! 이렇게 말하는 거 아닌가요?

1. 네 할 일이나 해.　　➔　　"做你的事吧。" ✗

2. 썸을 타다.　　➔　　"好像喜欢。" ✗

▶ 다음 페이지의 진짜 회화체 분석에서 확인하세요.

패턴을 담은 真짜 대화

■ 혜선이와 샤오캉의 관계가 수상하다. (3)

慧善 아이참! 그만하면 됐어! 여기서 시간 낭비하지 말고,

哎呦! 差不多就得了! 别在这儿耗着了,
Āiyōu! Chàbuduō jiù dé le! Bié zài zhèr hàozhe le,

네 할 일이나 해!

该干嘛干嘛去★!
gāi gàn má gàn má qù!

娜娜 친한 친구로서 충고 하나만 할게.

作为闺蜜奉劝一句*。
Zuòwéi guīmì fèngquàn yí jù.

샤오캉에게 그런 감정 없으면 행동 조심해.

你若对小康没有那种感觉,就得注意行动,
Nǐ ruò duì Xiǎo Kāng méiyǒu nà zhǒng gǎnjué, jiù děi zhùyì xíngdòng,

나중에 오해하지 않게 말이야.

以免以后产生误解。
yǐmiǎn yǐhòu chǎnshēng wùjiě.

慧善 다른 친구들이 뭐라고 하든 난 신경 안 써.

无论他们怎么说,我都不在乎,
Wúlùn tāmen zěnme shuō, wǒ dōu bú zàihu,

그리고 너희들이 헛소리만 안 하면 오해 생길 일 없거든?

再说,只要你们不乱说,就不会产生误解的,
zàishuō, zhǐyào nǐmen bú luàn shuō, jiù bú huì chǎnshēng wùjiě de,

好不好?
hǎo bu hǎo?

娜娜 네 말도 맞아. 그런데, 어쨌든 누군가가 너희 둘이 썸을 탄다고 생각한다면,

你说的也没错。不过,反正有些人觉得
Nǐ shuō de yě méi cuò. Búguò, fǎnzhèng yǒuxiē rén juéde

你们俩的关系有点儿暧昧★,
nǐmen liǎ de guānxì yǒudiǎnr àimèi,

네 행동 중에 부적절한 부분이 있는 거야.

这就等于在你的行动中有不妥的地方。
zhè jiù děngyú zài nǐ de xíngdòng zhōng yǒu bùtuǒ de dìfang.

어휘 feel+

- 耗 hào 동 소모하다, 낭비하다

- 奉劝 fèngquàn 동 (정중하게) 충고하다

- 以免 yǐmiǎn 접 ~하지 않도록
  문장 앞에 쓰여 '~하지 않기 위하여'라는 의미를 갖는다. 유사 어휘로는 免得 miǎn de, 省得 shěngde가 있다.

  • 你亲自跟他说吧,省得产生误解。
  Nǐ qīnzì gēn tā shuō ba, shěngde chǎnshēng wùjiě.
  네가 직접 그에게 말해. 오해하지 않도록.

- 产生 chǎnshēng 동 일으키다
  '오해', '문제', '신뢰', '흥미' 등 추상인 명사가 뒤에 붙어 '생기다'라는 의미를 나타낸다. 引起 yǐnqǐ 와 쓰임이 유사하다.

  • 产生问题
  chǎnshēng wèntí
  문제를 일으키다

  • 产生兴趣
  chǎnshēng xìngqù
  흥미를 일으키다

- 误解 wùjiě 명 오해 동 오해하다

- 在乎 zàihu 동 신경 쓰다

- 暧昧 àimei 형 (태도 등이) 모호하다,
  (남녀 관계가) 애매하다, 미심쩍다

- 妥 tuǒ 형 적당하다

표현 tip*

- 충고 하나만 할게.
  奉劝一句。
  Fèngquàn yí jù.

★ 真짜 회화체 집중 분석!

1. "该干嘛干嘛去"
상대방의 행동이나 말이 불쾌하게 여겨질 때 '상관 말고 저리 가!', '네 할 일이나 해!' 라고 말하는 표현입니다. 물론 귀엽고 부드러운 말투로 말하면 '내 일은 내가 알아서 할게'의 의미도 있습니다. 유사 표현으로 **爱干嘛干嘛去** '하고 싶은 거 해'라고도 말합니다.

> ▌ 네가 뭘 알아? 넌 네 할 일이나 해!
>
> 你懂什么呀？该干嘛干嘛去！
>
> Nǐ dǒng shénme ya? Gāi gàn má gàn má qù!

2. "关系有点儿暧昧"
暧昧는 사전적 의미로 '애매모호하다'이며, 회화에서 '썸을 타다'의 표현으로 사용할 수 있습니다. **暧昧不清** '(행동, 말 등이) 애매하고 깔끔하지 못하다' 혹은 **搞暧昧** '썸타는 행동을 하다'라고 표현합니다.

> ▌ 너는 그 직장 동료와 썸타는 것처럼 행동하지 마!
>
> 你别跟那个同事暧昧不清！
>
> Nǐ bié gēn nàge tóngshì àimèi bù qīng!
>
> 你别跟那个同事搞暧昧！
>
> Nǐ bié gēn nàge tóngshì gǎo àimèi!

스킬 어법 18

보어① — 결과보어(结果补语)

중국어를 학습하면서 욕심이 생겼다면 보어를 빼놓고는 절대 진짜 회화를 구사할 수는 없습니다. 스킬 어법 18·19·20에서 진행되는 결과보어·방향보어·가능보어가 회화 실력을 완성할 것입니다. 그중 결과보어는 동사 뒤에서 상황의 마무리 상태를 강조하는 역할을 합니다.

어법 포인트

1. 결과보어의 구조

❶ 【동사 + 결과보어(동사/형용사) + (了) + (목적어)】

동사　결과보어　목적어

▶ 我 看 见 了她。

결과보어의 해석은 뒤에서부터 하면 보다 자연스럽습니다. 예를 들어, **看** + **清楚了**는 '보았는데 정확하다', 다시 말해, '정확하게 보았다'라고 해석합니다. '깨끗하게 청소했다'라는 말을 **干净地打扫了**라고 할 수도 있지만 결과 보어 형태로 변화시켜 **打扫**+**干净了** '청소를 했는데 (결과가) 깨끗하다'라고 표현합니다.

❷ 결과보어의 부정형

결과보어의 부정은 일반적으로 没로 합니다.

▶ 没找到。
Méi zhǎodào.
찾아내지 못했다.

▶ 没说清楚。
Méi shuō qīngchu.
정확하게 말하지 못했다.

▶ 没说完。
Méi shuōwán.
다 말하지 않았다.

그러나 문장이 미래의 가정형일 경우에는 不를 사용합니다.

▶ 你不说清楚，我就不能帮助你。
Nǐ bù shuō qīngchu, wǒ jiù bù néng bāngzhù nǐ.
자세히 말하지 않으면 널 도와줄 수 없어.

▶ 你<u>不</u>做完作业，就不能出去。

Nǐ bú zuòwán zuòyè, jiù bù néng chūqù.

너 숙제 다 끝내지 않으면 못 나가.

2. 결과보어의 종류와 예

결과보어의 정의를 머리로는 이해하지만 입으로 쉽게 내뱉지 못하겠다면, 대화 속에서 자주 등장하는 결과보어를 관찰해보세요. 결과보어는 동사 뒤에 위치하며, 동사 혹은 형용사로 나타납니다. 이때 앞에 함께 쓰이는 동사도 같이 기억해두세요.

▎동사를 이용한 결과보어

결과보어	의미	예문	상용 결합 동사	
完 wán	행동의 완성	我已经吃完饭了。 Wǒ yǐjīng chīwán fàn le. 나는 이미 밥을 다 먹었다.	• 吃 먹다 • 读 읽다 • 说 말하다 • 做 하다	• 写 쓰다 • 改 고치다 • 卖 팔다 • 用 사용하다
到 dào	목적의 달성	你的表已经找到了。 Nǐ de biǎo yǐjīng zhǎodào le. 네 시계를 이미 찾았다.	• 看 보다 • 买 사다 • 找 찾다	
	장소에 이르다	我把他送到医院了。 Wǒ bǎ tā sòngdào yīyuàn le. 나는 그를 병원에 데려다주었다.	• 回 돌아오다 • 来 오다	
	시간에 이르다	他每天睡到中午12点。 Tā měitiān shuìdào zhōngwǔ shí'èr diǎn. 그는 매일 낮 12시까지 잠을 잔다.	• 学习 공부하다 • 聊 이야기하다 • 练习 연습하다	
着 zháo	목적의 달성	他已经找着了那个东西。 Tā yǐjīng zhǎozháo le nàge dōngxi. 그는 그 물건을 이미 찾아냈다.	• 睡 자다 • 猜 맞추다 • 找 찾다	
开 kāi	분리·이탈	你把窗户打开一下。 Nǐ bǎ chuānghu dǎkāi yíxià. 너는 창문을 좀 열어라.	• 打 열다 • 分 나누다 • 切 자르다 • 睁 (눈을) 뜨다 • 离 떠나다	
住 zhù	동작의 고정	他抓住了一个小偷儿。 Tā zhuāzhù le yí ge xiǎotōur. 그는 도둑을 잡았다.	• 挡 가로막다 • 拦 가로막다 • 抓 잡다 • 记 기억하다 • 站 서다 • 停 멈추다	

见 jiàn	인식·지각	我看见了他过去。 Wǒ kànjiàn le tā guòqù. 나는 그가 지나가는 것을 보았다.	• 看 보다 • 听 듣다 • 遇 만나다, 부딪치다
齐 qí	완벽한 완성	我们点的菜都上齐了吗? Wǒmen diǎn de cài dōu shàngqí le ma? 우리가 시킨 음식 다 나왔나요?	• 上 (음식을) 올리다 • 买 사다 • 到 도착하다 • 备 준비하다
光 guāng	남김 없음	我已经把它吃光了。 Wǒ yǐjīng bǎ tā chīguāng le. 나는 이미 그것을 남김없이 먹었다.	• 吃 먹다 • 喝 마시다 • 卖 팔다 • 花 (돈을) 쓰다
在 zài	고정·존재 (在 + 장소)	我住在北京。 Wǒ zhù zài Běijīng. 나는 베이징에 살아.	• 放 놓다 　• 躺 눕다 • 挂 걸다 　• 写 쓰다 • 贴 붙이다 • 坐 앉다
遍 biàn	두루두루 ~하다	我找遍了但是没找到。 Wǒ zhǎobiàn le dànshì méi zhǎodào. 나는 두루두루 찾아보았지만 못 찾았다.	• 走 걷다 • 跑 뛰다 • 吃 먹다 • 找 찾다 • 问 묻다

▌형용사를 이용한 결과보어

결과보어	의미	예문	상용 결합 동사	
错 cuò	틀리다	我听错了。 Wǒ tīngcuò le. 내가 잘못 들었다.	• 听 듣다 • 说 말하다 • 写 쓰다	• 读 읽다 • 做 하다 • 看 보다
对 duì	맞다, 옳다	这件事他办对了。 Zhè jiàn shì tā bànduì le. 이 일은 그가 잘 처리했다.	• 听 듣다 • 说 말하다 • 写 쓰다	• 读 읽다 • 做 하다 • 看 보다
好 hǎo	완성하다	你的表已经修理好了。 Nǐ de biǎo yǐjīng xiūlǐ hǎo le. 당신의 시계는 이미 수리를 다 했어요.	• 做 하다 • 放 놓다 • 拿 들다	• 写 쓰다 • 算 계산하다
清楚 qīngchu	분명히 하다	你得说清楚昨天发生的事。 Nǐ děi shuō qīngchu zuótiān fāshēng de shì. 너는 어제 발생한 일을 정확하게 말해야 해.	• 听 듣다 • 看 보다 • 读 읽다 • 说 말하다	• 讲 말하다 • 想 생각하다 • 问 물어보다 • 算 계산하다
饱 bǎo	배부르다	我已经吃饱了。 Wǒ yǐjīng chībǎo le. 나는 이미 배불러.		

够 gòu	충분하다	这种情况，我已经看够了。 Zhè zhǒng qíngkuàng, wǒ yǐjīng kàngòu le. 이런 상황은 충분히 봤어.	· 买 사다 · 想 생각하다 · 说 말하다 · 看 보다
倒 dǎo	넘어지다	她的爸爸病倒了。 Tā de bàba bìngdǎo le. 그녀의 아버지는 병에 걸려 쓰러지셨다.	· 摔 넘어지다 · 滑 미끄러지다 · 累 피곤하다 · 病 병에 걸리다
惯 guàn	익숙해지다	我吃惯了香菜。 Wǒ chīguàn le xiāngcài. 나는 고수를 먹는 것에 익숙해졌다.	· 住 살다 · 吃 먹다 · 喝 마시다 · 用 사용하다 · 看 보다 · 听 듣다

Q&A

Q 결과보어를 꼭 사용해야 하나요?

A 결과보어를 사용하지 않아도 기본적인 의미는 전달되지만, 자세한 내용에서 오류가 생길 수 있습니다.
동사와 결과보어가 결합하여 동작이나 행위에 대해 더욱 정확하고 자세한 진행 결과를 알 수 있습니다.

▶ 我找了。
　　나는 찾았다. → 찾아냈는지 찾는 동작이 끝난 것인지 알 수 없음

▶ 我找到了。
　　나는 찾아냈다. → 到 : 목적의 달성

▶ 我找遍了。
　　나는 이곳저곳을 찾아보았다.(그러나 찾지 못했다). → 遍 : 두루두루 ~하다

■ 다음 대화를 중국어로 말해보고, 실제 회화문과 비교해보세요.

慧善 ｜ 샤오캉 봤니? 아무리 전화를 해도 안 받아. 온 학교를 다 뒤졌는데, 못 찾겠어.

娜娜 ｜ 친구야! 도저히 더 이상 못 봐주겠다. 다 사실대로 말할게.

전에 샤오캉이 너한테 준 돈은 장학금이 아니라, 샤오캉 몇 달 치 용돈이야.

慧善 ｜ 설마! 샤오캉이 그 돈은 장학금이라고 분명히 말했어.

娜娜 ｜ 너는 진짜 모르는 거니, 아니면 모르는 척하는 거니?

걔는 네가 안 받을까 봐 장학금이라고 한 거야!

걔 요즘에 용돈 벌려고 아르바이트 하다가 쓰러져서

지금 병원에 입원했어.

★ 충격요법!! 이렇게 말하는 거 아닌가요?

1. 사실대로 말할게. ➡ "我跟你说真的事吧。" ✕

2. 너는 진짜 모르는 거니, 아니면 모르는 척하는 거니? ➡ "你真的不知道吗？" ✕

▶ 다음 페이지의 진짜 회화체 분석에서 확인하세요.

■ 나나, 혜선이에게 사실을 말하다. (1)

慧善　샤오캉 봤니? 아무리 전화를 해도 안 받아.

你看见小康了吗? 我一直给他打电话他也不接。

Nǐ kànjiàn Xiǎo Kāng le ma? Wǒ yìzhí gěi tā dǎ diànhuà tā yě bù jiē.

온 학교를 다 뒤졌는데, 못 찾겠어.

我找遍了整个学校但没找着他。

Wǒ zhǎobiàn le zhěnggè xuéxiào, dàn méi zhǎozháo tā.

娜娜　친구야! 도저히 더 이상 못 봐주겠다.

亲爱的! 我实在看不下去了,

Qīn'ài de! Wǒ shízài kàn bú xiàqù le,

다 사실대로 말할게.

一切都实话实说吧★。

yíqiè dōu shíhuà shíshuō ba.

전에 샤오캉이 너한테 준 돈은 장학금이 아니라,

之前他给你的那笔钱不是奖学金,

Zhīqián tā gěi nǐ de nà bǐ qián bú shì jiǎngxuéjīn,

샤오캉 몇 달 치 용돈이야.

而是他这几个月的零花钱。

érshì tā zhè jǐ ge yuè de línghuāqián.

慧善　설마! 샤오캉이 그 돈은 장학금이라고 분명히 말했어.

不会吧*! 小康他明明跟我说那是奖学金。

Bú huì ba! Xiǎo Kāng tā míngmíng gēn wǒ shuō nà shì jiǎngxuéjīn.

娜娜　너는 진짜 모르는 거니, 아니면 모르는 척하는 거니?

你是真不懂还是装不懂★?

Nǐ shì zhēn bù dǒng háishi zhuāng bù dǒng?

걔는 네가 안 받을까 봐 장학금이라고 한 거야!

他是怕你不收所以才说成是奖学金的嘛!

Tā shì pà nǐ bù shōu suǒyǐ cái shuōchéng shì jiǎngxuéjīn de ma!

걔 요즘에 용돈 벌려고 아르바이트 하다가 쓰러져서 지금 병원에 입원했어.

他这几天打工赚钱病倒了,现在已经住院了。

Tā zhè jǐ tiān dǎgōng zhuànqián bìngdǎo le, xiànzài yǐjīng zhùyuàn le.

어휘 feel⁺

- 整个　zhěnggè [명] 온, 모든, 전체적인
  명사 앞에 사용하여 '모든'의 의미와 '전체'의 의미를 갖는다.
  - 整个世界 zhěnggè shìjiè 온 세계
  - 整个国家 zhěnggè guójiā 온 나라
  - 整个星期 zhěnggè xīngqī 일주일 내내
  - 整个房间 zhěnggè fángjiān 모든 방

- 看不下去　kàn bú xiàqù 더 이상 못 봐주다

- 不是A而是B　búshì A érshì B [접] A가 아니고 B이다

- 明明　míngmíng [부] 분명히, 명백히

- 说成…　shuōchéng… ~라고 말하다

- 住院　zhùyuàn [동] 입원하다

표현 tip*

- 설마 그럴 리가!
  不会吧!
  Bú huì ba!

★ 真짜 회화체 집중 분석!

1. "实话实说吧" '숨김없이 사실대로 말하겠다'라는 강조형 표현입니다. 비슷한 의미로는 **如实告诉你 吧** '사실과 같이 너에게 말해줄게'가 있습니다.

> 그럼 사실대로 말할게! 그는 이미 귀국했어.
>
> **那我就实话实说吧！他已经回国了。**
> Nà wǒ jiù shíhuà shíshuō ba! Tā yǐjīng huíguó le.

2. "你是真不懂还是装不懂" 상대방이 너무나도 명백한 상황을 보고도 모른다고 할 때 사용하는 말입니다. 더 완벽하게 구사하고 싶다면 뒤에 **这不是明摆着吗?** '이건 뻔한 거 아니니?'라는 말을 덧붙입니다. **明摆着**는 '뚜렷이 놓여 있다', '명백하다', '뻔하다'라는 뜻입니다.

> 너는 진짜 모르는 거야? 아니면 모르는 척하는 거야? 뻔하지 않니?
>
> **你是真不懂还是假不懂? 这不是明摆着吗?**
> Nǐ shì zhēn bù dǒng háishi jiǎ bù dǒng? Zhè bú shì míngbǎizhe ma?

스킬 어법 19

보어② ─ 방향보어(趋向补语)

보어 중 또 하나의 중요한 표현인 방향보어입니다. 단순히 위, 아래 등과 같이 방향만 표현하는 방향보어의 역할이 아닌 특별한 형태의 방향보어를 이해하며 회화 실력을 쌓으세요!

어법 포인트

1. 방향보어 기본 구조

방향보어는 동사 뒤에 위치하여 동작이나 사물의 움직임 혹은 방향을 자세히 표현합니다.

❶ 단순 방향보어 : 【동사 + 방향보어(来/去/上/下/进/出/回/起)】

• 进来 jìnlái 들어오다	• 进去 jìnqù 들어가다
• 出来 chūlái 나오다	• 出去 chūqù 나가다
• 说出 shuōchū 말해내다	• 拿出 náchū 꺼내다
• 站起 zhànqǐ 일어서다	• 放下 fàngxià 놓다
• 过来 guòlái 오다	• 过去 guòqù 가다

❷ 복합 방향보어 : 【동사 + 방향보어 + 来/去】

• 走进来 zǒu jìnlái 걸어 들어오다	• 走出来 zǒu chūlái 걸어 나오다
• 说出来 shuō chūlái 말해내다	• 拿出来 ná chūlái 꺼내오다
• 站起来 zhàn qǐlái 일어서다	• 插进去 chā jìnqù 꽂아 넣다
• 安静下来 ānjìng xiàlái 조용해지다	• 亮起来 liàng qǐlái 밝아지다

2. 특수 방향보어 용법

起来

❶ 방향이 위로 향하는 동사 뒤에 온다.

▶ 清晨，太阳升起来了。
Qīngchén, tàiyáng shēng qǐlái le.
새벽에 태양이 떠올랐다.

✦ 파트너 동사 站起来 일어서다 | 跳起来 뛰어오르다 | 举起来 들어 올리다

226

❷ 동작이나 행위의 시작을 나타낸다.

▶ 他拿出一本书，看了起来。

Tā náchū yì běn shū, kàn le qǐlái.

그는 책을 꺼내어 읽기 시작했다.

✦ **파트너 동사** 学起来 배우기 시작하다 | 唱起来 노래 부르기 시작하다 | 工作起来 일하기 시작하다 | 研究起来 연구하기 시작하다 | 调查起来 조사하기 시작하다 | 画起来 그리기 시작하다

❸ 평가의 의미가 있다.

▶ 他看起来心情不太好。

Tā kàn qǐlái xīnqíng bú tài hǎo.

그는 보아하니 기분이 별로 좋지 않아 보인다.

✦ **파트너 동사** 听起来 들어보니 | 吃起来 먹어보니 | 穿起来 입어보니

❹ 기억, 생각 등이 떠오름을 나타낸다.

▶ 我想不起来在哪儿见过他。 [중간에 不가 있으면 '~할 수 없다']

Wǒ xiǎng bù qǐlái zài nǎr jiànguo tā.

나는 그를 어디서 봤는지 생각해 낼 수 없었다.

✦ **파트너 동사** 记不起来 기억할 수 없다

❺ 합 혹은 집중의 방향, 가운데로 모이는 방향을 나타내는 동사 뒤에 온다.

▶ 你把桌子上的东西收起来。

Nǐ bǎ zhuōzi shàng de dōngxi shōu qǐlái.

너는 책상 위의 물건들을 정리해라.

▶ 把钱凑起来。

Bǎ qián còu qǐlái.

돈을 모아 보자.

✦ **파트너 동사** 存起来 모아 놓다 | 集中起来 집중시키다 | 积累起来 축적해 놓다

下来

❶ 방향이 아래로 향하는 동사 뒤에 온다.

▶ 他从楼上走了下来。

Tā cóng lóushàng zǒu le xiàlái.

그는 윗층에서 내려왔다.

✦ **파트너 동사** 拿下来 들어 내리다 | 坐下来 앉다 | 躺下来 눕다 | 降下来 떨어지다

❷ 고정을 나타내는 동사 뒤에 온다.

▸ 下课后，老师把他留了下来。

Xiàkè hòu, lǎoshī bǎ tā liú le xiàlái.

수업 이후, 선생님은 그를 남겨 놓았습니다.

🔸 **파트너 동사**   停下来 멈추다 | 写下来 쓰다 | 记下来 기억하다 | 录下来 녹음하다, 녹화하다

❸ 분리를 나타내는 동사 뒤에 온다.

▸ 把这张纸撕下来吧!

Bǎ zhè zhāng zhǐ sī xiàlái ba!

이 종이를 찢어버리자!

🔸 **파트너 동사**   揭下来 떼어내다 | 摘下来 따다, 꺾다

下去

❶ 동작이 현재에서 미래로 이어짐을 나타낸다.

▸ 他想一直在这里住下去。

Tā xiǎng yìzhí zài zhèli zhù xiàqù.

그는 이곳에서 계속 살고 싶어 합니다.

🔸 **파트너 동사**   坚持下去 견지해 나가다 | 学习下去 공부해 가다

过来

❶ 다른 쪽에서 이쪽으로 옮겨 오는 방향을 나타낸다.

▸ 他走过来了。

Tā zǒu guòlái le.

그가 걸어왔다.

🔸 **파트너 동사**   拿过来 가지고 오다 | 搬过来 옮겨 오다

❷ 비정상인 상태에서 정상 상태로 돌아오는 것을 나타낸다.

▸ 你快把错字改过来。

Nǐ kuài bǎ cuòzì gǎi guòlái.

너는 빨리 오타를 고쳐 써라.

🔸 **파트너 동사**   醒过来 깨어나다 | 恢复过来 회복되다 | 明白过来 이해하다 | 调整过来 조정하다

过去

❶ 이쪽에서 다른 쪽에서 옮겨 가는 방향을 나타낸다.

▶ 顺便把这些东西拿过去吧。
Shùnbiàn bǎ zhèxiē dōngxi ná guòqù ba.
하는 김에 이것들 좀 가져가라.

✦ **파트너 동사** 搬过去 옮겨 가다

❷ 정상 상태에서 비정상 상태로 변하는 것을 나타낸다.

▶ 病人再次昏迷过去了。
Bìngrén zàicì hūnmí guòqù le.
환자는 또 한 번 기절했다.

✦ **파트너 동사** 死过去 죽다 | 醉过去 취하다

出来

❶ 나타나는 방향을 나타낸다.

▶ 激动得我心都快跳出来了。
Jīdòng de wǒ xīn dōu kuài tiào chūlái le.
나는 심장이 튀어나올 정도로 흥분되었다.

✦ **파트너 동사** 拿出来 (물건을) 꺼내다 | 说出来 말을 꺼내다 | 表现出来 표현해내다

❷ 알아차리거나 인식하는 것을 나타낸다. 앞에 不/得를 사용하여 가능보어 형태에서 많이 사용한다.

▶ 你听得出来我是谁吗?
Nǐ tīng de chūlái wǒ shì shéi ma?
내가 누군지 (목소리를) 들어서 알겠니?

▶ 我看不出来他是谁。
Wǒ kàn bu chūlái tā shì shéi.
나는 그가 누구인지 (보고는) 알 수 없다.

✦ **파트너 동사** 认出来 (누구인지) 알아차리다 | 闻出来 냄새를 맡고 알다

3. 방향보어와 목적어의 위치 관계

❶ 목적어가 출현했을 때 목적어는 보어 사이에 위치한다.

목적어
▶ 外边突然下起雨来。
Wàibian tūrán xiàqǐ yǔ lái.
밖에 갑자기 비가 내리기 시작했다.

▶ 观众们鼓起掌来。

Guānzhòngmen gǔqǐ zhǎng lái.

관중들은 박수를 치기 시작했다.

목적어

▶ 他唱起歌来。

Tā chàng qǐ gē lái.

그는 노래를 부르기 시작했다.

❷ 단순방향보어와 장소목적어가 결합하면 장소는 동사와 보어 사이에 위치한다.

장소

▶ 回韩国去。

Huí Hánguó qù.

한국으로 돌아가다.

장소

▶ 老师进教室来了。

Lǎoshī jìn jiāoshì lái le.

선생님이 교실로 들어오셨다.

❸ 복합방향보어와 장소 목적어가 결합하면 장소는 단순 방향보어와 来/去 사이에 위치한다.

장소

▶ 走进教室去。

Zǒu jìn jiāoshì qù.

교실로 걸어 들어가다.

장소

▶ 走进办公室来。

Zǒu jìn bàngōngshì lái.

사무실로 걸어 들어오다.

Q&A

Q 방향보어를 꼭 사용해야 하나요?

A 방향보어는 동작이 움직이는 방향을 함축합니다. 방향보어를 사용하여 동작이 어느 방향으로 움직이고 있는지 특별한 설명 없이도 간단하게 제시할 수 있습니다. 물론 사용하지 않아도 의미를 전달하는 데에는 지장이 없지만, 더욱 정확하고 자연스러운 표현을 구사하려면 꼭 필요합니다.

▶ 坐下 : 下는 위에서 아래로 향하는 것을 가리키므로 서 있는 사람에게 앉으라고 말하는 것이다.

▶ 坐起 : 起는 아래에서 위로 향하는 것을 가리키므로 누워있는 사람에게 일어나라고 말하는 것이다.

패턴을 담은 대화

■ 다음 대화를 중국어로 말해보고, 실제 회화문과 비교해보세요.

娜娜   너는 그걸 정말 믿니? 학기가 엊그제 시작했는데 무슨 장학금이야?

사실 샤오캉이 널 좋아한 지 꽤 오래됐어. 걔는 말끝마다 너랑 사귀는 게 자기 소원이래!

내가 용기 내서 고백하라고 했는데, 자기가 너랑 안 어울린다고 말할 수가 없대.

慧善   그런데 걔는 나한테 이전에 말도 자주 걸지 않았는걸.

娜娜   넌 어쩜 이렇게 눈치가 없니? 걔는 널 보면 긴장이 돼서 항상 뒤에서 널 지켜본 거야!

걔는 남들이 너에 대해 뭐라고 하든 항상 네 편을 들면서 말해.

보아하니, 감동한 것 같은데?

慧善   병원이 어디야? 나 지금 가 봐야겠어!

娜娜   잠깐만! 너 일단 생각 잘 해보고 가는 게 좋아.

★ 충격요법!! 이렇게 말하는 거 아닌가요?

1. 너와 사귀다.	➜	"跟你谈恋爱。" ✗
2. 용기를 내다.	➜	"有勇气。" ✗
3. 눈치가 없다.	➜	"没有注意力。" ✗
4. 네 편을 들며 말하다.	➜	"帮助你说话。" ✗

▶ 다음 페이지의 진짜 회화체 분석에서 확인하세요.

패턴을 담은 真짜 대화

■ 나나, 혜선이에게 사실을 말하다. (2)

娜娜 너는 그걸 정말 믿니? 학기가 엊그제 시작했는데 무슨 장학금이야?

你还真信他的话？这学期才刚刚开始，

Nǐ hái zhēn xìn tā de huà? Zhè xuéqī cái gānggāng kāishǐ,

哪儿来的奖学金呀？

nǎr lái de jiǎngxuéjīn ya?

사실 샤오캉이 널 좋아한 지 꽤 오래됐어.

说白了，他喜欢你好久了。

Shuōbái le, tā xǐhuan nǐ hǎo jiǔ le.

걔는 말끝마다 너랑 사귀는 게 자기 소원이래!

他口口声声地说跟你在一起★是他梦寐以求的心愿！

Tā kǒukǒu shēngshēng de shuō gēn nǐ zài yìqǐ shì tā mèngmèi yǐqiú de xīnyuàn!

내가 용기 내서 고백하라고 했는데,

我劝他鼓起勇气来★跟你表白，

Wǒ quàn tā gǔqǐ yǒngqì lái gēn nǐ biǎobái,

자기가 너랑 안 어울린다고 말할 수가 없대.

但他说自己配不上你，所以不敢说出来。

dàn tā shuō zìjǐ pèibúshàng nǐ, suǒyǐ bùgǎn shuō chūlái.

慧善 그런데 걔는 이전에 나한테 말도 자주 걸지 않았는걸.

不过，他之前不怎么跟我说话呀。

Búguò, tā zhīqián bù zěnme gēn wǒ shuōhuà ya.

娜娜 넌 어쩜 이렇게 눈치가 없니?

你看你★! 怎么这么没有眼力见儿★呢？

Nǐ kàn nǐ! Zěnme zhème méiyǒu yǎnlìjiànr ne?

걔는 널 보면 긴장이 돼서 항상 뒤에서 널 지켜본 거야!

他一看你就紧张，所以才在背后看着你的呀！

Tā yí kàn nǐ jiù jǐnzhāng, suǒyǐ cái zài bèihòu kànzhe nǐ de ya!

걔는 남들이 너에 대해 뭐라고 하든 항상 네 편을 들면서 말해.

无论别人怎么说你坏话，他永远都向着你说话★。

Wúlùn biérén zěnme shuō nǐ huàihuà, tā yǒngyuǎn dōu xiàngzhe nǐ shuōhuà.

어휘 feel+

- 还真 hái zhēn 정말로

  예상치 못한 의외의 결과가 발생했을 때 사용한다.

  • 他还真来了。
  Tā hái zhēn lái le.
  그는 정말로 왔다. (의외)

  • 他还真把全部的钱拿出来了。
  Tā háizhēn bǎ quánbù de qián ná chūlái le.
  그는 정말로 모든 돈을 다 꺼내놓았다. (의외)

- 口口声声 kǒukǒu shēngshēng
  [성] 말끝마다

- 梦寐以求 mèngmèi yǐqiú
  [성] 꿈에서도 바라다

- 心愿 xīnyuàn [명] 소원, 바람

- 鼓 gǔ [동] 북돋우다, 고무하다

- A配不上B A pèibúshàng B
  A는 B와 어울리지 않는다

- 不敢 bùgǎn 감히 ~할 수 없다

- 眼力见儿 yǎnlìjiànr [명] 눈치, 재치

표현 tip*

- 넌 어쩜… (핀잔)
  你看你…
  Nǐ kàn nǐ…

娜娜	보아하니, 감동한 것 같은데?

看起来，你好像被感动了？
Kàn qǐlái, nǐ hǎoxiàng bèi gǎndòng le?

慧善	병원이 어디야? 나 지금 가 봐야겠어!

他住的是哪个医院？我现在就去！
Tā zhù de shì nǎge yīyuàn? Wǒ xiànzài jiù qù!

娜娜	잠깐만! 너 일단 생각 잘 해보고 가는 게 좋아.

等等！你最好是先想清楚了再去。
Děngděng! Nǐ zuìhǎo shì xiān xiǎng qīngchu le zài qù.

★真짜 회화체 집중 분석!

1. **"想跟你在一起"** 交往이라는 어휘 대신 회화에서 자주 쓰는 '사귀다'라는 표현입니다. 같은 표현으로 走到一起가 있습니다.

    > 고백할 게 있어! 나 왕쿤과 사귀기로 했어!

    我宣布！我跟王坤在一起了！
    Wǒ xuānbù! Wǒ gēn Wáng Kūn zài yìqǐ le!

    我宣布! : 중요한 사실을 폭로 혹은 공개할 때 처음 던지는 말

2. **"鼓起勇气来"** 동사 鼓와 勇气라는 목적어가 起来와 결합하여 '용기를 끌어 올리다'라는 표현입니다. 비슷한 구조의 표현으로 打起精神来 dǎ qǐ jīngshén lái '정신을 끌어올리다', '정신 차리다'가 있습니다.

3. **"没有眼力见儿"** 眼力见儿은 '눈썰미', '눈치'라는 의미이며, '매우 눈치가 빠르다'라는 표현은 很有眼力见儿이라고 합니다. 행동이나 말이 센스있는 사람에게 할 수 있는 표현입니다.

4. **"向着你说话"** '누구를 위해 말하다', '두둔하다', '감싸다', '편을 들다'의 표현입니다. 글자 그대로 해석하면 누군가를 향하여 이야기한다는 뜻입니다. 유사 어휘로 袒护 tǎnhù 라는 표현이 있으며, 替你说话라고도 말합니다.

    > 됐거든! 걔 편 좀 그만 들어!

    算了吧！你别老袒护他，行吗？
    Suàn le ba! Nǐ bié lǎo tǎnhù tā, xíng ma?

스킬 어법 20

보어③ — 가능보어(可能补语)

마지막 스킬 어법의 주인공은 가능보어입니다. 회화에서 가장 자주 출현하는 보어로 부자연스러운 표현들을 깔끔하게 정리하는 표현법입니다. 가능보어는 기본적으로 '할 수 있다'와 '할 수 없다'로 구분됩니다. 가능보어 각각의 구조적인 특징을 다루는 어법 스킬을 집중해서 학습하세요!

어법 포인트

1. 가능보어의 기본 구조

❶ 【동사 + 得了 / 不了】: ~할 수 있다 / ~할 수 없다

가장 간단한 가능보어의 형태로서 어떤 동작이나 행위를 할 수 있다면 동사 뒤에 '~할 수 있다'의 **得了** deliǎo 를 붙이고, 할 수 없다면 '~할 수 없다'의 **不了** buliǎo 를 붙입니다.

▶ 我做不了您说的。
　 Wǒ zuòbuliǎo nín shuō de.
　 난 당신이 말한 것을 할 수 없어요.

▶ 这么多的单词，你背得了吗？
　 Zhème duō de dāncí, nǐ bèideliǎo ma?
　 이렇게 많은 단어를 외울 수 있겠니?

❷ 【동사 + 得 / 不 + 보어(결과보어/방향보어)】: ~할 수 있다 / ~할 수 없다

단순하게 동사 뒤에 **不了** 나 **得了** 만 붙이면 완성되는 ❶번 구조와는 달리, 동사에 따라 뒤에 붙는 보어가 달라지므로 다소 복잡하게 느껴질 수 있습니다. 적당한 보어를 찾아 결합시켜야 완벽한 표현이 완성되므로 결과보어와 방향보어를 잘 알아야 이 표현을 자유자재로 구사할 수 있습니다.

▶ 我吃不完这么多的饭菜。 [결과보어: 完]
　 Wǒ chībuwán zhème duō de fàncài.
　 나는 이렇게 많은 음식을 다 먹을 수가 없다.

▶ 这么多的钱，我实在拿不出来。 [방향보어: 出来]
　 Zhème duō de qián, wǒ shízài ná bu chūlái.
　 이렇게 많은 돈을 나는 도저히 내놓을 수가 없다.

2. 가능보어의 형태

가능보어는 뒤에 어떤 보어가 오느냐에 따라 가능과 불가능의 대략적인 이유를 알 수 있습니다. 각 상황에 알맞은 가능보어만 붙여도 이유를 다시 설명하지 않아도 됩니다.

❶ 【동사 + 不起】: 이유 — 경제적 능력이 안 된다

▶ 这么贵的房子，我买不起。
Zhème guì de fángzi, wǒ mǎibuqǐ.
이렇게 비싼 집을 나는 살 수가 없어.

❷ 【동사 + 不到】: 이유 — 물건이 한정적이다

▶ 这是限量版，你去哪儿都买不到。
Zhè shì xiànliàngbǎn, nǐ qù nǎr dōu mǎibudào.
이건 한정판이야. 어딜 가도 살 수 없어.

❸ 【동사 + 不了】: 이유 — 능력이 부족하다

▶ 我做不了你让我做的事。
Wǒ zuòbuliǎo nǐ ràng wǒ zuò de shì.
나는 네가 나에게 하라고 시킨 일을 할 수가 없어.

❹ 【동사 + 不上】: 이유 — 목표를 달성하기 어렵다

▶ 凭你的水平，考不上首尔大学。
Píng nǐ de shuǐpíng, kǎobushàng Shǒu'ěr Dàxué.
네 실력으로는 서울대에 합격할 수 없다.

❺ 【동사 + 不下】: 이유 — 공간이 좁다

▶ 我的车太小，五个人坐不下。
Wǒ de chē tài xiǎo, wǔ ge rén zuòbuxià.
내 차는 너무 작아서 다섯 명은 앉을 수 없어.

❻ 【동사 + 不惯】: 이유 — 익숙하지 않다

▶ 我吃不惯香菜。
Wǒ chībuguàn xiāngcài.
나는 고수를 못 먹어.

❼ 【동사 + 不动】: 이유 — 힘들고 무겁다

▶ 这件行李太沉了，我自己拿不动。
Zhè jiàn xíngli tài chén le, wǒ zìjǐ nábudòng.
이 짐은 너무 무거워. 나 혼자서는 들 수 없어.

3. 가장 많이 사용하는 가능보어 관용표현

긍정형	부정형
来得及 láidejí 시간 안에 할 수 있다	来不及 láibují 시간 안에 할 수 없다
赶得上 gǎndeshàng 시간 안에 도착할 수 있다	赶不上 gǎnbushàng 시간 안에 도착할 수 없다
回答得上来 huídá de shànglái 대답할 수 있다	回答不上来 huídá bu shànglái 대답할 수 없다
忙得过来 máng de guòlái 바쁜대로 할 수 있다	忙不过来 máng bu guòlái 바빠서 할 수 없다
合得来 hédelái (성격, 마음 등이) 잘 맞다	合不来 hébulái (성격, 마음 등이) 잘 안 맞다
说得来 shuōdelái (말이) 잘 통한다	说不来 shuōbulái (말이) 안 통한다
谈得来 tándelái (말이) 잘 통한다	谈不来 tánbulái (말이) 안 통한다
靠得住 kàodezhù 기댈 만하다	靠不住 kàobuzhù 기댈 만하지 못하다
信得过 xìndeguò (사람을) 믿을 수 있다	信不过 xìnbuguò (사람을) 믿을 수 없다
受得了 shòudeliǎo (고난, 시련 등을) 견딜 수 있다, 참을 수 있다	受不了 shòubuliǎo (고난, 시련 등을) 견딜 수 없다, 참을 수 없다
忍得住 rěndezhù 참을 수 있다	忍不住 rěnbuzhù 참을 수 없다
看得起 kàndeqǐ 중시하다	看不起 kànbuqǐ 무시하다, 경시하다
用得着 yòngdezháo 필요 있다	用不着 yòngbuzháo 필요 없다
想得通 xiǎngdetōng 이해할 수 있다	想不通 xiǎngbutōng 이해할 수 없다
想得开 xiǎngdekāi (생각을) 떨쳐 버릴 수 있다	想不开 xiǎngbukāi (생각을) 떨쳐 버릴 수 없다

Q&A

Q 가능보어 형태 대신 그냥 **不能**을 쓰면 안 되나요?

A 학생들이 가장 많이 물어보는 질문 중 하나입니다. 두 가지 모두 '~할 수 없다'라는 뜻을 나타내지만, 의미에는 미묘한 차이가 있습니다. 不能은 '~해서는 안 된다', '~하지 마라'라는 금지의 뜻도 나타냅니다. 하지만 가능보어는 이러한 금지의 의미는 내포하지 않습니다.

▶ 不能吃 : 먹을 수 없는 것이거나 먹으면 안 될 때(금지)

　吃不了/吃不完/吃不下去 : 배가 부르거나 음식의 양이 많거나 등의 이유로 먹을 수 없을 때

▶ 不能买 : 살 수 없는 물건이거나 사면 안 될 때(금지)

　买不了/买不到/买不起 : 돈이 없거나 물건이 없거나 등의 이유로 살 수 없을 때

▶ 不能进去 : 들어갈 수 없는 곳이거나 들어가면 안 될 때(금지)

　进不去/进不了 : 열쇠를 잃어버렸거나 문이 잠겼거나 등의 이유로 들어갈 수 없을 때

🎙️ 패턴을 담은 대화

■ 다음 대화를 중국어로 말해보고, 실제 회화문과 비교해보세요.

小康   요즘 공부하느라 며칠 연속으로 잠을 못 잤더니 피곤해서 쓰러졌지 뭐야.

慧善   계속 연기해 봐! 언제까지 속이려고 했니?

小康   무슨 말이야? 나는…… 그러니까……

慧善   어버버하지 말고! 우리 오늘 마음을 터놓고 이야기해 보자.

          네가 날 싫어하지만 않으면 네 여친이 되고 싶은데, 어떻게 생각해?

小康   내가 잘못 들은 게 아니지? 내 여친이 되고 싶다고?

慧善   왜? 싫어?

小康   싫기는? 기뻐해도 모자랄 판에!

          혜선아, 걱정하지 마! 내가 너를 세상에서 가장 행복한 여자친구로 만들어 줄게!

慧善   약속 지켜!

          (며칠 후)

娜娜   혜선아! 축하해! 결국 샤오캉과 사귀기로 했구나? 내가 더 신이 난다!

慧善   소식 한번 빠르네! 그런데 잠시 비밀로 해 줘. 부탁해.

娜娜   걱정하지 마! 나 입 엄청 무거워.

★ 충격요법!! 이렇게 말하는 거 아닌가요?

1. 계속 연기(거짓말)해 봐!	➜	"继续撒谎吧！" ✕
2. 마음을 터놓고 이야기해 보자.	➜	"打开心说话吧。" ✕
3. 기뻐해도 모자랄 판에!	➜	"很高兴！" ✕
4. 소식 한번 빠르네.	➜	"消息真快。" ✕
5. 나 입 엄청 무거워.	➜	"我的嘴很重。" ✕

▶ 다음 페이지의 진짜 회화체 분석에서 확인하세요.

■ 혜선이가 샤오캉이 입원한 병원을 찾아가다.

小康 요즘 공부하느라 며칠 연속으로 잠을 못 잤더니 피곤해서 쓰러졌지 뭐야.

最近为了学习连续几天都没睡觉，后来累倒了。

Zuìjìn wèile xuéxí liánxù jǐ tiān dōu méi shuìjiào, hòulái lèidǎo le.

慧善 계속 연기해 봐! 언제까지 속이려고 했니?

演，继续演★! 你想要瞒到什么时候？

Yǎn, jìxù yǎn! Nǐ xiǎng yào mándào shénme shíhou?

小康 무슨 말이야? 나는…… 그러니까……

你说什么呀？我…… 所以……

Nǐ shuō shénme ya? Wǒ…… suǒyǐ……

慧善 어버버하지 말고! 우리 오늘 마음을 터놓고 이야기해 보자.

别支支吾吾了！咱们坐下来敞开心扉谈谈吧★。

Bié zhīzhi wūwū le! Zánmen zuò xiàlái chǎngkāi xīnfēi tántan ba.

네가 날 싫어하지만 않으면 네 여친이 되고 싶은데, 어떻게 생각해?

若你不嫌弃我，我想做你的女朋友，你觉得怎么样？

Ruò nǐ bù xiánqì wǒ, wǒ xiǎng zuò nǐ de nǚpéngyou, nǐ juéde zěnmeyàng?

小康 내가 잘못 들은 게 아니지? 내 여친이 되고 싶다고?

我没听错吧？你想做我的女朋友？

Wǒ méi tīngcuò ba? Nǐ xiǎng zuò wǒ de nǚpéngyou?

慧善 왜? 싫어?

怎么了？不乐意？

Zěnme le? Bú lèyì?

小康 싫기는? 기뻐해도 모자랄 판에!

我不乐意什么？高兴还来不及呢★!

Wǒ bú lèyì shénme? Gāoxìng hái láibují ne!

혜선아, 걱정하지 마! 내가 너를 세상에서 가장 행복한 여자친구로 만들어 줄게!

慧善，你放心！我一定会让你做世界上最幸福的女朋友！

Huìshàn, nǐ fàngxīn! Wǒ yídìng huì ràng nǐ zuò shìjiè shàng zuì xìngfú de nǚpéngyou!

慧善 약속 지켜!

一言为定！

Yì yán wéi dìng!

어휘 feel⁺

- 连续　liánxù [동] 연속하다, 계속하다

- 继续　jìxù [명] 계속 [동] 계속하다

- 支吾　zhīwu [동] (말을) 우물거리다

- 敞开　chǎngkāi [동] (창문 등을) 활짝 열다, (생각 등을) 툭 털어놓다

- 心扉　xīnfēi [명] 마음, 생각

- 嫌弃　xiánqì [동] 싫어하다

- 乐意　lèyì [형] 만족해하다, 즐겁게 여기다

- 灵通　língtōng [형] (소식이) 빠르다

- 保密　bǎomì [동] 비밀을 지키다

- 严　yán [형] (입이) 무겁다

(며칠 후)

娜娜　혜선아! 축하해! 결국 샤오캉과 사귀기로 했구나? 내가 더 신이 난다!

亲爱的！恭喜恭喜！你跟小康终于在一起了？我都替你们高兴！

Qīn'ài de! Gōngxǐ gōngxǐ! Nǐ gēn Xiǎo Kāng zhōngyú zài yìqǐ le? Wǒ dōu tì nǐmen gāoxìng!

慧善　소식 한번 빠르네! 그런데 잠시 비밀로 해 줘. 부탁해.

你的消息够灵通★！不过，替我保密吧*，拜托了。

Nǐ de xiāoxi gòu língtōng! Búguò, tì wǒ bǎomì ba, bàituō le.

娜娜　걱정하지 마! 나 입 엄청 무거워.

放心吧！我的嘴最严★。

Fàngxīn ba! Wǒ de zuǐ zuì yán.

★ 真짜 회화체 집중 분석!

1. "演，继续演" 演은 '연기하다'라는 뜻입니다. 상대가 계속 거짓말을 한다고 생각할 때 '연기해! 계속 연기해 봐!'라고 말하죠. 또는 他在演戏 yǎnxì '그는 연기를 하고 있다'라는 표현도 자주 사용합니다. 비슷한 표현으로 编，继续编 biān, jìxù biān '지어내, 계속 지어내 봐'라고 하기도 합니다. 编은 '(글을) 지어내다'라는 뜻입니다.

2. "坐下来敞开心扉谈谈吧" 坐下来는 단순히 '앉다'의 의미보다는 '시간 있을 때 진지하게 이야기 좀 하자'의 我们有时间坐下来好好谈谈吧처럼 쓰입니다. 敞开心扉 chǎngkāi xīnfēi는 敞开 '열다'와 心扉 '마음의 문'이 결합한 표현입니다.

3. "高兴还来不及呢" 이 정도의 표현을 구사하는 학습자라면 이미 고수입니다. 자신의 기분이 어떤지 강조하는 표현으로 아주 기쁘다는 뜻입니다. 정말 기쁠 때가 아니더라도 농담과 같은 멘트로 사용합니다.

> A: 왜? 실망했어?
>
> 怎么了? 失望了吗?
> Zěnme le? Shīwàng le ma?
>
> B: 실망? 지금 기뻐해도 모자랄 판에!
>
> 失望? 高兴还来不及呢!
> Shīwàng? Gāoxìng hái láibují ne!

4. "消息够灵通" '소식 참 빠르다'라는 뜻으로 '충분히 ~하다'의 够를 추가하여 빠름을 강조합니다.

> 와! 소식 한번 빠르네! 도대체 너는 어떻게 안 거야?
>
> 哎呦! 消息够灵通, 你到底怎么知道的?
> Āiyōu! Xiāoxi gòu língtōng, nǐ dàodǐ zěnme zhīdào de?

5. "我的嘴最严" '입이 무겁다'라는 표현으로 '비밀을 지키겠다', '발설하지 않겠다'라는 의미입니다.

> 걱정하지 마! 아무한테도 말 안 할게! 너도 내 입 무거운 거 잘 알잖아!
>
> 别担心! 我不会告诉任何人! 你也知道我的嘴最严嘛!
> Bié dānxīn! Wǒ bú huì gàosu rènhé rén! Nǐ yě zhīdào wǒ de zuǐ zuì yán ma!